After Netflix

After Netflix

조영신 지음

21세기북스

한남동 사거리 작은 노포.

　때 이른 여름 날씨에 에어컨이 쉴 새 없이 돌아간다. 언제나처럼 지나온 일상에 대해서 이런저런 이야기를 나누고 있었다. 누군가 '신발을 신기 시작한 원숭이 이야기'를 꺼냈다. 신발을 신지 않았던 원숭이가 신발을 신기 시작하더니, 나중에는 신발 없이 걸을 수 없게 되었다는 우화였다. 반사적으로 구글링을 했다. 지금은 고인이 되신 고 정휘창(1028~2020) 아동 문학가가 1997년에 쓴 〈원숭이 꽃신〉 이야기였다.

　"원숭이는 입을 벌리고 연달아 하품을 했습니다"라는 첫 문장으로 시작하는 〈원숭이 꽃신〉은 누구의 입장이냐에 따라 다르게 해석할 수 있는 글이다. 원숭이 입장에서는 오소리의 간계에 속아 노예가 되는 경제적 종속의 문제지만, 오소리의 입장에서는 시장을 록인lock-in하는 전략일 뿐이다.

　빈 술잔을 채우며 누군가 물었다.
　"미디어 시장에서 비단 신발을 준 이는 누구일까?"
　질문한 사람도, 질문을 받은 사람도 머릿속에 같은 대답이 떠올랐다.

"넷플릭스겠지."

2010년 후반부터 미디어 시장은 넷플릭스에서 시작해서 넷플릭스로 끝난다. 이미 시장의 상수가 되었고, 무엇을 하든 넷플릭스를 염두에 두지 않고서는 진행할 수 없는 상황이 되었다. 결과적으로 이렇게 흘러갈 것이라는 걸 미디어 시장 내 모든 이들이 알고는 있었다. 그러나 '혹시나' 하는 마음에 우리는 언제나처럼 말만 무성하게 했을 뿐 외면해 왔다.

물론 할 말은 많다. 지나고 보면 '그때 그렇게 하지 말았어야 했는데'라고 쉽게 말하지만, 매일매일이 생존인 미디어 판에서 넷플릭스가 제시하는 조건을 거절하기는 힘들었을 것이다. 제작비와 IP를 송두리째 가져가면서도 제작비의 70% 내외만 지불했던 이전의 관행에서 제작비를 온전히 보존해 주고, 덧붙여 1~20%의 수익도 챙겨주는 넷플릭스의 제안을 어떻게 거절할 수 있을까? 그러니 현재의 척박한 수익 구조는 넷플릭스 때문이기도 하지만, 국내 영상 시장의 구조 탓도 있었다고 하는 것이 더 정확한 표현일 것이다.

그러나 넷플릭스가 시장 내 일개 플레이어가 아니라, 시장 전체의 조정자가 된 현 상황에서는 자연스럽게 〈원숭이 꽃신〉이 떠오르는 것도 무리가 아니다. 넷플릭스 덕분에 전 세계 사람들이 한류를 칭송하고, 한류가 대세가 되었다며 맥락 없이 좋아하는 이들을 제외하면, 한류 영상 콘텐츠를 만들고 유통하는 대다수의 사람들은 홍콩 영화의 몰락을 떠올리며 불안해하고 있다.

'한국 미디어 시장은 항상 위기 속에서 성장해 왔다'라는 주장을 하는 이들도 있다. 그러나 이 주장은 반은 맞고 반은 틀렸다. 위기가 발생할 때쯤엔 언제나 새로운 돌파구가 열렸었다. 케이블이나 IPTV 등이 생기면서 국내시장에서 콘텐츠 수요가 늘었다. 국내시장이 포화될 즈음엔 일본 시장이 열렸고, 일본 시장이 닫혀서 위기론이 나왔을 때는 중국 시장이 열렸다. 그리고 한한령으로 중국 시장이 닫혔을 때는 넷플릭스가 등장했다.

자생적 도전과 노력이 없었다고는 못하겠지만, 영상 시장은 우리가 스스로 시장을 개척하기보단 '우연찮게도' 외부의 귀인이 등장해서 성장을 이끌었다. 그런데 이제는 그럴 귀인이 없다. 온전히 우리의 힘으로 스스로 길을 만들고 개척해야 하는 상황이다. 제대로 시장을 스스로 개척해 본 적이 없는 우리에게 진짜 위기가 찾아온 것이다. 콘텐츠 제작 기간을 감안하면 지금 대세인 한류 콘텐츠는 지난 2~3년 전의 결과물이다. 오늘 미디어 시장이 죽으면 2~3년 뒤 내일의 한류 시장은 없다.

지금은 냉정해져야 할 때다. 미디어 시장이 느끼는 위기감이 미디어 밖 시장에서 미디어에 대해 이런저런 말을 뿜어내는 이들에게 전달되어야 할 시간이다. 같이 이 위기를 현실감 있게 받아들이면서 작은 아이디어 하나라도 눈여겨봐야 할 시점이다. 한쪽에서는 대세라며 즐거워하고, 다른 한쪽에서는 죽겠다며 힘들어하고 있다면 제대로 된 진단이나 대책을 논의하지 못하기 때문이다.

그래서 이 글을 쓰기 시작했다. 무엇이 문제였을까? 어떤 상황들이 이어져서 한국의 미디어 업계, 특히 콘텐츠 업계가 이렇게 어려움을 겪게 된 것일까? 이 고통의 시기를 참고 견디면 다시 좋은 날이 올까, 아니면 새로운 방법을 찾아야 할까? 이런 질문들을 스스로에게 던지며 미디어 업계 분들을 한 분 한 분 만나서 이야기를 듣고 정리하기를 반복했다.

이 책은 크게 3부로 구성되어 있다.

1부는 2016년 국내에 넷플릭스가 등장한 이후 현재까지 미디어 시장의 변화를 살펴보았다. 2000년대 초반 〈겨울연가〉가 일본 시장에서 인기를 끌면서 한국 콘텐츠가 해외시장에 규모있게 진출하기 시작했다. 한국 콘텐츠의 해외시장 개척 역사는 이렇게 일본 내 한국 콘텐츠의 유입에서 시작되어 중국을 거친 뒤 이제는 넷플릭스 중심의 시장으로 바뀌었다. 일본과 중국이 열렸을 때만 해도 국내를 벗어난 추가 시장 발견이라는 성격이 강했지만, 글로벌 OTT 플랫폼인 넷플릭스는 역설적으로 국내시장과 해외시장을 하나로 만들었다. 그 결과 넷플릭스의 성장이 역설적으로 국내 미디어 시장을 위축시키는 구조를 만들게 된 과정을 정리했다.

2부는 넷플릭스 등장 이후 한국 콘텐츠 사업에 대한 착시를 바로잡고자 했다. 〈오징어 게임〉이 전 세계 1위를 기록하면서 마치 한국 영상 콘텐츠가 세계 주류 시장이 된 것 같은 착시가 생겼다. 여전히 아시아를 벗어나지 못하고 있는 한국 콘텐츠의 현실을 넷플릭스라는 렌즈를 통해 들여다보았다. 또한 넷플릭스 진출 이후 영상 콘텐츠 제작 시장의 변화를 되짚어보았다. 영화보다 안정적이었던 드라마 제작 시장이 취약한 고위험 사업이 된 현실을 짚어보았다.

3부는 이런 상황에서 우리가 취할 수 있는 방안을 모색한다. 수요가 넘치던 시장에서 공급이 넘치는 시장으로 바뀐 상황에서 불가피한 구조조정을 언급하면서도, 우리가 가진 콘텐츠 제작 역량을 기반으로 성장할 수 있는 해법을 찾아보고자 했다. 다양한 시각과 해법이 필요했다. 그래서 SK브로드밴드의 조영훈 커뮤니케이션 담당에게 손을 내밀었더니 나와는 다른 접근 방식을 제안했다. 이 글을 읽는 분들이 균형잡힌 시각을 가졌으면 하는 바람으로 '깊이 있는 보론'을 만들고자 했다. 수십 장의 글을 다듬고 다듬어 현재의 분량으로 줄였다. 의미가 전달되지 못했다면 그건 온전히 내 몫이다.

이론보다는 현장의 목소리를 듣고, 정리하고, 해석하고, 보태고자 했다. 수많은 업계 분들을 만나 직접 취재하며 그들의 이야기를 경청했다. 물론 현장의 목소리가 항상 객관적인 진실을 담고 있지는 않다. 때로는 자신의 사업이 어렵다는 것을 강조하기 위해, 혹은 반대로 사업이 잘 되고 있음을 과시하기 위해 과장되거나 축소된 이야기를 하기도 한다. 그래서 오랫동안 알고 지낸 관련업계 지인들에게 초고를 보여주고 사실관계를 꼼꼼히 확인해 달라고 부탁했다. 초안을 작성하고 퇴고를 하는 중에 많은 분들의 빨간 펜 수정이 있었다. 때론 이들의 주장을 있는 그대로 받아들이기도 했고, 때론 목소리를 높이기도 하면서 주장의 근거와 맥락을 단단히 하고자 했다.

외유내강의 강혜정 대표는 참담하게 바뀐 영상 시장의 변화를 같은 시각으로 바라봐주었고, 바른손C&C의 서우식 대표, 미디어 업계에서 한발 물러났지만 여전히 깊은 관심을 가지고 있는 송원섭 전 JTBC CP, IP Intellectual Property의 확장성은 실사가 아닌 애니메이션에 있다며 새로운 도전을 시작한 애니메이션 스튜디오 쇼엔터프라이즈Studio Shon Enterpriset의 성지환 공동대표, 한 자리에서 위스키 한 병을 비우며 한국 포맷 산업의 역사를 들려준 썸씽 스페셜Something Special의 황진우 대표, 키움 등에서 콘텐츠 투자를 심사했고 지금은 '단꿈아이'의 재무이사로 일하는 노성규 부사장, JTBC의 방지현 실장 그리고 카카오엔터테인먼트의 신종수 본부장은 한 줄 한 줄 꼼꼼히 검토해주었다. 대표적인 미디어 산업 연구가가 된 노창희 박사와 전 KBS 공영미디어 연구소장 유건식 박사도 빨간 펜이라면 남에게 뒤지지 않았다.

일본의 방송 시장을 이해하는 일은 생각보다 쉽지 않았다. 겉으로 알고 있던 사실관계를 다시 확인하고 정리하는 데 많은 시간이 걸렸다. 그나마 정리 수준이 될 수 있었던 것은 최관용 전 KNTV·SMC 대표 덕분이다. 최관용 님이 이야기해준 맥락이 단초가 되어 그나마 장님이 더듬더듬 길을 찾아갈 수 있었다. MBC 라디오 남태광 국장이 알려준 일본 아이돌 시장의 변화도 일본을 이해하는 데 큰 도움이 되었다. 다시 한번 감사의 말씀을 전한다.

완성된 초안을 놓고 열띤 토론을 벌여준 IWDM 멤버들에게도 감사의 말을 전한다. 〈뉴욕타임스 혁신 보고서 Innovation Report 2014〉 번역으로 시작한 모임이 10년의 세월을 넘어 같이 공부하고 고민을 나누는 벗이 되었다. 이들의 응원이 없었다면 글을 마무리하지 못했을 것이다. 이 외에도 수십 분의 도움을 받았다. 다만 현직에 있다는 이유로 이름을 밝힐 수 없어 안타깝다. 그분들의 한마디 한마디가 이 책의 단어 하나하나를 구성했다. 오랜 후배인 신주영 대표는 출판사에 보낼 기획서를 다듬어주었고, 손수 출판사에 연락을 취하면서까지 이 책이 세상을 만날 수 있게 도와주었다.

초고를 본 분들로부터 내용이 너무 전문적이고 어렵다는 피드백을 들었다. 쉽게 쓰려고 노력했는데도 어렵다는 평가를 받으니, 내가 과연 글을 제대로 쓰고 있는 건가 하는 의구심이 들기도 했다. 그래서 클로드 claude.ai와 협업을 시도했다. 1부 각 장의 도입부에 나오는 이른바 '팩션(사실+허구)'은 내가 확인한 사실 정보를 바탕으로 클로드에게 극적으로 재구성해 달라고 요청한 것이다. 클로드가 각색한 내용의 사실관계는 다시 확인하여 충분히 수용할 수 있는 수준이라고 판단해 책에 실었다.

넷플릭스 이후 미디어 시장의 변화, 콘텐츠 비즈니스의 흐름과 전망을 한국적 관점에서 다룬 책으로서는 현재까지 가장 사실에 근접한 출판물임을 자부하지만, 그럼에도 발견될 수 있는 오류는 전적으로 내 책임이다. 시시각각 변하는 글로벌시장에서 고군분투 중인 미디어 종사자들과 콘텐츠 비즈니스를 하는 모든 이들에게 이 책이 새로운 가능성과 희망의 단초가 되길 바란다.

　마지막으로, 내 삶의 목적이자 보람인 인영, 나영 그리고 유선에게 깊은 감사의 마음을 전한다. 이제는 대학생이 된 인영이는 비전공자의 눈으로 글을 읽고 미주알고주알 새로 보강해야 할 곳을 알려주었다. 나만 쳐다보던 아이가 이제는 내가 쳐다봐야 하는 존재가 되었다. 이것 역시 감사할 따름이다.

과천에서
조영신

추천의 말 1

영화 〈옥자〉가 넷플릭스를 통해 선보인 지 7년이 지났다. 이 책에 자세히 서술되어 있듯이 그간 넷플릭스는 한국 영화·드라마의 생산방식을 바꾸고, 장르와 소재를 확장시켰으며, 해외의 팬들을 증가시켰다. 작년 말 사우디 제다Jeddah 방문 때 〈힘쎈여자 강남순〉을 재미있게 보고 있다는 우버 기사의 얘기는 매일매일 OTT 순위 집계 사이트인 플릭스패트롤 차트를 지켜보게 만들었다. 솔직히 신기했다. 내 작품에 대해 이렇게 전 세계에서 실시간으로 반응이 오다니! 예전에 경험하지 못했던 짜릿함에 흥분을 감추기 힘들었다.

그 무렵 주변의 분위기는 심상치 않게 돌아가기 시작했다. 모든 채널에서 드라마 편성을 줄이고, 구두 약속을 믿고 촬영을 준비하던 스태프들은 잠정 중단 통보를 받았으며, 국내 OTT들이 적자폭 확대에 오리지널 드라마 투자를 축소 또는 중단한다는 보도들이 줄지어 나오기 시작했다. 넷플릭스 또한 〈더 글로리〉 이후로 뚜렷한 히트작을 내지 못해 추진 동력을 잃고 있으며, 상승된 제작비로 인해 동남아시아 작품으로 무게 중심을 옮기는 중이라는 얘기가 심심치 않게 들려왔다. 이제 잔치는 끝난 건가? 고민이 깊어지기 시작했다.

보통 웬만한 제작사는 최소 10작품 이상 기획을 추진한다. 작가별로 집필 속도가 다르고 캐스팅이 불발되는 경우도 많기 때문에 저렇게 준비해도 연간 1편을 계속 생산하기 쉽지 않다. 그래서 회사별로 작가료를 포함한 기획개발비로 1~20억은 잠겨 있는 경우가 흔하다. 한 작품이라도 방영에 성공한 제작사를 100개 정도라고 했을 때 1,000여 개의 기획이, 대형 스튜디오까지 합치면 1,500개 이상의 대본 대부분이 해외시장에서 지명도 있는 10명 남짓의 스타들에게 몰린다. 그것도 남자 배우 위주로. 당연히 그들이 선호할 만한 기획이 우선시될 수밖에 없고, 스타 배우-작가-감독-대형 스튜디오로 연결되는 안전한 라인만이 작품 생산 가능한 구조로 재편되었다.

 어쩌면 우리 모두 이 결과를 알고 있었는지 모른다. 모두 저 그룹에 들기 위해 애써왔고, 저 네트워크를 확보하기 위해 투자를 아끼지 않았다. 확보한 자와 그렇지 못한 자가 존재할 뿐이었다. 한국 영상 콘텐츠는 이렇게 다양성과 독창성이 실종되고, 스스로 경쟁력을 약화시켰다. 나 또한 지난 여름 기획하던 작품의 절반가량을 중단시켰다. 한마디로 스타 캐스팅 가능성이 희박한 작품들은 더 이상 진행시키기 어렵다는 판단에서다. 이제 프로듀서들은 어쩌면 존재하지 않을 수도 있는 오아시스를 찾아야 된다. 각자의 경험과 인맥을 가지고 생존 지도를 만들어야 한다. 누구는 숏폼으로 그 활로를 보고 있고, 해외시장에 그 답이 있다는 외침도 있다.

 조영신 박사를 비롯해 주변 지인들과 이런 고민을 두런두런 나누어 보기 시작했던 결과가 이 책으로 귀결되었다. 그의 노력이 놀랍다. 넋

두리에 가까운 얘기가 이렇게 깔끔히 다듬어지다니……. 이 책이 나처럼 한국 콘텐츠의 생존을 고민하는 분들에게 혜안을 열어주길 바랄 뿐이다.

　　　　-서우식 (바른손C&C 대표: 〈태양의 후예〉, 〈옥자〉, 〈힘쎈 여자 강남순〉 제작)

─── 추천의 말 2 ───

하고 싶은 일을 하면서 산다면 좋겠다. 정말 이 마음 하나만으로 시작한 영화 인생은 제작사를 차려 독립한 지 20년이 다 되어 가도 여전히 오리무중이다. 잠시 좋은 시절도 있었다지만, 팬데믹을 거치고 정신을 차려보니 한국 영화판은 한마디로 아수라장이었다. 앞으로 어떻게 버텨야 할지 눈앞이 캄캄한 순간 이 책을 만났다. 조영신 박사의 《애프터 넷플릭스》는 타이틀만큼이나 도전적인 시선으로 한국 콘텐츠업계의 흥망성쇠를 조망하고, 그다음을 제안한다. 지난 10여 년 미디어 엔터테인먼트 업계에 무슨 일이 있었는지, 그 여파가 무엇인지, 그래서 이 넷플릭스 시대를 앞으로 어떻게 헤쳐 나가야 하는지를 묻는 나 같은 사람들에게 너무 절실한 책이다.

2016년 국내에 진출한 넷플릭스가 국내시장을 초토화시키기까지 걸린 시간은 채 10년이 되지 않는다. 잠깐의 기쁨과 오랜 슬픔이 미디어 시장을 지배하고 있다. 그럼에도 시장은 한곳을 바라보고 있지 않다. 한쪽에서는 한류를 외치면서 한국 콘텐츠가 세상에서 인정을 받았다고 환호하고 있다. 오늘도 〈오징어 게임〉이 만들어 낸 한국 방송 시장의 변화와 〈파친코〉가 만들어 낸 서사를 이야기한다. 이 모든 이야기의 전제는 한국 영상 콘텐츠 시장이 살아있고, 살아남아야 하는 것일 텐데, 그들에겐 오늘의 수확만 있을 뿐 다른 한쪽에서 벌어지고 있는 한여름 땡볕 아래 노동에 대해서는 말하지 않는다.

이 글은 내가 보았던 이 책의 초고 일부다. 저자는 2016년 한국 시장에 등장한 넷플릭스가 어떻게 전 세계를 집어삼키며 콘텐츠 블랙홀로 성장했는지를 생중계 수준으로 보여준다. 숫자 게임의 논리 이면에 도사리는 넷플릭스 철학을 제대로 읽어내지 못하면 '우리에게 내일은 없다'라는 섬뜩한 경고도 잊지 않는다. 수많은 지표와 그래프, 어지러운 숫자들 사이에서 저자가 던지는 몇몇 질문과 주장은 무릎을 치게 만든다. 넷플릭스의 탄생과 성장 서사를 통해, 넷플릭스에게 선택받아 글로벌 시장을 두드리던 기존의 방식에서 벗어나 그 시장을 선도하는 진정한 콘텐츠 강국으로의 퀀텀 점프를 주문한다. 그는 한국에서 작품을 만들고 있는 모든 제작자, 감독들에게 스스로 개척해야 할 힘을 응집하라고, 나 같은 개별 사업자의 처절한 몸부림이 누적되어야 새로운 사업도 개척 가능하다고 독려한다. 기존의 승자독식 패러다임에서 벗어나 다양한 방식의 공동제작, 상호수혜의 원칙으로 뚫고 나가라고, 탁월한 식견과 시장주의자로서의 냉정함, 그리고 이 모두를 아우르는 부드러운 태도까지 겸비한 조영신 박사의 새로운 제안 《애프터 넷플릭스》는 이 시대 돌파구를 찾는 미디어 엔터테인먼트 동료들에게 열독을 권한다. 놓치지 말길!

-강혜정 (외유내강 대표: 〈베테랑〉, 〈밀수〉 제작)

추천의 말 3

저자 조영신 박사는 한국 미디어 시장의 기준을 넷플릭스로 비정하고 있다. 서력西曆의 분기점에 예수 그리스도가 있다면 한국의 미디어 생태계에는 넷플릭스가 있다. "2010년 후반부터 미디어 시장은 넷플릭스로 시작해서 넷플릭스로 끝난다"라는 말이 있다. 미디어력을 만든다면 국내에 넷플릭스가 등장한 2016년이 원년이 될 것이다. 그런 맥락에서 한국 미디어 산업의 시대구분은 B.N.Before Netflix과 A.N.After Netflix으로 나누어도 좋겠다. 그래서 이 책의 제목도 《애프터 넷플릭스》다.

저자는 넷플릭스가 등장한 이후, 한국 콘텐츠 시장은 일본, 중국을 거쳐 글로벌 OTT인 넷플릭스 중심의 시장으로 바뀌었다고 한다. 넷플릭스는 국내시장과 해외시장을 하나로 만들었고 역설적으로 넷플릭스의 성장이 국내 미디어 시장을 위축시켰다. 동화〈원숭이 꽃신〉이야기에서처럼 신발 없이 잘 살던 원숭이를 결국에는 신발 없이는 살 수 없게 만들었다는 오소리가 바로 넷플릭스라는 것이다.

우화보다 더 정확한 것은 실제 사례이다. 저자는 이집트 면화 산업이 미국의 남북전쟁을 기화로 특수를 누리다가 종전과 함께 몰락하였다는 역사적 사실에 주목했다. 외부 요인에 의존해 한때 아무리 잘 나

가던 산업이라도 그 외부 사정이 변하면 어떻게 되는지를 단적으로 보여주고 있다. 남북전쟁이 언젠가 끝날 것이라는 '분명한 미래'에 대해 대비하지 않은 결과가 이집트 경제의 발목을 잡은 것처럼.

유대교인들에게 예수 그리스도는 그들이 기다리던 메시아가 아니었다. 한국의 콘텐츠 비즈니스 생태계에서 넷플릭스 역시 구세주가 아니었다. 저자는 양측의 체급과 입장의 차이가 분명히 달랐다는 것을 직시하고, 시간이 갈수록 기울어질 수밖에 없는 저간의 과정을 복기하고 있다. "저들은 치밀했고 우리는 다급했으며, 저들은 느긋했고 우리는 초조했다." 게다가 한국의 미디어 생태계(창·제작, 유통, 정책, 연구, 미디어 등)는 '국뽕 주사'에 '착시'까지 있었다.

그렇다고 해서 《애프터 넷플릭스》가 넷플릭스 등장 이후 한국 미디어 시장의 추락을 집요하게 들추어내거나 시니컬하게 비판하는 것에 주안점이 있는 것은 결코 아니다. 문제의 해결은 문제의 인식에서 출발한다. 저자는 1, 2부의 냉철한 관찰과 정밀한 진단을 거쳐 3부에서는 이 시점에 우리가 해야 할 수 있는 처방을 적극적으로 찾는다. 콘텐츠 제작 역량을 기반으로 난국을 극복할 수 있는 솔루션을 실사구시적으로 모색하고 있다.

〈박하사탕〉에서 영호(설경구)는 "나 다시 돌아갈래!"라고 외치지만 그에게는 돌아갈 방도가 없었다. 마찬가지로 우리 역시 넷플릭스 이전으로 돌아갈 수 없다. 〈인터스텔라〉는 "늘 그랬듯이 우리는 답을 찾을 것이다"라고 말한다. 과연 그럴까? 시장 상황이 바뀌었다고 해서 주저앉을 수만은 없다. 지금은 〈이솝 우화〉에서처럼 "여기가 로도스 다. 여기서 뛰어라"와 같은 적극적인 실천 의지가 필요할 때이다.

그런 점에서 저자가 말하는 '각성한 자신감'은 설득력이 있다. 마침 이 책의 부제가 '한국 콘텐츠 비즈니스의 글로벌 생존 해법'이라는 것 은 의미심장하고 시의적절하다.

– 정길화 (동국대 한류융합학술원장, 전 한국국제문화교류진흥원장)

차례

1부 달콤한 인생
: 넷플릭스 등장 이후 한국 콘텐츠 시장의 변화

1부

달콤한 인생
"저에게 왜 그러셨어요"

: 넷플릭스 등장 이후 한국 콘텐츠 시장의 변화

"경험이란 실수에 붙이는 이름이다."

Experience is simply the name we give our mistakes.

- 오스카 와일드 Oscar Wilde의 <도리안 그레이의 초상> 중에서

19세기 초, 오스만 제국의 장군이었던 무함마드 알리^{Muhammad Ali Pasha} 는 1805년 군사 정변을 통해 이집트의 권력을 잡고 난 뒤, 지주와 귀족들을 제거하고 산업화를 시도했다. 특히 1820년대부터 장섬유 면화 재배를 독려했다. 이집트의 장섬유 면화는 길고 질겨서 최상위 면화로 평가받았기에 이를 잘 성장시키면 영국 못지않은 공업 국가가 될 수 있을 거라는 기대가 있었다. 영국으로부터 방직 기계 등을 들여와 야심차게 면화 사업을 시도했으나, 예상만큼 성장하지는 못했다.

그런데 극적인 변화가 생겼다. 1861년 미국 남북전쟁이 발발한 것이다. 당시 세계 최대 면화 생산국이었던 미국이 남북전쟁으로 인해 면화를 공급할 수 없게 되었다. 면화 가격이 급등했다. 1860년에 1파운드당 겨우 11센트에 불과했던 면화 가격이 1864년에는 1파운드당 1.89달러로 무려 17배나 치솟았다. 물 들어오니 노 젓는다고, 이집트는 면화 생산을 대폭 확대했다.

1860년부터 1865년 사이 이집트의 면화 수출량은 4배 이상 증가했고, 면화 가격 상승으로 수출 수익이 폭증했다. 품질이 뛰어난 이집트 면화는 '화이트 골드'라는 별명을 얻을 정도로 시장에서 인기 아이템이었다. 이집트는 이 수익으로 수에즈 운하를 추진했다.

이집트 경제 구조도 바뀌었다. 면화가 중심이 되면서 식량 작물 재배 면적은 줄고, 면화 재배 면적이 늘었다. 관개 시설 확충 등 면화 생산을 위한 투자가 집중되었다. 이집트 경제가 면화 수출에 의존하는 구조로 바뀐 것이다. 단 5년 만에 일어난 일이었다.

1865년 미국 남북전쟁이 종결되었다. 최대 면화 재배지였던 미국 남부가 정상화되면서 면화 가격도 떨어지기 시작해, 1867년에는 1파운드당 31센트가 되었다. 이집트 면화 산업은 직격탄을 맞았다. 이집트 면화 수요가 감소했고, 수출 이익도 줄었다. 영원할 것만 같았던 면화 호황기가 단 5년 만에 끝난 것이다. 커진 몸짓을 줄여야 했지만 쉽지 않았다. 재정 상황이 급속도로 악화된 이집트는 외채가 급증해 1876년 결국 파산을 선언해야 했다. 1882년 이집트는 채권국들의 압력으로 영국의 실질적인 지배하에 들어가게 되었고, 이는 이집트의 독립과 자주권에 심각한 타격을 입혔다.

20세기 후반까지 이집트는 면화 수출에 의존적인 구조에서 벗어나지 못했다. 5년 호황의 대가는 뼈아프게 컸다. 산업 다각화와 자립적 경제 발전은 지연될 수밖에 없었다. 이집트 면화 산업의 부상과 몰락은 외부 요인에 의존해서 급속하게 성장했을 때의 문제점이 그대로 드러난다. 남북전쟁이 언젠가는 끝날 것이라는 '분명한 미래'에 대한 준비 소홀의 대가가 얼마나 큰 것인지를 보여주는 사례이기도 하다. 일시적인 호황에 취해 경제 구조를 한 산업에 과도하게 의존하게 만들면, 외부 환경이 변할 때 큰 위기를 맞을 수 있다. 또한 호황기의 수익을 지속 가능한 발전을 위해 사용하지 않고 과도한 지출에 사용한 것도 문제였다.

  한국 미디어 시장, 특히 콘텐츠 시장도 이집트와 다르게 흘러간다고 할 수 있을까? 만약 다르지 않다면 결국 이집트 면화 사업처럼 몰락하고 말 것인가? 일본, 중국, 넷플릭스 등 외부 요인에 의해 급성장했지만, 중국도 막히고 넷플릭스도 과거 같지 않은 상황에서 내수 시장은 황폐해져 버렸다. 1부는 넷플릭스 국내 진출 이후 지난 10여 년간 한국 콘텐츠 시장이 어떻게 성장했고, 어떻게 힘들어졌는지를 살펴보고자 한다. 마음 단단하게 먹고 시작해 보자.

01

옥자와
넷플릭스

2017년 5월, 프랑스 칸 cannes의 뜨거운 태양 아래, 영화제가 한창이었다. 그러나 축제의 열기는 예상치 못한 긴장감에 쌓여 있었다. 바로 넷플릭스 한국 진출 이후 첫 오리지널 콘텐츠라고 할 수 있는 봉준호 감독의 〈옥자〉가 상영될 예정이기 때문이었다.

극장 어둠 속 스크린에 '넷플릭스' 붉은색 로고가 선명하게 등장했다. 객석에선 야유와 박수가 뒤섞였다. 100년 영화 시스템과 10년 스트리밍 시스템의 충돌이었다. 갑작스러운 소동에 영화는 잠시 중단되었다. 봉준호 감독의 얼굴에는 당혹감이 스쳤다. 몇 년 뒤면 아카데미 감독상을 수상하게 될 그의 작품이, 그가 그토록 열정을 쏟아부은 영화가 이렇게 논란의 중심에 서게 될 줄은 꿈에도 상상하지 않았을 테니까.

8분 후 영화는 다시 시작했다. 관객들이 〈옥자〉의 세계에 빠져들면서 극장은 다시 고요해졌다. 영화가 끝난 후, 봉준호 감독은 기자들 앞에 섰다. 그의 눈빛은 단단했고, 목소리는 흔들림이 없었다.

"영화관에서 보는 것과 TV로 보는 것은 다른 경험입니다. 하지만 넷플릭스는 창작의 자유를 주었고, 그들은 제가 하고 싶은 대로 하게 해줬습니다. 영화의 본질은 변하지 않습니다."

새로운 시대를 향한 도전과 함께 영화에 대한 변함없는 사랑이 담긴 한마디였다. 〈옥자〉를 둘러싼 이 극적인 사건은, 단순한 해프닝을 넘어 넷플릭스가 시장의 화두가 되었음을 알리는 신호탄이었다.

2015년 넷플릭스는 '넷플릭스 서비스 코리아'를 출범한 뒤, 2016년 1월 6일 한국에서 정식 서비스를 개시했다. 당시 미국 라스베이거스에서 열린 세계 최대 가전 전시회인 CES 기조연설에서 리드 헤이스팅스Reed Hastings는 "한국을 포함한 전 세계 130개 국가에서 추가로 넷플릭스 서비스를 시작한다"라며 포문을 열었다.[1] 시장의 예상은 엇갈렸다. 에스티마는 넷플릭스가 압도적인 콘텐츠와 편의성으로 한국에서 성공할 수밖에 없다고 전망[2]했지만, 일부는 유료 방송 시장의 가격 경쟁력 때문에 미국에서 보여주었던 시장 파괴적인 모습을 국내에서는 보기 힘들 것이라고 주장했다. 기대 반 우려 반이랄까.

한 달 무료 서비스[3]를 이용한 후기들이 올라왔다. 검색 기능이 떨어지고 특정 회사 휴대전화와 PC에서는 구동이 잘 안 된다는 의견도 있었지만, '넷플릭스 때문에 주말 밤을 새웠다', '수능 시험 전에 가입하면 큰일 날 것 같다' 등의 언론 보도가 이어졌다.[4] 다들 호기심 어린 눈으로 서비스를 이용했다. 그러나 초기에 반짝 관심을 보인 이후 시장은 '훅' 가라앉았다.

오히려 분위기는 '그럼 그렇지'였다. 콘텐츠가 부족한 것이 제일 컸다.[5] 2016년 1월 기준, 넷플릭스가 제공하는 동영상 수는 9,700여 편이었다. 아마존 프라임 인스턴트 Amazon Prime Instant[6]가 8만 편, 국내 IPTV들이 평균 10만 편의 콘텐츠를 제공하는 것에 비해 형편없다는 분석도 나왔다. 정확히는 볼 만한 한국 콘텐츠가 없었다는 게 맞을 것이다. 한국 영화로는 2015년 개봉된 〈간신〉이 유일했고, 국내 이용자들이 많이 찾는 최신 드라마와 예능 콘텐츠가 없다[7]는 목소리가 제일 컸다. 한국 콘텐츠도 없이 국내 콘텐츠 선호가 높은 한국 시장에 진출한 넷플릭스의 오만함과 무모함을 지적하는 이들도 늘어나기 시작했다. 넷플릭스가 빅데이터를 활용해서 최적의 맞춤 서비스를 제공해준다는 등등의 이야기는 볼만한 것이 없다는 주장 앞에선 맥도 못 폈다.

이런 상황 때문인지 2016년 6월, 리드 헤이스팅스가 한국을 전격 방문했다. 〈넷플릭스 미디어데이〉에서 그는 "넷플릭스로 한국에 다가설 수 있게 돼 기쁘다"라며 "넷플릭스는 누구든지 쉽게 온라인에서 다운로드 받아서 무료로 시청할 수 있다. 콘텐츠가 점점 개선되고 향상되고 있다. 한국은 세계 최고 수준의 인터넷 서비스 인프라를 구축하고 있다[8]"라는 말과 함께, 5,000만 달러를 투자한 영화 〈옥자〉 소식을 알렸다. 지금은 부족하지만 앞으로 한국에서 오리지널 콘텐츠를 제작하겠다[9]고 선언도 했다.

그러나 〈옥자〉를 만들고, 국내 오리지널 콘텐츠를 만들겠다고는 했지만 2016년 6월 현재 당장 볼 게 없다는 것이 현실이었다. 결과적으로 2016년 한국 진출 첫 해 넷플릭스의 실적은 처참했다. 서울경제는 안드로이드 앱 기준 8만 3,000명 정도가 넷플릭스를 이용하고 있다[10]고 예상했다. 아이폰까지 감안하면 대략 10만 명 내외가 이용하고 있는 셈이다. 2016년 연말 기준 190개국 대상으로 약 8,500만 명 정도의 가입자를 확보한 거대 영상 플랫폼이 국내에서는 고작 10만 명 내외의 가입자를 확보했다. 위상에 맞지 않은 초라한 모습이었다. 명색이 세계 7대 콘텐츠 소비 국가인 대한민국에서 말이다.

이용자들은 외면했지만, 국내외 미디어 업계는 넷플릭스의 한마디 한마디에 민감하게 반응했다. 글로벌시장에서 보여주고 있는 OTT 팽창 현상에 올라타려는 움직임이 빨라졌다. 한국에서 가장 '넷플릭스'스럽다는 평가를 받았던 호핀Hoppin은 사업을 접고, SK브로드밴드의 BTV 모바일과 합병, 2016년 1월 28일 옥수수[11]라는 서비스로 재출시되었다. 이용자는 월 3,000원만 내면 실시간 무료 서비스와 일부 무료 VOD를 이용할 수 있었다. 티빙Tving도 전면 실시간 무료를 내세웠다. 아마존은 프라임 서비스의 부가 서비스였던 프라임 비디오Prime Video를 단독 상품으로 출시했다.[12]

국내 OTT 사업자들은 넷플릭스가 국내에서도 OTT 순풍을 불러주

길 기대했을지도 모른다. 그러나 2016년 전 세계에서 벌어지고 있는 OTT 열풍은 적어도 한국에서는 남의 이야기였다. 옥수수는 통신 상품의 결합 상품으로 가입자를 확보했을 뿐 진성 고객의 수는 많지 않았고, 티빙 역시 젊은이들의 오락물에 머물 뿐 보편적 서비스가 되진 못했다. 그나마 실시간 전면 무료를 내세운 티빙이 유브이^{UV: Unique Visitor} 기준 90만 명을 넘었지만, 실제 지불 고객의 수는 40만 명을 넘지 않았다. 반면에 IPTV와 채널 사업 등 기존 레거시 미디어 사업은 호황을 이어갔다. 중국과 일본이 우리 콘텐츠를 열성적으로 구매해주었고, 국내 고객들도 기존 미디어 중심으로 콘텐츠를 소비하는 것을 당연시했다. 그 와중에 tvN의 〈도깨비〉는 드라마 VOD 역사상 최대 매출을 기록했다.[13] 〈태양의 후예〉보다도 1.4배 높은 판매 매출이었고, 15초 방송광고 단가도 1,380만 원에 이를 정도로 올라갔다. 2015년 3억 2천만 달러였던 방송 프로그램 수출액이 2016년에는 4억 1천만 달러로 상승했다. 이런 기세를 모아 CJ E&M(현 CJ ENM)[14]은 2016년 5월 드라마 사업 부문을 물적 분할해 스튜디오 전문 회사인 스튜디오드래곤^{Studio Dragon}을 설립했다. 물론 스튜디오드래곤은 넷플릭스발 콘텐츠 전쟁을 염두에 둔 것은 아니었다. 중국을 핵심으로 국내 콘텐츠 수요가 늘어나는 상황에 대한 대응이었다고 보여진다.

반면에 북미 시장에서는 넷플릭스발 오리지널 콘텐츠 전쟁에 대비, 콘텐츠 확보전이 본격화되기 시작했다. 결국 실패로 끝났지만 컴캐스트^{Comcast}는 드림웍스^{Dreamworks} 애니메이션을 인수하겠다고 나섰고, 애플^{Apple}도 타임워너^{Time Warner}에 눈독을 들였다.[15] 버라이즌^{Verizon}은 야후Yahoo!를 인수했다. 타임워너는 훌루Hulu 지분을 인수하면서 스트리밍 경쟁에 불을 붙였고, 훌루는 전면 유료화를 선언했다.[16] 에이티앤티AT&T는 타임워너를 합병했다.

그렇게 넷플릭스의 국내 진출은 초라했다. 한국갤럽의 브랜드 선호 조사(1순위+2순위 합산, 중복응답)[17]를 살펴보면 티빙(40.9%), 푹(31.9%), 옥수수(25%), 올레TV모바일(20.6%), 넷플릭스(12.8%), LTE비디오포털(12.5%) 등의 순이었다. 글로벌시장에서의 존재감에 비해서는 초라하다는 표현이 지나치지 않을 정도였다. 2016년 11월 MBC와 넷플릭스가 드라마 〈불야성〉과 영화 〈판도라〉의 해외 판권 계약을 체결[18]했다. 그러나 어느 누구도 관심을 두지 않았다. 해외 판권의 나비효과가 얼마나 장대하고 위협적일지 그때는 예상치 못했다.

02

중국 중국 중국, 중국을 잃다

2014년 초, 〈별에서 온 그대〉는 중국 전역을 태풍처럼 휩쓸었다.

베이징의 한 사무실, 젊은 직장인 리나는 점심시간마다 동료들과 모여

'별그대'를 시청했다. "오늘 천송이가 입은 코트, 어디서 살 수 있을까?"는

그들의 일상적인 대화였다.

상하이의 거리, 20대 청년 왕웨이는 김수현의 사진이 붙은 광고판 앞에

서 한참을 서성였다.

"나도 도민준처럼 멋진 남자가 될 수 있을까?"

중국인의 마음속에 한국 드라마의 인물이 롤모델로 자리 잡기 시작했다.

광저우의 한 치킨 전문점, 주인 장씨는 손님들의 주문을 받느라 정신이

없었다.

"치맥 세트 10개 더 주세요!"

드라마에서 본 치맥을 즐기려는 손님들로 가게는 연일 초만원이었다.

중국 최대 포털사이트 바이두에서는 '도민준', '천송이', '치맥'이 연일 실시간 검색어 상위권을 장악했다. 심지어 중국 정부 고위 관료들의 회의에서도 '별그대' 이야기가 오갔다는 소문이 돌았다.

천송이가 즐겨 먹던 치맥은 중국 내 한국 치킨 브랜드의 매출을 400% 이상 끌어올렸고, 그녀가 사용한 화장품은 품절 대란을 겪었다. 심지어 "중국 젊은이들, '별그대' 보다 지각 속출!"이라는 기사가 나올 정도였다.

중국의 영화배우이자 감독인 펑샤오강 馮小剛은 2015년 2월 진행한 인터뷰에서 이렇게 말했다.

"요즘 중국에서는 한국 드라마를 보지 않는 사람을 찾기가 더 힘들 정도랍니다. 젊은 층뿐만 아니라 중장년층까지 한국 드라마를 즐겨 보고 있죠. 한국 드라마는 이제 중국 대중문화의 한 부분이 되었습니다."

2014년 당시 로버트 워크Robert O.Work 미 국방부 부장관은 미국외교협회 주최 간담회에서 '사드THAAD: Terminal High Altitude Area Defense 포대를 한국에 배치하는 것을 조심스럽게 고려하고 있고 한국 정부와 협의 중'이라며 운을 띄웠다. 한중 관계를 위협할 만한 사안이었다. 발언 직후 한민구 당시 국방장관은 아직까지는 계획이 없다는 입장을 서둘러 밝혔다. 불쑥 튀어나온 사드는 수면 밑으로 그렇게 잠수하는 것처럼 보였다. 그 사이 한국 콘텐츠는 중국 내에서 열풍을 일으키고 있었다.

2016년 1월 북한은 4차 핵실험을 단행, 최초의 수소 폭탄 핵실험이 성공했다고 발표했다. 북한 핵무기 위협에 대응할 수 있는 방안으로 다시 사드가 급부상했다. 중국의 시진핑 Xi Jinping 수석은 사드의 위험성을 경고하면서 한국 내 배치에 강력히 반대한다는 입장을 밝혔지만, 박근혜 대통령은 중국이 아닌 북한을 대상으로 한 것이라며 시진핑 주석의 주장을 무시했다. 2016년 7월 류제승 국방부 정책실장은 토머스 밴달 Thomas S. Vandal 주한미군 사령부 참모장과 같이 사드 1개 포대 한반도 배치를 공식 발표했다.

중국은 엔터테인먼트 업계부터 신속하게 반한 Anti-Korea 조치를 시작했다. 8월에 예정되어 있던 김우빈과 수지의 팬 미팅이 행사일 3일 전에 돌연 취소되었다. 중국 최대 동영상 사이트인 유쿠 YOUKU가 〈함부로 애틋하게〉의 주연인 두 사람을 초대해 베이징 올림픽 체육관에서 개최하려고 했던 행사였다. 그렇게 한한령 限韓令은 급작스럽게 다가왔다. 걸 그룹 와썹 WaSSup 역시 중국 공연 일정이 돌연 취소되었고, 〈도깨비〉의 유인나가 출연한 〈상애천사천년 2〉에서 유인나의 역할이 모두 삭제되었다. 이준기도 비자를 받지 못했고, 김희철 촬영분도 삭제되었다. 여기까지만 해도 그러려니 했다. 시진핑 주석이 직접 나서서 반대까지 한 사안이 거절되었으니, 최소한의 액션은 불가피하다고 예상했다. 실무 경제에 미치는 영향에 비해 국민 정서적 파급 효과가 압도적으로 큰 엔터테인먼트 업계가 그 대상이 될 수밖에 없었을 것이라는 이해도 있었다. 그럼에도 이미 한류는 문화 현상이 되어 버렸고, 중한·한중의 문화 협력은 상호 지향적이고 상호 수혜적이기 때문에 장기적으로 한한령이 지속될 가능성이 없을 것이라며 막연한 기대도 있었다.[19] 중국 정부는 이미 2010년대부터 한류 콘텐츠가 중국민들의 인기를 얻을 때면 어김없이 적절히 통제해 왔다는 점을 들어 사드를 빌미 삼아 한류 콘텐츠의 영향력을 줄이는 선에서 마무리될 것이라는 주장에 힘이 실리기도 했었다.[20]

2016년 9월 박근혜 대통령과 시진핑 수석 간의 정상회담이 열리기 직전에 한한령이 풀릴 것 같은 조짐이 있었다. 양 국가의 대표가 이 문제를 지혜롭게 해결할 것이라고 기대했었다. 그러나 시진핑은 사드 배치 반대를 강하게 요구했고, 박근혜 대통령은 이를 받아들이지 않았다. 중국은 더 강경해졌다. 더구나 2016년 9월, 한민구 국방장관은 사드 1개 포대만으로는 한반도를 방어할 수 없다며 2개 포대 구매 의사를 피력했고, 11월에는 롯데 성주 골프장을 사드 부지로 선정 발표했다. 되돌릴 수 없는 상황이 되었다.

이때부터 한한령은 사실상 공식화되었다. 〈별에서 온 그대〉의 전지현이 출현한 드라마도, 〈태양의 후예〉 송중기의 광고도 막혔다.[21] 중국의 규제기관인 국가광파전시총국国家广播电视总局은 공식적으로 한국 내 콘텐츠에 대해 직간접 투자를 금지하라고 발표하기에 이르렀다.[22] 콘텐츠를 비롯한 한류 관련주는 폭락했다. 그렇게 2017년 한한령은 공식적이지 않으나 실제적인 형태로 한국 콘텐츠 업계를 덮쳤다. 현

중국 한한령 주요 내용

주요 가이드라인	향후 영향
• 한국 단체의 중국 내 연출 금지	• 영화 · 드라마 · 예능 등 중국 현지 로케이션 타격
• 신규 한국 연예 기획사에 대한 투자 금지	• 투자처 줄면서 한류 콘텐츠 생산 급감
• 1만 명 이상 관객 동반 한국 아이돌 공연 금지	• SM · YG 등 대형 아이돌 산업 타격
• 한국 드라마 · 예능 협력 프로젝트 체결 금지	• 리메이크 · 합작 콘텐츠 불가
• 한국 연예인 출연 드라마 중국 내 송출 금지	• 중국 시장 겨냥한 드라마 '쪽박'

대경제연구원은 사드 보복 및 한한령 때문에 발생하는 피해 규모를 8.5조 원으로 추정[23]했고, 산업연구원KIET은 최대 15조 원대의 피해를 예견했다.[24] 롯데를 비롯해 많은 한국 기업들이 손실을 감수하고 중국에서 철수할 수밖에 없었다.

그러나 콘텐츠 업계는 미련을 버리지 못했다. 한한령 와중에도 〈도깨비〉 주인공인 공유의 이름이 중국 웨이보weibo 실시간 검색 페이지에서 1위를 기록했고, 웹툰이지만 〈마음의 소리〉가 중국에서 1억 뷰를 기록[25]하는 등 한국 콘텐츠의 인기가 여전하니 어떤 식으로든 중국 시장에 재진입할 것이라는 '종교적 믿음'을 버리지 못했다. 콘텐츠의 힘과 프리미엄의 힘으로 중국을 돌파할 수 있다는 주장도 나왔다. 그러나 이는 중국의 역린을 과소평가한 것이었다. 한번 닫힌 문은 더 굳건해질 뿐 열릴 조짐이 전혀 없었다. 일본에 일부 콘텐츠가 팔린다는 아쉬운 이야기가 흘러나왔지만, 일본 내 혐한류로 인해서 과거와 같은 폭발적인 수요는 없었다. 콘텐츠 사업자의 희망에 근거한 뇌피셜이었던 셈이다.

한한령이 콘텐츠 사업에 미친 영향은 직접적이었다. 방송 콘텐츠 매출액은 2016년 1조 7,300억 원에서 2017년 1조 8,000억 원으로 소폭 증가했다. 그러나 수출액은 2016년 4억 1,000만 달러에서 2017년 3억 6,000만 달러로, 약 5,000만 달러가 감소했다.[26] 이 결과는 내수 시장은 성장하고 있으나, 수출 시장이 막혔다는 것을 의미하는 것으로, 결국 한한령이 요인이 된 셈이다. 국내시장과 해외시장이 분리된 시장이었기에 가능한 것이었다. 이 연동 시장의 붕괴는 나중에 다룰 예정이다.

거대 중국 시장의 폐쇄는 국내 미디어 사업자의 위기와 동의어였다. 한국의 방송 콘텐츠 시장은 점진적으로 커져 왔고, 이에 따라 사업의 방식도 변화되어 왔다. 채널과 플랫폼이 늘어나면서 내수 시장의 규모가 커졌고, 커진 시장만큼 품질이 좋아져서 일본 시장을 뚫었다. 일본 역시 위성 등 새로운 매체들이 등장하면서 콘텐츠 수요가 늘어나고 있는 상황이 맞아떨어졌다. 커진 시장에 맞추어 해외 자본의 투자가 일어나기 시작했고, 수익 모델도 해외 판매 및 2차 판권 시장 등에 맞추어 변화했다. 〈여명의 눈동자〉와 〈모래시계〉를 연출한 스타 PD인 김종학은 일본 시장과 중국 자본을 결합해 콘텐츠와 테마파크까지 연동시키는 모델을 상상하기도 했다.[27] 김종학의 장대하고도 담대한 계획은 실패로 끝났지만, 이런 상상을 할 수 있을 정도로 시장이 커졌다. 그러나 정치적 이슈로 일본 시장이 소극적 소비 시장을 넘어 혐한 시장으로 바뀌었다.[28] 또한 국내 사업자들이 국내 콘텐츠를 판매할 대상으로 일본 시장을 바라본 탓도 크다. 수출의 주체였던 사업자들이 일본 콘텐츠를 국내에 수입하거나 공동제작을 하는 등 일종의 상호 호혜적 시각을 가지지 못한 탓도 컸다. 일본 시장을 염두에 두고 규모를 키웠던 국내 콘텐츠 사업자 입장에서는 위기라면 위기였다.

이런 상황에서 새로운 기반으로 등장한 것이 바로 중국 시장이었다. 우리의 상상력은 한 단계 더 커졌다. 거대 중국을 겨냥한 만큼 거기에 맞게 제작 비용이 최적화되기 시작했다. 2010년에 제작된 〈추노〉의 편당 제작비는 2억 원 내외였지만, 2011년의 〈시크릿 가든〉은 편당 4억 원이었고, 2015년 제작된 〈킬미, 힐미〉는 편당 5억 원, 〈육룡이 나르샤〉는 편당 10억 원을 돌파했다. 2016년 히트작이었던 〈도깨비〉와 〈푸른 바다의 전설〉도 편당 약 10억 원의 제작비가 들었다. 2010년대 초반에는 2~4억 원이었던 제작비가 2015년 이후에는 10억 원대를 상회하는 수준까지 증가한 것이다. 영상 콘텐츠로 국내에서 벌 수 있는 수익 임계치에 거의 도달한 수준이다. 또한 방송광고 단가의 변화가 없는 상황에서, VOD 등을 통한 부가 수익 시장의 규모를 넘어서는 수준이다. 이 때문에 제작비는 해외시장을 통해서 보전해야만 충당할 수 있었고, 중국은 그러기에 충분하다 못해 넘치는 시장이었다.

중국 시장의 힘이 드러난 대표적인 작품이 〈태양의 후예〉이다. 운 좋게도 〈태양의 후예〉는 방송사들이 성공하지 못할 프로젝트라고 규정해 오랜 기간 서랍 속에 묻힌 작품이었다. 이 때문에 방송사가 제작비의 상당 부분을 지원하고 IP를 확보하는 기존 관례가 작동하지 않았다. 영화 제작사 NEW는 차이나 머니China Money를 유치해 제작비를 자체 조달해서 드라마 판권을 온전히 확보했고, 다방면으로 부가 수입을 창출했다. 중국 수출, 국내 방송, 간접 광고PPL:Product Placement 등으로 제작비 130억 원을 대부분 회수했다. 일본 등 추가 수출과 주문형 비디오(VOD) 부가 수입 등을 합쳐 이익 규모를 키웠다. 특히 판권을 보유하고 있었기 때문에 2024년 현재도 지속적으로 저작권 수익이 들어오는 상황이다. 이처럼 영세한 국내 드라마 제작사와 작가들에게 차이나 머니는 새로운 기회였다.[29] 그러나 차이나 머니가 시장의 핵심 요소로 등장했다고 하더라도 시장의 헤게머니Hegemony는 여전히 지상파로 대표되는 방송사가 쥐고 있었다. 방송 편성 여부와 시청률 수치가 중국 수출 혹은 자본 유치의 핵심 요소였기 때문이다. 제작비 규모가 커지면서 방송사의 헤게모니는 더욱 더 강화되었다.

이렇게 새로운 변화가 진행되는 상황에서 급작스럽게 한한령이란이름으로 중국 시장이 닫혀 버렸다. 문체부 등은 부랴부랴 TF를 구성해서 중국 진출 지원을 하기도 했고, 1,600억 원 규모의 펀드를 조성해 콘텐츠 시장을 지원하겠다는 발표[30]도 했지만, 시장을 움직일 수는 없었다. 커진 몸집을 그대로 유지하기 위해서는 중국을 대체할 만한 시장을 찾아야 했다. 이 맥락에서 한류의 새 전초기지로 베트남 등동남아시아가 다시 언급되기 시작했다.[31]

걸 그룹 마마무의 소속사 RBW는 베트남에 현지 법인을 직접 설립하겠다고 했고, CJ E&M은 2017년 4,500억 원을 투자해 콘텐츠 제작에 나서겠다며 '동남아 시장 진출'을 공식화하기도 했다. 그러나 대부분 실행으로 이어지지 못했다. 일본 시장과 중국 시장을 전제로 몸집을 키워온 콘텐츠 진영으로서는 베트남 등 지불 비용이 낮은 동남아시아를 겨냥해서는 손익 구조를 맞출 수가 없었기 때문이다.

음악 시장은 중국이 닫히자 미국으로 향했다. 유튜브^{YouTube}가 제대로 역할을 했다. 영상은 글로벌로 가고 싶었으나, 갈 길이 없었다. 음악은 반복적 소비가 가능하고 공연 등의 수익 모델이 있기 때문에 유튜브를 마케팅 수단으로 활용할 수 있지만, 영상은 영상 그 자체의 수익이 전부이기 때문에 마케팅 수단으로 유튜브를 활용할 수 없었다. 바로 이 대목에서 넷플릭스의 콘텐츠 투자 전략과 한국의 상황이 톱니바퀴처럼 맞물리기 시작했다. 한한령이 발동되자, 방송 편성이 중단되거나 취소되는 사례가 발생했다. 한국의 방송사업자는 제작비의 60~70%만을 지불하고, 나머지는 제작사가 해외 유통 등을 통해 '직접' 확보하는 구조였다. 30~40%의 수익을 책임져야 할 중국 시장이 막혀버렸기 때문에, 방송사가 이 부분을 보전해주지 않으면 제작도 편성도 할 수 없었다. 이런 상황에서 제작사는 불확실한 중국 플랫폼과의 계약을 해지하고, 넷플릭스로 갈아타기 시작했다.

첫 물꼬를 FNC애드컬처가 열었다. 안석준 대표는 "당초 소후닷컴^{Sohu}에서 2월 방영 예정이었으나 플랫폼 서비스 개시일이 불확실했다"라며 "방송 일자가 불확실해지면서 콘텐츠의 가치 하락을 방지하며, 당사를 믿고 출연한 배우들을 위해 중국 플랫폼과 계약을 해지한 뒤 넷플릭스 계약을 추진했다"고 밝혔다.[32]

중국 자본 대신에 넷플릭스 자본이 그 자리를 대신한 셈이다. 콘텐츠가 부족했던 넷플릭스도 한국 콘텐츠 구매를 서둘렀고, 아마존도 조금씩 한국 콘텐츠를 담기 시작했다. 이들에게 한국 콘텐츠는 매력적이었다. 콘텐츠 소비 국가로서 한국은 지불 능력이 높은 매력적인 시장이었고, 아시아 시장에서 한국 콘텐츠의 영향력이 높다는 점이 우선 부각되었다. 덧붙여 높은 규제 장벽 때문에 구글, 유튜브처럼 중국에 진출하지 못했지만, 향후 한·중 관계가 개선돼 한한령이 느슨해지면 중국 시장에 우회적으로 접근하는 기회도 얻을 수 있다. 따라서 미국 시장의 가입자 정체를 해외시장에서의 가입자 확보로 성장을 유지하고자 하는 넷플릭스 입장에서 한국은 매력적인 시장이었고, 한국 콘텐츠는 확보해야 하는 좋은 재료였다.

그러나 다급한 쪽은 '우리'였다. 넷플릭스는 점진적 성장을 도모할 수 있지만, 우리는 사라진 중국 시장을 대체하지 못하면 몸집을 줄여야 했기 때문이다. 우리는 초조함을 감추지 못했고, 그들은 그들대로 급하지만 느긋했다. 시작부터 지는 게임이었던 셈이다.

03.

새로운 메시아 ^{Messiah}, 넷플릭스

2018년 7월의 어느 날, 로스앤젤레스의 한 아파트.

코난 오브라이언 Conan O'Brien은 늦은 밤, 넷플릭스 채널을 뒤적이다 우연히 〈미스터 션샤인〉을 발견했다. "한국 드라마라……. 한 편 정도는 볼 수 있지"라는 생각으로 재생 버튼을 눌렀다.

"이게 대체 뭐지? 이렇게 아름다운 드라마라니!"

그는 곧바로 자신의 트위터에 열광적인 감상평을 올렸다.

"나는 지금 넷플릭스에서 한국 드라마 〈미스터 션샤인〉을 보고 있다. 이 드라마는 내가 본 가장 아름다운 드라마 중 하나다. 매력적이다."

이 짧은 트윗이 인터넷을 뜨겁게 달궜다. 미국 전역에서 "코난이 본 그 한국 드라마가 뭐지?"라는 궁금증이 퍼져 나갔고, 넷플릭스 검색창에 〈미스터 션샤인〉을 입력하는 사람들이 급증했다.

한편 서울, tvN 사무실에서도 한바탕 소동이 일었다.
"코난 오브라이언이 우리 드라마를 봤대요!"
"네? 그게 무슨 소리예요?"
"트위터에 글을 올렸대요. 지금 미국에서 난리 났어요!"
변방의 콘텐츠가 넷플릭스를 타고 미국 주류 시장으로 진출했다는 사실은 경험 그 이상의 가치였다. 미국을 비롯한 전 세계에서 〈미스터 션샤인〉을 주목하기 시작했다. 넷플릭스의 추천 알고리즘은 더 많은 시청자들에게 이 드라마를 소개했고, 입소문은 빠르게 퍼져나갔다.

뉴욕의 한 카페에서는 〈미스터 션샤인〉 팬 모임이 열렸고, 런던의 한 대학에서는 한국 역사를 주제로 한 특강이 개설되었다. 심지어 파리의 한 패션 디자이너는 〈미스터 션샤인〉에서 영감을 받은 컬렉션을 발표하기도 했다.

이 모든 현상은 단 하나의 플랫폼, 넷플릭스를 통해 이루어졌다. 〈미스터 션샤인〉은 전통적인 TV 방송이나 영화관이 아닌, 오직 스트리밍 서비스를 통해 전 세계 시청자들의 마음을 사로잡은 것이다. 글로벌 스트리밍 시대의 서막이 힘차게 열렸다.

처음부터 지는 게임은 아니었다. 거대한 중국 시장이 눈앞에서 사라지면서 갈 곳 잃은 콘텐츠가 많다는 것이 우리의 현실이라면, 야심차게 추진한 아시아 진출 도전이 생각처럼 진행되지 않고 있는 넷플릭스의 속사정도 있었다. 다만 체급 차이는 분명했다. 한쪽은 당장 시장이 막히면 생계를 걱정해야 하는 곳이고, 다른 한쪽은 욕심을 채우지는 못할망정 생활은 지장이 없는 곳이다. 매일 어떤 식으로든 넷플릭스는 전 세계 가입자를 조금씩 늘리고 있었다. 손을 내미는 쪽과 손을 잡아야 하는 쪽의 체급 차이가 분명하면 시장은 기울게 마련이다. 그럼에도 첫 순간은 모두에게 행복한 순간으로 기억된다.

넷플릭스는 중국을 목표로 진행되던 대부분의 국내 콘텐츠의 방영권을 확보했다.[33] NEW처럼 방송 콘텐츠 시장에 뛰어들려는 업체와도 파트너 계약을 맺었다. 미래 방영권뿐만 아니라 기존 방영권도 빠르게 확보했다. 2017년 기준 미국 콘텐츠 대비 1/9, 일본 콘텐츠 대비 1/3 수준[34]이었던 한국 콘텐츠의 수를 빠르게 늘렸다. 국내 드라마 외주 제작 시장의 25%를 점유하고 있는 드라마 제작사 스튜디오드래곤의 경우 2017년 4분기 제작 콘텐츠의 50%를 넷플릭스에 공급하기로 했고, JTBC 프로그램을 주로 제작하는 제이콘텐트리(현 콘텐트리중앙)와도 600시간 콘텐츠 공급 계약을 체결했다. 이런 노력 끝에 2016년 기준 60여 편에 불과했던 한국 콘텐츠의 수는 2018년 550편[35]으로 대폭 늘어났다.

넷플릭스는 드라마부터 예능, 영화, 웹 드라마까지 영역을 가리지 않고 수급하며 제작했다. 작품당 20~40억 원을 지불했다. 방송사가 통상적으로 지불하던 재방송 판권료보다 높았다.[36] 중국의 투자가 급감한 상황에서 회당 20~40만 달러(약 2~4억 원) 수준에 판매하는 것은 영세한 제작사 입장에서는 단비였다. 해외 판권이 포함된 가격임을 감안하더라도 우호적인 가격대였다. 방영권과는 별도로 오리지널 콘텐츠 제작도 본격적으로 추진하기 시작했다. 통상 기획부터 제작까지 2~3년이 걸리는 것을 감안하면, 이때 논의된 작품들은 2020년부터 본격적으로 풀리기 시작했다. 〈옥자〉를 비롯, 〈범인은 바로 너〉, 〈킹덤〉 등에 이미 최소 1,500억 원 넘게 투자했다. 2018년 넷플릭스의 글로벌 총 콘텐츠 투자 규모인 80억 달러[37] 대비 여전히 한국 콘텐츠 투자 금액은 낮지만 국내 OTT 사업자 중에는 최고의 투자였고, 종합 편성 채널 사업자의 콘텐츠 투자 규모를 넘어섰다. 그리고 향후 지속적으로 그 비율을 높이겠다는 의지가 있었다.

그 신호는 분명했다. 넷플릭스는 2018년 5월 초에 한국 상주팀을 구성해 본격적으로 국내 콘텐츠 제작과 해외 배급을 추진했다.[38] 넷플릭스는 싱가포르에 있는 아시아태평양 본부가 전체 아시아 시장의 거점 역할을 하고 있는데, 일본과 대만처럼 한국에도 상주팀을 운영하기로 한 것이다. 상주팀은 향후 한국 지사로 발전하게 된다. 넷플릭스의 한국 투자가 계속 늘어날 수 있음을 의미하는 분명한 시그널이자, 한국 콘텐츠 시장에 새로운 순풍이 시작되고 있음을 의미했다. 김민영 인터내셔널 오리지널 담당 디렉터는 "한국 콘텐츠 담당자로서 한국 콘텐츠를 글로벌 시청자들에게 전달하는 것이 우선적인 목표다"라는 점을 분명히 했다. 190여 개국, 1억 1천여 만 명의 회원을 보유한 넷플릭스가 프로그램을 계약 방영하게 되면 전 세계에 동시 진출하는 효과가 있기 때문에 한국 제작사는 인지도를 높일 수 있는 계기가 된다.

　단순히 프로그램의 방영권이 전부가 아니었다. 넷플릭스 공급 계약은 그 자체로 제작사의 시가총액이 높아지는 부수 효과가 발생했다. 넷플릭스가 방영권을 제작비의 110~120% 수준으로 구매하고, 오리지널 콘텐츠 수도 늘리겠다는 명시적인 선언이 지속되면서 콘텐츠 사업자들의 수익성이 양과 질적으로 크게 개선될 것이라는 기대감이 높아지기 시작한 것이다. 제작사들은 어떻게든 관계를 맺기 위해서 넷플릭스 지인 찾기에 나서는 해프닝이 벌어지기도 했다. 넷플릭스발 수요 초과 시장의 전조가 보이기 시작했다.

　증권사는 콘텐츠 제작사의 목표 주가를 올리기 시작했다. 넷플릭스에 프로그램을 제공할 수 있다는 것만으로도 스튜디오드래곤의 주가가 급등하기 시작했다. 이베스트투자증권의 김현용 연구원은 "올해 2018년 넷플릭스향 수출 작품은 전체 라인업의 20% 수준은 가능할 전망"이라며 "수량과 금액은 전년과 비교해 3~4배 수준에 달할 것"으로 전망[39]했고, NH증권의 이효진 연구원도 넷플릭스의 적극적인 콘텐츠 구매를 이유로 제이콘텐트리의 목표 주가를 15% 상향하고 업종 최선호주로 추천[40]했다. 드라마 및 영화를 제작하는 제이콘텐트리(2018년 상승률 31.68%), 삼화네트웍스(22.96%) 등도 같은 이유로 주가 상승이 일어났다. 넷플릭스의 실적 발표와 국내 미디어 주식 간의 커플링coupling이 일상화되었다. 미국 기술주인 넷플릭스의 3분기 실적

호조 소식에 국내 콘텐츠 기업인 스튜디오드래곤의 주가가 9% 가까이 오르는 현상이 시작되었다.

　제작사의 기업가치가 재평가된 이유를 조금 더 자세히 살펴보자. 넷플릭스로 인해 콘텐츠 사업자의 수익 문법이 개선된 건 분명하다. 대표적인 케이스가 〈미스터 션샤인〉 판권 구매이다. 〈미스터 션샤인〉은 tvN에 방영된 이후 넷플릭스가 국내외 판권을 구매한 경우다. 24부작인 〈미스터 션샤인〉의 총 제작비는 430억 원으로 편당 제작비는 약 18억 원이다. 당시 제작된 텐트폴Tent-pole[41] 드라마의 2배 규모였고, 평균 드라마 제작비 대비 3~4배 넘는 수준이었다. 스튜디오드래곤은 tvN으로부터 방송 방영권 대가로 220억 원을 확보했고, VOD 판매 수익 30억 원 내외, 그리고 약 20억 원 정도의 간접광고 수익을 확보해, 총 제작비 430억 원 중 62% 수준인 270억 원을 마련했다. 여기에 넷플릭스 판권 300억 원을 더하면 총 570억 원으로, 140억 원 정도의 이익을 확보하게 된다. 430억 원 규모의 영화라면 대략 1,700만 명 이상의 관객이 동원되어야 제작사가 이 정도의 이익을 가져갈 수 있다. 한국 콘텐츠 시장에서는 불가능한 산수가 등장한 것이다. 총 제작비 대비 30% 이상의 영업이익을 확보할 수 있는 구조는 이제껏 없던 산수였다. 오리지널 콘텐츠의 경우 제작비 대비 10~20%의 이익을 보장받았다.[42] 이 구조대로라면 이제 제작사는 제작비를 확보하기 위해서 해외 판매 유통에 신경을 써 왔던 것에서 벗어나 온전히 제작 그 자체에만 집중해도 괜찮은 수익을 올릴 수 있다는 말이 된다.

해외용으로 콘텐츠를 만들어 제공할 때 발생할 수 있는 리스크를 넷플릭스가 떠안아 줌으로써 제작사는 이익을 보장받으면서 작품을 할 수 있다는 점에 의미를 부여했다. 콘텐츠를 값싸게 구매하던 관행이 철퇴를 맞았다. 지상파 등 국내 채널 사업자와 협상을 하기보다는 넷플릭스를 최우선으로 놓고 산수를 하는 편이 나았다. 중국 시장이 열렸을 때만 하더라도 여전히 국내 흥행 여부가 중요한 잣대였다. 그래서 채널 사업자였던 지상파와의 우선 협상은 필수적이었다. 그러나 넷플릭스는 국내 시청률 잣대에 민감하지 않았다. 국내 시청률이 낮아도 해외 시청자의 반응이 높을 수도 있다는 점을 인정했다. 2017년 방송된 〈비밀의 숲〉은 국내에선 6% 내외의 시청률을 보였지만, 해외 시청자들의 호평을 받았었다. IMDb는 〈비밀의 숲〉에 8.6점을 부여했다. 따라서 제작사는 넷플릭스와 우선 협상 여부에 따라서 채널 사업자와 논의를 하는 것이 오히려 문제가 될 소지가 적었다. 후발 주자였던 넷플릭스의 공격적인 구매 탓이기도 하지만 이 과정을 통해 짧은 기간에 넷플릭스는 제작사의 TOM Top of Mind 이 되어 갔다.

제작사들은 환호했다. 아직 넷플릭스는 이름에 걸맞은 가입자를 확보하진 못하고 있었다. 앱 분석 업체 와이즈앱은 넷플릭스 모바일 앱 사용자가 2018년 9월 90만 명으로, 전년 대비 3배 증가했다[43]고 밝혔다. 당장 방영 가능한 콘텐츠의 수급만으로 이루어진 성과였다. 국내 OTT 사업자들과의 격차를 줄였다. 방송사 연합 플랫폼인 '푹POOQ'의 가입자는 93만 명에서 123만 명으로 확대[44]되었지만, 이제 격차가 시야권에 들어왔다. 넷플릭스 성공 문법의 무기인 오리지널 콘텐츠는

2019년부터 본격화되었다. 유행에 민감한 20~30대를 중심으로 넷플릭스가 언급되기 시작하고, 핵인싸의 필수 조건이 되어가는 중이었다.[45]

스튜디오드래곤 작품 라인업

연도	넷플릭스 라이선스	넷플릭스 오리지널
2016	쓸쓸하고 찬란하신-도깨비(t→T/N)	
2017	써클, 화유기, 황금빛 내 인생, 브라보 마이 라이프, 구해줘	
2018	미스터 션샤인(t→N), 남자친구(t→N), 알함브라 궁전의 추억(t→N)	
2019	진심이 닿다(t→T/N), 자백(t→T), 아스달 연대기 part 1,2(t→N) 호텔 델루나(t→T/N), 아스달 연대기 part 3(t→N), 사랑의 불시착(t→T/N)	좋아하면 울리는 시즌1 킹덤 시즌1
2020	더 킹: 영원의 군주(SBS→W/N), 구미호뎐(t→T/N) 하이바이, 마마!(t→N), 경이로운 소문 (OCN→T)	스위트홈 시즌1, 나홀로 그대 킹덤 시즌2
2021	빈센조(t→T/N), 나빌레라(t→N), 어느 날 우리 집 현관으로 멸망이 들어왔다(t→T/N), 마인(t→T/N), 간 떨어지는 동거(t→T/N), 악마판사(t→T/N), 너는 나의 봄(t→T/N), 갯마을 차차차(t→T/N), 지리산(t→T/N), 해피니스(t→T/N), 어사와 조이(t→T/N), 배드 앤 크레이지(t→TVING/N), 불가살 (t→T/N)	좋아하면 울리는 시즌 2 킹덤: 아신전
2022	고스트 닥터(t), 스물다섯 스물하나(t→T/N), 우리들의 블루스(t→T/N), 별똥별 (t→T/N), 환혼(t→T/N), 작은 아씨들(t→T/N), 슈룹(t→T/N), 환혼: 빛과 그림자 (t→T/N)	더 글로리 파트1
2023	일타 스캔들(t→T/N), 이번 생도 잘 부탁해(t→T/N), 마당이 있는 집(ENA→T/N), 경이로운 소문 2(t→T/N), 무인도의 디바 (t→T/N)	도적: 칼의 노래, 더 글로리 part 2, 이두나!, 스위트홈 시즌 2, 경성크리처 part 1, 셀러브리티
2024	세작, 매혹된 자들(t→T/N), 눈물의 여왕(t→T/N), 엄마친구아들(t→T/N)	하이라키, 돌풍, 스위트홈 시즌 3, 경성크리처 part 2

t: tvN / T: Tving / W: Wave / N: Netflix

04

골드 러시:
오리지널 콘텐츠 대전의 시작

2019년 1월 25일, 넷플릭스가 오랫동안 준비한 넷플릭스 오리지널 〈킹덤〉이 방영되었다.

넷플릭스 한국 지사의 상황실. 실시간 데이터를 살펴보던 트래픽 모니터링 담당자가 놀란 목소리로 외쳤다.

"이게 말이 되나요?"

"접속자 수가 평소의 20배를 넘었어요!"

화면 속 그래프는 수직에 가까운 상승세를 보이고 있었다.

"SNS 반응도 미쳤어!"

소셜 미디어 담당자가 외쳤다. 트위터, 인스타그램, 페이스북 모두 〈킹덤〉 관련 게시물로 도배되고 있었다.

"해시태그(#) 좀비한복, 조선좀비가 실시간 트렌드 1위야!"

세계는 한국 역사와 좀비를 결합한 독특한 설정에 열광했다.

《뉴욕타임스》, 《가디언》, 《버라이어티》 등 해외 주요 매체들이 극찬 리뷰를 쏟아 내고 있어요. '한국 드라마의 새 지평을 열었다,' '넷플릭스 오리지널 중 최고 수작' 등의 평가가 나오고 있어요!"

역사적 순간이었다. 한국에서 만든 넷플릭스 오리지널은 한국 콘텐츠와 글로벌 유통 플랫폼이 가져올 효과를 단적으로 보여준 사건이었다.

CEO 리드 헤이스팅스는 글로벌 경쟁에서 승리할 무기를 찾았다고 판단했다. "놀라운 성과를 축하합니다. 〈킹덤〉의 성공은 우리의 예상을 훨씬 뛰어넘었습니다. 이를 계기로 한국 콘텐츠에 대한 투자를 대폭 확대하기로 결정했습니다. 앞으로 더 많은 한국 오리지널 콘텐츠를 만들어 주세요."

〈킹덤〉은 한국 영상 콘텐츠의 새로운 시대를 활짝 열었다.

2019년 1월 25일, 넷플릭스 첫 국내 오리지널 TV 시리즈인 〈킹덤〉이 1억 3,000만 명이 넘는 전 세계 구독자를 대상으로 공개되었다. 모든 것이 신박함 그 자체였다. 기존 방송 시장에서는 불가능했던 총 6회로 구성했다. 회당 제작비만 20억 원이다. 아름다운 영상과 탄탄한 서사 구조라는 평가와 함께 국내는 물론 미국, 영국, 프랑스, 캐나다, 호주, 멕시코 등 10개국 이상에서 1위를 기록했다. 로튼 토마토Rotten Tomatoes[46]에서도 신선도 88%라고 평가했다. 한국 콘텐츠가 이처럼 단기간에 전 세계의 평가를 받으며 주목받은 적은 없었다.

〈킹덤〉은 단순한 드라마가 아니었다. 국내 창작자 집단에게는 각성의 순간이었다. 수십 년간 스스로 가두어 두었던 족쇄가 풀리는 바로 그 순간이었다. 방송사가 아니어도 상업적으로 자신의 상상력을 구현할 수 있다는 점, 방송과 영화의 경계선이 의미가 없다는 점이 가장 크게 부각되었다. 한 인터뷰에서 김은희 작가는 "솔직히 지상파에서는 〈킹덤〉 제작이 불가능하다고 생각했다[47]"라며, 지나칠 정도로 넷플릭스의 간섭이 없어서, 이래도 되나 싶을 만큼 창작의 자유가 보장되었다고 설명했다. 국내 최고 작가의 이런 평은 제작사들이 넷플릭스와 손을 잡게 된 핵심 이유 중 하나가 된다. 또한 〈킹덤〉은 드라마 작가인 김은희와 영화감독인 김성훈의 합작이다. 자연스럽게 드라마 창작 방식과 영화 제작 방식이 결합되었다. 〈킹덤〉 주인공인 주지훈은 "영화와 드라마의 경계가 모호해졌구나[48]를 실감했다. 이런 방식이라면 드라마 출연을 망설일 필요가 없겠다"라고 할 정도였다. 영화인들이 드라마 시장에 참여할 수 있는 길목을 터준 셈이다. 영화판에 들어가면 드라마로 돌아가지 않는다는 업계의 정설이 무너지는 바로 그 순간이었다. 또 한편으로는 더 이상 대충대충 제작비를 정산할 수 없다는 것 역시 새로운 각성의 대상이었다. 넷플릭스는 〈킹덤〉의 제작사 에이스토리를 내사하면서 영상 산업의 비용 관리를 시스템화했다.[49]

그러나 어디까지나 가능성이었다. 가능성은 현실이 되어야 하고, 그 현실은 경험치의 누적이다. 넷플릭스는 '새롭고 혁신적이다'라는 메시지를 지속적으로 대중에게 설파하고자 했다. 고객이 보고 싶은 것을 가장 빠르게 수급하고, 고객이 접해보지 못한 콘텐츠를 만들어 실험하며, 상업적이지 않지만 보고 싶은 명장의 새로운 필모그래피Filmography를 소개했다.

국내 최초로 쌍천만 뷰를 돌파하며 2018년 최고의 인기를 구가했던 〈신과함께-죄와 벌〉과 〈신과함께-인과 연〉을 수급[50] 방송했고, 박나래를 앞세워 국내에는 생소한 스탠드 업 코미디[51]와 인터랙티브 콘텐츠인 〈블랙 미러: 밴더스내치Black Mirror: Bandersnatch [52]〉를 선보였다. 거장 알폰소 쿠아론Alfonso Cuarón Orozco의 〈로마Rome [53]〉도 제작했다. 극장에서의 성공 가능성이 낮아 묵혀둔 거장의 시나리오가 넷플릭스를 통해 재현되고, '아카데미상'까지 받는 결과를 우리는 목격했다.

고객과 창작자 집단은 넷플릭스의 새로운 시도에 경의와 감사를 표했다. '돈을 벌기 위한 사업'이지만 '돈 이전에 가치'를 생각하는 사업자라는 이미지가 만들어졌다. 넷플릭스를 본다는 것은 단순히 동영상 OTT를 보는 것이 아니라, 넷플릭스가 구현하는 문화와 가치에 동의하고 지지한다는 의미를 가지게 되었다. 마치 파타고니아patagonia처럼 자신 있게 '나 넷플릭스 본다'라고 자랑할 수 있는 브랜드로 성장했고, 그렇게 넷플릭스는 사회적 현상이 되기 시작했다. 포털 사이트에서는 "한 자리 남았습니다"[54]라며 넷플릭스 파티원을 모집한다는 계정 공유 게시글이 심심찮게 올라왔다. 넷플릭스 계정 공유만을 위한 전문 커뮤니티가 등장했고, '넷플릭스'가 4명이 함께 쓰는 넷플릭스라는 뜻의 '4FLIX'라는 단어로 유행되기 시작했다. 닐슨코리아클

릭 Nielsen KoreaClick에 따르면 2019년 2월 기준 넷플릭스 웹 및 앱의 순 방문자는 240만 2,000명을 기록했다. 1년 전보다 3배 넘게 늘어난 것이다.[55]

시장이 들썩거리기 시작했다. 관심은 끌었다. 승부는 결국 콘텐츠, 넷플릭스는 오리지널을 더 많이 확대하겠다며 시장의 기대와 반응에 호응했다. 아니 그럴 수밖에 없는 상황으로 세상이 돌아가고 있었다.

넷플릭스의 선전을 세상은 목도했다. 콘텐츠 강자들은 넷플릭스가 알미워 보였고, 자기가 한다면 더 잘할 수 있다고 생각했다. 오리지널 콘텐츠와 저렴한 가격으로 세상을 훔쳤으나 그 정도라면 넷플릭스보다 더 잘할 수 있다고 믿었다. OTT에 뛰어든 사업자들은 넷플릭스의 성공 문법을 그대로 좇았다. 잘 만든 오리지널 하나만 있으면 드라마, 영화, 게임 등으로 변화와 확장을 통해 다양한 플랫폼을 타고 국내는 물론 해외에서 수익을 창출할 수 있다[56]고 믿었다. 이 모든 것이 넷플릭스 효과였다.

이른바 오리지널 콘텐츠 대전이 시작된 것이다. 전통의 채널 사업자들은 드라마 제작 비율을 높였다. 지상파는 월화 드라마를 포기[57] 했지만, tvN을 비롯, 종편 채널과 ENA의 가세로 드라마 공급이 늘어나면서 채널 사업자의 드라마 총량은 늘어났다. 여기에 카카오와 네이버 같은 ICT 업체도 가세했다. 카카오는 음악이나 예능, 드라마 등을 제작해 글로벌 콘텐츠 시장에 도전하겠다고 선언했다. 카카오M을 통해 제작한 콘텐츠를 넷플릭스처럼 전 세계에 유통해 사업효과를 극

연간 채널별 드라마 제작 편수

연도	KBS	MBC	SBS	JTBC	tvN	OCN	TV조선	MBN	채널A	ENA	총합
2015	27	21	20	6	5	4	2	2	1	–	88
2016	27	19	19	7	7	5	3	2	2	–	91
2017	24	22	19	8	8	6	3	3	2	–	95
2018	23	20	18	10	10	7	4	3	3	–	98
2019	22	18	14	12	12	8	5	4	3	–	98
2020	20	16	12	14	14	9	6	4	4	–	99
2021	17	16	11	15	15	10	7	5	5	3	104
2022	15	14	10	16	16	11	8	6	6	4	106

대화한다는 방안이었다.[58] 적어도 동남아를 중심으로 한 아시아 시장만큼은 넷플릭스에 견줄 플랫폼 파워를 갖추고 있다는 자신감의 발현이기도 했다. 김성수 전 CJ E&M 대표가 선임되고, BH엔터테인먼트, 제이와이드컴퍼니, 숲엔터테인먼트 이상 3개 기획사를 인수했다.[59] 네이버는 YG 엔터테인먼트에 지분투자를 했고, 네이버 웹툰은 자사의 웹툰을 IP화하기 위해서 '스튜디오 N'을 설립, 영화·드라마·애니메이션 등을 제작할 계획을 세웠다.

OTT들의 움직임도 부산했다. 그중 지상파 3사 연합 콘텐츠 플랫폼인 푹과 SKT의 옥수수가 합병을 단행했다. 단합된 힘으로 넷플릭스와 경쟁하겠다는 다부진 다짐의 일환이었다. 모든 법적 절차를 마치고 2019년 9월에 출범한 웨이브^Wavve^의 첫 일성도 오리지널 콘텐츠였다.[60] 재무적 투자 형태로 유치한 2,000억 원을 투입해 콘텐츠 경쟁력을 높이겠다는 구체적인 계획도 밝혔다.

해외 사업자도 예외는 아니었다. 해외 미디어 사업자들은 제대로 된 콘텐츠 하나 없이 성공의 탑을 쌓아가고 있는 넷플릭스에 공분했다. 디즈니가 그랬고, NBC가 그랬고, CBS가 그랬다. 지난 반세기 동안 콘텐츠의 금자탑을 쌓아 올린 이들 모두가 넷플릭스를 따라 OTT 시장 진출을 도모했다. 그러기 위해서 자사의 오리지널 콘텐츠 유통 전략을 뜯어고쳤다. 우선 NBC는 2021년부터 넷플릭스에 〈오피스Office〉 공급을 중단하겠다고 선언했다. 대신에 2020년 출시할 자체 스트리밍 서비스에서 5년 동안 이를 독점 방송한다고 보도했다.[61] 〈오피스〉는 〈프렌즈Friends〉에 견줄 NBC의 대표 콘텐츠로 2001년 시즌 1이 처음 방송된 이후 시즌 9까지 만들어진 작품이다. 2018년 넷플릭스에서 가장 많이 시청된 드라마로 꼽혔으며, 식지 않은 인기로 시즌 10 제작도 확정된 상태다. 넷플릭스에 콘텐츠 공급 중단을 선언한 곳은 비단 NBC뿐만 아니었다. 미국 통신사 AT&T가 인수한 워너미디어Warner Media 역시 자체 스트리밍 서비스 출시 계획을 밝히면서 〈프렌즈〉 등 워너브라더스Warner Brothers가 제작한 콘텐츠를 적극적으로 활용하겠다는 입장을 밝혔고, 폭스Fox를 인수한 디즈니도 〈마블Marvel〉과 같은 대표 상품을 넷플릭스에서 제외하겠다고 선언했다. 비즈니스인사이더Business Insider에 따르면 〈오피스〉를 포함해 넷플릭스 시청 상위 10개 콘텐츠가 모두 떠날 예정이다.[62] 여기에는 〈그레이 아나토미Grey's Anatomy〉, 〈크리미널 마인드Criminal Minds〉, 〈수퍼내추럴Supernatural〉, 〈NCIS〉 등이 포함되어 있다.

넷플릭스는 그동안 기존에는 없던 OTT 시장을 개척해 왔다. 온갖 시행착오를 겪으면서 만들어 온 길이었다. 그 과정에서 OTT 성공 문법이 만들어졌다. 오리지널 콘텐츠 전략이나 현지화 전략, 그리고 '약한 고리 깨기'와 같은 것들이다. 후발 경쟁자들은 넷플릭스가 만들어 놓은 길을 꽃길 삼아서 쫓아가면 되는 상황이었다. 반면에 넷플릭스는 신생 기업이었다. 경쟁자의 추격을 따돌릴 만큼 오리지널 콘텐츠가 많지 않았다. 넷플릭스의 인벤토리Inventory를 보면 라이선스 비중이 절대적으로 높다. 미국 내 넷플릭스 콘텐츠 이용 시간 중 오리지널의 비중이 8%에 불과하고, 영국에서도 9% 수준에 그쳤다. 자체 오리지널에 포함된 것들 중에는 〈스타트렉Star Trek〉처럼 독점 방영권인 것도 있어서 실제 오리지널의 비중과 이용 시간은 더 줄어든다. 이런 상황에서 대형 사업자들이 넷플릭스에서 자사의 콘텐츠를 걷어 들이는 순간 가입자를 유지하는 것이 힘들어진다.

신흥 사업자가 '처음에는' 새로운 무기로 시장을 주도하지만, 강력한 기존 사업자들이 각성하고 시장에 진입하면 신흥 주자의 주도권이 무너지는 경우가 종종 있었다. 시장에서는 넷플릭스도 선발주자의 딜레마에 빠지지 않을까 우려하기 시작했다. 조심스럽게《월가Wall Street》[63]에서 넷플릭스에 대해 부정적인 입장을 내기 시작했다.[64]《가디언Guardian》도 넷플릭스의 황금기가 끝나간다는 분석[65]을 내놓았다. 넷플릭스가 차기 시장으로 공들이고 있는 동남아 시장에선 중국 최대 동영상 스트리밍 플랫폼인 아이치이iQIYI가 2020년까지 동남아시아를 겨냥해 단편 동영상 공유 앱을 내놓겠다고 선언한 상태다.[66] 이 와중에 증가할 것만 같았던 미국 구독자 수가 8년 만에 처음으로 감소했다. 시장은 넷플릭스를 다른 맥락에서 눈여겨보기 시작했다.

넷플릭스는 물러설 생각이 없었다. 공급을 거절한 콘텐츠 수급 비용을 오리지널 콘텐츠 제작으로 돌리고, 전통적인 미국·영국 콘텐츠 말고도 지역별 거점 콘텐츠를 확보하겠다는 전략을 세웠다. 가입자 감소의 우려에도 불구하고 콘텐츠 확보를 위한 비용 마련을 위해서 12년 만에 가장 큰 폭의 요금 인상을 단행했다.[67]

거점 강화 전략의 일환으로 한국 시장과 한국 콘텐츠의 의미가 더욱 더 크게 부각되기 시작했다. 한국 콘텐츠는 한국 내에서의 가입자 확보는 물론이고, 일본을 비롯 아시아 시장의 가입자를 확보하는 데 결정적인 요소였다. 넷플릭스에게 아시아 구독형 OTT 시장은 미개척 분야였다. 2019년 넷플릭스 가입자 중 아시아 비중은 전체의 10% 수준에 불과했다.[68] 미국 시장 내의 가입자 감소를 방어하면서 아시아 등 세계시장의 가입자를 늘릴 수 있는 강력한 무기인 셈이다. 실제로 김민영 넷플릭스 한국 콘텐츠 총괄디렉터는 "아시아에서 인기인 한국 콘텐츠를 선보여 넷플릭스에 가입하게 하는 건 중요한 과제"라며 속내를 감추지 않았다.

한국과 아시아 시장에 진출할 의사가 있는 글로벌 사업자와의 경쟁에 대비할 요량으로 조기에 한국 콘텐츠를 선점하는 것이 중요했다. 잰걸음이 필요했다. 넷플릭스는 스튜디오드래곤과 전략적 제휴를 단행했다. 2020년 1월부터 3년간 넷플릭스 오리지널 콘텐츠를 제작하고, 아울러 CJ ENM이 유통권을 보유한 스튜디오드래곤의 제작 콘텐츠 중 일부 작품을 공급받기로 했다. 추가로 스튜디오드래곤 주식 4.99%를 인수했다.[69] 넷플릭스는 JTBC와도 2020년부터 3년간 전 세계로 유통되는 넷플릭스의 '오리지널 콘텐츠'를 20편 제작한다는 계약을 체결했다.[70] 국내에서 대규모 제작 역량을 갖춘 스튜디오드래곤과 제이콘텐트리를 확보했다는 것은 그들이 보유하거나 제휴하고 있는 다수의 제작사들을 손안에 쥐게 되었다는 것을 의미한다. 더구나 단기 계약이 아니라 3년 계약이다. 이 두 기업은 전체 국내 드라마 작품의 50% 이상을 공급하는 사업자[71]이기 때문에 미래 경쟁에서 주도적인 자리를 확보했다고 볼 수 있다.

채널 사업자, ICT 기업, OTT 사업자들 모두 미래 시장에서 전략적 우위를 선점하기 위해서 오리지널 콘텐츠를 원했다. 하지만 국내 제작 사업자들은 급작스러운 수요에 대처할 만한 역량과 몸집을 가지고 있지 못했다. 수요 초과 현상에 제작사들은 입을 다물지 못했다. 2년 전만 하더라도 한한령 등으로 생계를 걱정해야 할 상황이었다는 점을 상기하면 격세지감이었다. 과거 OCN과 같은 채널 하나만 더 생겨도 생기가 돌던 제작 시장으로서는 감당하기 어려울 정도의 호재가 터진 것이다.

수요에 능동적으로 빠르게 대응하려면 최소한의 자기 자본이 필요했다. 넷플릭스가 제작비 이상의 이익을 보장해주긴 하지만, 제작비를 일시에 주지는 않았다. 더구나 기획 비용이 과거 대비 커졌고, 수요에 맞추어 서너 개의 프로젝트를 진행해야 하기 때문에 운영 경비 등이 과거보다 더 필요해졌다. 비상장회사는 자본 확보를 위해 상장을 시도했다. 〈킹덤〉 제작사인 에이스토리는 상장 회사로 둔갑했다. 어제까지 적자였던 회사가 넷플릭스와의 계약 이후에 흑자 회사로 전환되었기 때문이다. 과거 에이스토리는 〈이산〉, 〈시그널〉로 이름을 날렸지만, 상장 필요성이 없었던 회사다. 그런 회사가 〈킹덤〉 하나로 송두리째 바뀌었다. 시장에서는 "국내 외주 제작사에서 넷플릭스 외주제작사로 거듭나면서 수익 모델이 풍요로워졌다"라고 평했다.

호시절이면 반복적으로 일어나는 일이지만, 능력 있는 연출가들이 2019년부터 독립하거나 이동하기 시작했다. 나영석, 신원호, 김원석, 이윤정, 유홍선 감독은 지상파에서 JTBC나 tvN으로 이동했고, 황승진, 한동욱, 김용희, 배융민, 장석진, 이승준 감독은 독립 제작사를 설립했다. 전반적으로 콘텐츠 제작 인력들의 몸값이 올라갔다. 기존 스튜디오들은 제작 편수를 늘리기 위해서 제휴나 인수 대상 기업을 물색하기 시작했다. 항상 그래왔던 것처럼 이들은 오늘의 기회를 놓치는 게 두려웠을 것이다. 내가 차지하지 못하면 남들이 다 채어가는 것은 아닐까 하는 두려움이 더 컸을 것이다. 내일에 대한 우려를 하기에는 여유가 없었고, 눈앞에 보이는 핑크빛 가능성만 크게 보여 앞뒤를 살펴보지 못했다. 그들은 오늘의 기회가 내일의 위기가 될 수도 있다는 찜찜함을 느꼈지만, 이에 대한 대비를 할 마음까지는 먹지 못했다.

05

최악의 팬데믹이 낳은
피크 아웃 Peak Out

김지훈 PD는 2022년 1월의 차가운 아침 공기를 가르며 회사로 향했다.
지난해부터 이어진 한국 콘텐츠 업계의 열기는 새해에도 식을 줄 모르고
있었다. 사무실에 도착한 지훈은 동료 박소연과 마주쳤다.

"아침부터 대박 소식이에요! 카카오엔터테인먼트가 사우디 국부펀드로
부터 약 5,000억 원 투자를 유치했대요. 기업 가치가 10조 원이 넘는다
네요!"

지훈은 놀라움을 감추지 못했다.

"와, 정말 대단하네. 우리 업계가 글로벌 투자자들의 주목을 받고 있다는
거잖아."

회의실에 모인 팀원들 사이에서도 이 소식이 화제였다.

"작년부터 이어지는 추세네요. 기억나세요? 작년 7월 SLL엔터테인먼트도 2,650억 원 규모 투자를 받았잖아요."

"맞아, 스튜디오드래곤 주가도 작년에 70% 넘게 올랐어."

"넷플릭스와의 대규모 계약 소식이 주가에 큰 영향을 미쳤지."

직원들의 말에 지훈이 고개를 끄덕이자, 소연이 이어서 말했다.

"키이스트도 대박이었어요, 시가 총액이 전년 대비 829%나 증가했대요."

점심시간, 카페테리아에서는 또 다른 소식이 전해졌다.

"네이버 웹툰이 왓패드 스튜디오를 인수한대. 규모가 6,530억 원이래."

오후 회의에서 지훈은 팀원들에게 말했다.

"여러분, 우리의 다음 프로젝트로 글로벌시장을 겨냥합시다. 이 기회를 놓치지 말아야 해요."

한 팀원이 말을 이었다.

"맞아요. 〈오징어 게임〉이 넷플릭스에서 역대 최고 시청률을 기록했잖아요. 한국 콘텐츠의 글로벌 영향력이 점점 더 커지고 있어요."

퇴근길, 지훈은 생각에 잠겼다.

'끊이지 않는 투자 소식들, 글로벌 플랫폼에서의 성공……. 이제 정말 한국 콘텐츠의 시대가 왔구나.'

서울의 밤하늘에 빛나는 고층 빌딩들을 바라보며, 지훈은 한국 콘텐츠 산업의 더 밝은 미래를 그려보았다.

역설적이었다. 최악의 순간이 최고의 순간이 되었다. 공기 중으로 전

염되는 바이러스의 창궐로 세상이 문을 닫았다. 오프라인은 닫혔고 온라인은 열렸다. TV나 스마트폰을 핵심 서식처로 삼았던 게임, 방송, OTT 등은 날개를 달았다. 전 세계가 문을 닫고 있는 상황에서도 강력하고 엄격한 코로나Covid19 방역 대책으로 국내 영상 제작 시스템은 돌아갈 수 있었고, 그 덕분에 국내 콘텐츠 및 방송 관련 시장은 역사상 최고의 순간을 맞이했다.

같은 영상 산업이라고 하더라도 극장 사업이 핵심인 영화는 역사상 최악의 순간을 맞이했다. 북미 대표 멀티플렉스 업체인 AMC는 코로나19 봉쇄 조치의 일환으로 2020년 3월 1,000개가 넘는 극장 문을 닫았고, 2만 명이 넘는 직원은 강제 휴가를 떠나야 했다.[72] 그나마 국내는 극장 문을 완전히 닫지는 않았지만, 1m 거리 두기와 마스크 착용 등이 시행되었다. 수용 가능한 관람객 인원이 감소하고, 극장 수익의 20~30%가량을 차지하고 있는 스낵 판매도 사라졌다. 그러나 그게 문제가 아니었다. 영화관은 밀폐된 공간에 다수의 사람들이 모이는 곳이다. 그렇기에 전염될 가능성이 높다는 불안 심리가 팽배했다. 결국 사람들은 극장을 거부하기 시작했다. 특히 확진자들의 방문으로 영업이 중단되는 영화관이 속출하면서 불안 심리에 불을 지폈다. 문을 닫지는 않았으나 닫은 것만 못한 결과가 나왔다.

이 역시 처음에는 지나가는 바람이거니 생각했다. 어느 누구도 이 사태가 장기전으로 갈 것이라고 예상하지 못했다. 지난 수년 동안 많은 전염병이 발병했지만, 결국 일정 기간이 지나면 다시 안정을 찾았다.

2015년 발병한 메르스Mers의 경우에도 극장 관람객 수는 감소하지 않았었다. 그러나 이번에는 달랐다. 고연령층은 치사율이 10%가 넘어서자 가까운 식당조차 나가는 것을 망설이는 상황이 되었다. 사람들은 현관문을 굳게 닫고, 이동을 자제했다. 가능한 것들은 온라인으로 대체했다. 배달을 시켜도 문을 열지 않았다. '밖'에 대한 공포가 사람들을 지배했다.

2013년부터 연간 2억 명을 넘겼던 영화관 관람객 수가 코로나 기간인 2020년에는 5,900만 명, 2021년에는 6,000만 명으로 감소했다. 관람객이 줄어드니 개봉 영화들이 손익 분기점에 도달할 가능성은 떨어졌다. 2억 명 관람객을 기준으로 500만 관객을 모을 수 있는 확률과 6,000만 명의 관람객을 모수로 두고 500만 명의 관객을 모으는 것은 산수가 달라도 너무 달랐다. OTT가 2030을 중심으로 확산되어 영화 관람객 수가 줄어들 것이라는 우려가 나오는 상황에서 코로나가 기름을 끼얹은 꼴이었다. 2억 명 관람객 수를 견인했던 시니어층이 완전히 극장을 외면했다.

관객을 만날 수 있는 길이 요원해지니 일단 제작을 진행하거나 준비하는 작품은 중단되었다. 정작 문제는 완성되어 개봉 날짜를 저울질하던 작품들이었다. 영화 사업자들에게는 세 개의 선택지가 있었다. 첫번째는 팬데믹이 끝날 때까지 개봉을 연기하는 것, 두 번째는 온라인 개봉을 선택하는 것, 세 번째는 극장과 온라인 동시 개봉을 하는 것이었다. 첫 번째와 두 번째 옵션은 상대적으로 선택지가 분명했다. 거대 자본이 투입된 영화의 경우 개봉 날짜를 연기했다. 제작비의 80% 이상을 극장 수익으로 확보하는 영화의 특성상, 온라인으로는 제작비를 충당하기 어렵기 때문이다. 〈뮬란ᴹᵘˡᵃⁿ〉[73]과 〈엑스맨: 뉴 뮤턴트ˣ⁻ᵐᵃⁿ: New Mutants〉, 소니 픽쳐스의 〈007 노 타임 투 다이⁰⁰⁷ ᴺᵒ ᵀⁱᵐᵉ ᵗᵒ ᴰⁱᵉ〉, 파라마운트 사의 〈콰이어트 플레이스ᵀʰᵉ Quiet Place〉, 그리고 유니버셜 픽쳐스의 〈분노의 질주: 더 얼티메이트ᶠᵃˢᵗ&ᶠᵘʳⁱᵒᵘˢ ⁹ ᵀᴴᴱ ᶠᴬˢᵀ ˢᴬᴳᴬ〉가 개봉을 연기했다. 영화 한 편의 개봉 날짜를 미루면 통상적으로 다섯 편의 영화가 영향 받기 때문에 개봉 연기 자체가 쉬운 결정은 아니다. 그럼에도 현실적으로 고객이 없는 극장에서 상영을 할 수는 없어 내린 힘든 선택이었다.

상대적으로 제작비가 적게 드는 독립영화나 국내 영화의 경우 온라인 개봉을 선택했다. 물론 이 경우에도 유료 방송 사업자의 VOD 판매로 직행한 경우는 제한적이다. 국내 대다수의 디지털 플랫폼은 수익 공유ᴿˢ: Revenue share 행태로 콘텐츠를 수급 제공한다. 공급자 입장에서는 제작비를 보전할 수 있는 구조가 아니다. 극장 수익 외 부가 수익 정도를 기대할 수 있는 시장으로서만 기능했던 시장이다. 반면에 넷플릭스 등 OTT 들은 제작비를 모두 지불하는 구매 형태이기 때문에 협상과 상황에 따라 제작비를 회수할 수 있다.[74] 팬데믹 기간 동안 상영 대기 중이던 대부분의 텐트폴 영화들이 넷플릭스로 이동한 건 당연한 수순이었다. 240억 원 제작비가 투자되어 540만 명의 관람객이 들어야 손익 분기점을 맞출 수 있었던 〈승리호〉를 넷플릭스가 구매[75] 했다. 〈사냥의 시간〉도 마찬가지였다. 총 제작비 115억 원이 투입되었던 이 작품을 넷플릭스는 120억 원에 사서 '넷플릭스 오리지널'로 삼았다.[76] 팬데믹 상황에서는 그나마 제작비를 보전할 수 있다는 것만으로도 불행 중 다행인 선택이었다. 투자 배급사들은 〈콜〉, 〈낙원의 밤〉, 그리고 〈차인표〉도 넷플릭스 오리지널로 넘겼다. 대형 멀티플렉스를 거느린 투자·배급사도 생존 앞에 자존심을 구겼다.[77] 투자 배급사들도 심각하게 고민하고 어렵게 내린 결정이었다. 〈사냥의 시간〉처럼 해외 판매권을 가진 사업자가 계약 해지 무효 소송을 벌이기도 했고,[78] 공동 투자자들 중에는 동의하지 못하는 이들도 많았다. 자발적인 선택이라기보다는 생존을 위한 처절한 몸부림이었다.

넷플릭스의 낙점을 받지 못했거나 거부한 영화들은 동시 개봉을 선택했다. 〈트롤:월드투어 Trolls World Tour〉가 첫 문을 열었다. 제작사인 NBC유니버설은 "영화 개봉을 미루거나 배급을 늦추기보다는 소비자들이 집에서 영화를 볼 기회를 제공하겠다"라며, 극장과 VOD 동시 개봉[79]을 단행했다. 개봉 순간까지 기다리던 〈블랙 위도우 Black Widow〉[80]와 〈원더 우먼 1984 Wonder Woman 1984〉도 제작사 소유의 스트리밍 플랫폼과 극장에 동시 상영을 했다. 국내에서는 '국도극장'이 극장과 VOD 동시 개봉[81]을 했다. 공유와 박보검을 주연으로 내세운 160억 원 규모의 〈서복〉은 극장과 티빙에 동시 개봉을 선택했다. 기대를 모았던 〈서복〉의 경우 극장 총 관람객은 40만 명이었다.[82]

물론 일부이긴 하지만 극장 단독 개봉을 선택한 영화들도 있었다. 국내 영화 산업을 보호하기 위해서 영화진흥위원회와 멀티플렉스체인 등이 제작비 50%를 보전해주는 영화로 선정된 경우였다. 대표적인 영화가 〈싱크홀〉과 〈모가디슈〉였다. 50% 보전 효과 때문에 외유내강의 〈모가디슈〉는 360만 명의 관객을 동원해 손익 구조를 겨우 맞출 수 있었다.[83]

이전에는 존재하지 않았던 미증유의 위기 사태를 맞은 영화 사업자들은 수익을 기대하기보다는 손실을 최소화할 수 있는 선택을 해야만 했다. 이 과정에서 영화 사업자에게 최선의 옵션은 글로벌 OTT였고, 국내에서는 넷플릭스뿐이었다. 넷플릭스의 선택을 받은 자는 생존할 수 있고, 선택받지 못한 자는 수익 나락의 길을 걸어야 했다. 이 상황에서 IP 확보니 하는 말은 허울 좋은 이야기일 뿐이었다.

영화 중단 현상은 전체 영상 콘텐츠 제작 시장의 생태계를 바꿔 놓았다. 영화는 기획하고 준비하여 촬영해서 상영하는 데까지 평균 2~3년이 걸린다. 영화 제작이 중지된 상황에서 새로운 기획을 할 수가 없었다. 영화판에 있는 대부분의 사람들이 생계를 걱정해야 하는 상황이 되었다. 레거시 방송 시장은 나름의 완결형 생태계가 있기 때문에 단기간에 진입하기가 쉽지 않다. 결국 이들이 비집고 들어갈 수 있는 곳은 OTT뿐이었다. 연상호 감독은 〈지옥〉으로, 윤종빈 감독은 〈수리남〉으로, 조의석 감독은 〈택배기사〉로, 이종필 감독은 웨이브의 〈박하경 여행기〉로, 이준익 감독은 티빙의 〈욘더〉로 드라마 시장에 들어왔다. 영화계 투자가 막힌 상황에서 상대적으로 창작의 자유와 사전 제작이 허용되는 OTT란 공간이 해방구가 되어 영화판 인물들을 수용했다. 영화판의 모든 이들을 흡수할 수는 없었지만, 상당한 인력군들이 OTT 시장으로 진입할 수 있었고, 이를 수용할 여력이 그때는 있었다.

이 모든 것은 팬데믹 때문에 벌어진 일이었고, OTT는 팬데믹의 성지였다. 집에 갇혀 있던 사람들은 콘텐츠를 아낌없이 소비했고, 여행을 가지 못하는 이들은 소비를 통해 스트레스를 풀고자 했다. 정부는 경기 침체를 우려해 다양한 현금 지원 정책을 쏟아 내었고, 이 덕분에 오히려 지불 능력이 더 좋아지는 계층도 생겨났다. 떨어지기만 하던 방송 이용 시간이 늘어났고, 일부 채널의 경우 드라마 편성[84]도 늘렸다. 지상파 3사는 잠정적으로 중단했던 월화 드라마를 부활하는 등 드라마 제작과 편성에 힘을 주었다.

그러나 선택의 폭이 넓어지면서 시청자들의 옥석 고르기가 진행되었다. 일부 소수의 콘텐츠를 제외하고는 소비자의 선택을 받지 못했다. KBS2의 〈어서와〉는 1.5%대의 시청률을 기록했고, tvN의 〈반의반〉, JTBC의 〈날씨가 좋으면 찾아가겠어요〉 등도 1~2% 내외의 시청률을 기록했다. 반면에 〈부부의 세계〉와 〈하이에나〉는 10%를 넘는 시청률을 기록했다. 실시간 시청이 줄어든 상황에서는 일단 재미있다는 입소문이 돌아야 시청자를 유인할 수 있었다. 물론 유인된 시청자도 모두 자기들의 거점 서비스로 파편화되었다. 누구는 본방 채널 앞에서, 누구는 VOD 앞에서, 누구는 OTT 앞에서 입소문이 난 콘텐츠를 보았다. 그럼에도 팬데믹 이전 대비 본방 채널 시청률은 올랐고, 시청 시간은 늘었다.

채널이 상대적인 성장을 했다면, OTT는 절대적인 성장을 했다. 매달 트래픽은 증가해 각 사업자마다 코로나 장기화에 대비 증설 계획을 수립해야 하는 상황이었다.[85] 북미에서는 넷플릭스뿐 아니라 월트디즈니의 '디즈니플러스', 워너미디어의 '에이치비오 맥스HBO Max' 등 경쟁 OTT 업체의 가입자가 증가했다. 국내에서도 웨이브와 티빙의 가입자가 증가했다. 심지어 아마존 프라임을 본뜬 쿠팡플레이coupang play가 등장했고, 카카오는 매출 1조 원의 카카오엔터테인먼트[86]를 설립해서 오리지널 콘텐츠 경쟁에 나섰다. 이제는 레거시를 밀어내고 OTT들이 콘텐츠 경쟁을 벌여야 하는 상황에서 팬데믹이란 특수 상황까지 얹혀진 것이다.

OTT들은 이 상황을 자신들이 시장을 주도할 기회로 삼고자 했다. 이른바 총력전이었다. JTBC와의 결합을 통해 탄생한 새로운 티빙은 향후 3년간 4,000억 원을 콘텐츠에 투자하겠다고 선언[87]했고, 2,000~3,000억 원의 투자를 약속했던 웨이브는 2025년까지 콘텐츠에 누적 1조 원을 투자하겠다[88]고 선언했다. 각각 1,000억, 1,500억 원[89]의 유상 증자를 단행하면서까지 웨이브와 티빙은 오리지널 콘텐츠전을 준비했다. 웨이브는 지상파와 손을 잡고 〈녹두꽃〉 등 오리지널 콘텐츠[90]를 선보였고, 티빙은 〈아일랜드〉와 같은 오리지널 콘텐츠를 선보였다. 왓챠는 360억 규모의 시리즈D 투자[91]를 받고 데이터 기반의 사업을 통해 시장 내 OTT 패권[92]을 쥐겠다며 무모하지만 담대한 도전장을 내밀었다. 아직 한국에 들어오지 못한 디즈니는 북미에서 가입자를 끌어모으면서 강력한 넷플릭스 대안 매체로 성장하며,

조만간 한국으로 들어와 넷플릭스의 숨통을 끊어 놓겠다면서 벼르고 있었다.

넷플릭스는 국내에서 연합 세력들의 결합체인 OTT들과 경쟁을 해야 하고, 한국을 비롯한 아시아 시장에서 디즈니와 경쟁을, 그리고 북미 시장에서 디즈니플러스와 HBO 등 여러 OTT와 경쟁을 해야 하는 상황이었다. 그동안은 공성전이었다면 이제는 공성과 수성을 동시에 진행해야 하는 상황인 것이다. 넷플릭스의 해법은 이번에도 콘텐츠였다. 아시아 국가 중 처음으로 한국에 별도의 콘텐츠 법인인 '넷플릭스 엔터테인먼트 Ltd.'를 설립했다. "그동안 한국 제작사와 방송사가 하지 못했던 일을 넷플릭스가 벌이려고 한다"라는 한 드라마 제작사 관계자의 분석처럼 한국 콘텐츠 업계에 큰 바람이 불었다. 이는 이른바 넷플릭스의 화이트 스페이스White Space 전략[93]의 고도화라고 해석할 수 있다.[94] 투자 금액도 높았다. 국내 진출 후 2020년까지 약 7,700억 원 가량을 투자한 넷플릭스는 2021년에만 5,500억 원을 투자했다.[95] 국내 OTT들의 콘텐츠 투자 금액을 무색하게 할 수준이었다. 넷플릭스 투자금 중 한국 콘텐츠가 차지하는 비중도 2019년 1.5%, 2020년 1.9%, 2021년 4% 등으로 증가했다.[96] 한국을 글로벌 콘텐츠 전진 기지로 삼겠다는 의지의 표현으로, 경기 파주시의 '삼성 스튜디오', 연천군의 'YCDSMC 스튜디오 139'와 장기 임대 계약을 체결했다.[97] OTT 대전에서 물러서지 않겠다는 뜻을 분명히 한 것이다.

이 과정에서 낙수 효과는 제작사들의 몫이었다. OTT 간의 경쟁으로 콘텐츠 투자가 늘어나자 이에 대응하기 위한 노력이 부산했다. 무엇보다 넷플릭스와 장기 계약을 맺었던 스튜디오드래곤과 제이콘텐트리가 가장 돋보였다. 연간 제작 편수가 늘었고, 늘어난 만큼 수익 구조가 탄탄해졌다. 오히려 넷플릭스와 서둘러 장기 계약을 맺은 통에 팬데믹 효과를 제대로 누리지 못하고 있다는 평가까지 돌았다. 국내에서 이 정도의 규모를 소화할 사업자가 없었던 만큼 스튜디오드래곤은 제휴선을 다양화했고, 제이콘텐트리는 중소 사업자를 품었다.

인수 연도	SLL 인수 기업 (지분 20% 이상)
2020	하우픽쳐스: 대표_박진형 / 제작_〈슈룹〉, 〈대행사〉, 〈구미호뎐〉
	앤피오엔터테인먼트: 대표_표종록 / 제작_〈옷소매 붉은 끝동〉, 〈킹더랜드〉, 〈정년이〉
	비에이엔터테인먼트: 대표_장원석 / 제작: 〈터널〉, 〈악인전〉, 〈범죄도시〉 시리즈
	퍼펙트스톰필름: 대표_강명찬 / 제작_〈백두산〉, 〈클로젯〉, 〈수리남〉
	스튜디오버드: 대표_조용석 / 제작_〈D.P〉, 〈헌트〉, 〈황야〉
	드라마하우스스튜디오: 대표_박창성 / 제작: 〈시지프스:the myth〉, 〈설강화〉, 〈나쁜엄마〉
	앤솔로지스튜디오: 대표_최재원 / 제작: 〈거미집〉
	스튜디오피닉스: 대표_김석윤 / 제작_〈로스쿨〉, 〈나의 해방일지〉, 〈힙하게〉
2021	클라이맥스스튜디오: 대표_변승민 / 제작_〈D.P.〉 시리즈, 〈지옥〉, 〈몸값〉, 〈콘크리트 유토피아〉
	프로덕션에이치: 대표_황창우 / 제작_〈오! 삼광빌라!〉, 〈하이클래스〉, 〈굿잡〉, 〈모범가족〉, 〈먹살 한번 잡힙시다〉
	wiip: 대표_폴 리 (Paul Lee) / 제작: 〈Mare of Easttown〉, 〈Dickinson〉, 〈The Summer I Turned Pretty〉
	스튜디오슬램: 대표_윤현준 / 제작_〈피크타임〉, 〈싱어게인〉, 〈크라임씬〉
	베티앤크리에이터스: 대표_박지영 / 제작_〈경이로운 소문〉
	스토리진: 대표_권재현 / 제작_카카오페이지 웹툰 〈연록흔〉, 〈공녀님의 이중생활〉, 네이버 웹툰 〈헬스X로맨스〉
	필름몬스터: 대표_박철수 / 제작_〈완벽한 타인〉, 〈지금 우리 학교는〉, 〈정신병동에도 아침이 와요〉, 〈피라미드 게임〉
	하이지음스튜디오: 대표_이재원 / 제작_〈이태원 클라쓰〉, 〈종이의 집: 공동경제구역〉, 〈닥터 슬럼프〉

그러나 이들이 소화할 수 있는 물량은 대략 60~70%였다. 중소 사업자들에게도 추가 기회가 생긴 것이다. 넷플릭스향 콘텐츠를 생산하기 위해서 이합집산을 하기 시작했다. 종합 콘텐츠 제작사 ㈜이미지나인컴즈가 승리호의 투자 배급사인 메리크리스마스를 인수했다.[98] 이미지나인컴즈의 모회사인 위지윅스튜디오는 디즈니 공식 협력 VFX 회사로서 래몽래인, ANP커뮤니케이션(현 NP커뮤니케이션) 등을 거느리고 있다.

넷플릭스의 선택을 받지 못했거나, 저작권을 넷플릭스에게 양도하지 않겠다는 각오를 가진 제작사들은 넷플릭스 외의 판로를 개척해야 했다. 초록뱀미디어의 경우 아시아 지역 기반 OTT인 뷰[Viu]와 드라마 방영 라이선스 계약을 체결했다.[99] 드라마 〈어느 날〉[100]이 일본 독점 라이선스 판매에 성공한 데 이어 동남아, 중동, 남아프리카 등 해외 17개국을 대상으로 방영권 선판매 라이선스 계약을 체결했다. 이로써 IP를 온전히 보유할 수 있게 되었다. 넷플릭스가 아니더라도 제작비를 회수하면서 IP도 보유할 수 있는 방법을 찾은 것이다.

하지만 팬데믹이 심화되면서 국내 대표 스튜디오 2곳과 장기 계약을 맺은 넷플릭스의 주도권이 선명해지고 있었다. 웨이브는 지배구조와 설립 목적상 지상파 방송 콘텐츠를 소화해야 한다는 한계[101]가 있었고, 티빙은 넷플릭스가 우선 방영권을 가지고 있어 스튜디오드래곤과 제이콘텐트리를 마음껏 활용할 수 없었다. 넷플릭스는 양보하지 않았다. 승기를 잡았다고 생각하는 순간 목덜미를 잡아채는 승냥이처럼 넷플릭스는 오히려 규모로 압도하고, 속도로 압살하기 시작했다. 아직 해외 유통을 진행하지 못한 국내 OTT 대비, 넷플릭스는 확실한 글로벌 유통을 통해 동일 비용이라도 채산성을 맞출 수 있기 때문이다. 더구나 초기 시도한 오리지널 및 해외 유통권을 확보한 라이선스 작품이 모두 동남아시아와 해외시장에서 제대로 소구됨은 물론 시장의 트렌드를 이끌고 있다는 것이 확인되었기 때문에 국내 콘텐츠에 대해서 보다 강력한 입장을 취할 수 있게 되었다.

넷플릭스 오리지널/동시 방영 리스트

연도	오리지널	동시 방영
2017		〈옥자〉 JTBC: 〈맨투맨〉 tvN: 〈비밀의 숲〉, 〈아르곤〉, 〈슬기로운 감빵생활〉, 〈화유기〉 OCN: 〈블랙〉, 〈나쁜 녀석들: 악의 도시〉
2018		SBS: 〈사의찬미〉 JTBC: 〈라이프〉, 〈뷰티 인사이드〉, 〈SKY 캐슬〉 tvN: 〈라이브〉, 〈미스터 션샤인〉, 〈알함브라 궁전의 추억〉
2019	〈킹덤〉(시즌 1), 〈첫사랑은 처음이라서〉, 〈좋아하면 울리는〉(시즌 1)	KBS: 〈동백꽃 필 무렵〉 MBC: 〈봄밤〉, 〈신입사관 구해령〉 SBS: 〈배가본드〉 JTBC: 〈보좌관〉, 〈나의 나라〉, 〈초콜릿〉 tvN: 〈로맨스는 별책부록〉, 〈어비스〉, 〈아스달 연대기〉, 〈60일, 지정생존자〉, 〈사랑의 불시착〉 OCN: 〈빙의〉, 〈모두의 거짓말〉
2020	〈나 홀로 그대〉, 〈킹덤〉(시즌 2), 〈인간수업〉, 〈보건교사 안은영〉 〈스위트홈〉	KBS: 〈도도솔솔라라솔〉 SBS: 〈하이에나〉, 〈더 킹: 영원의 군주〉 JTBC: 〈이태원 클라쓰〉, 〈쌍갑포차〉, 〈우리, 사랑했을까〉, 〈사생활〉, 〈런온〉 tvN: 〈하이바이, 마마!〉, 〈청춘기록〉, 〈사이코지만 괜찮아〉, 〈슬기로운 의사 생활〉(시즌 1), 〈스타트업〉, 〈비밀의 숲 2〉 OCN: 〈루갈〉, 〈경이로운 소문〉 카카오TV: 〈도시남녀의 사랑법〉, 〈아름다웠던 우리에게〉

2021	〈좋아하면 울리는〉(시즌 2), 〈무브 투 헤븐: 나는 유품정리사입니 다〉, 〈내일 지구가 망해버렸으면 좋겠어〉, 〈킹덤: 아신전〉, 〈D.P.〉(시즌 1), 〈마이 네임〉, 〈지옥〉(시즌 1), 〈고요의 바다〉	KBS: 〈안녕? 나야!〉, 〈연모〉 SBS: 〈라켓소년단〉, 〈그 해 우리는〉 JTBC: 〈시지프스: the myth〉, 〈로스쿨〉, 　　　〈알고있지만〉, 〈너를 닮은 사람〉, 　　　〈구경이〉 TV조선: 〈결혼작사 이혼작곡 1〉, 　　　〈결혼 작사 이혼작가 2〉 tvN: 〈나빌레라〉, 〈빈센조〉, 〈마인〉, 　　　〈너는 나의 봄〉, 〈슬기로운 의사 생활〉(시즌 2), 　　　〈갯마을 차차차〉 카카오TV: 〈이 구역의 미친 X〉
2022	〈지금 우리 학교는〉, 〈소년심판〉, 〈안나라수마나라〉, 〈종이의 집〉(파트1, 파트2), 〈블랙의 신부〉, 〈모범가족〉, 〈수리남〉, 〈글리치〉, 〈썸바디〉, 〈더 페뷸러스〉, 〈더 글로리〉(파트1, 파트2)	KBS: 〈미남당〉 MBC: 〈내일〉 SBS: 〈사내맞선〉, 〈트롤리〉 EBS1: 〈네가 빠진 세계〉 JTBC: 〈기상청 사람들: 사내연애 잔혹사 편〉, 　　　〈서른, 아홉〉, 〈그린마더스클럽〉, 　　　〈나의 해방일지〉, 〈재벌집 막내아들〉, 　　　〈사랑의 이해〉 TV조선: 〈결혼작사 이혼작곡 3〉, 〈빨간풍선〉 tvN: 〈스물다섯 스물하나〉, 〈우리들의 블루스〉, 　　　〈환혼〉, 〈작은 아씨들〉, 〈슈룹〉, 　　　〈연예인 매니저로 살아남기〉, 　　　〈환혼: 빛과 그림자〉 ENA: 〈구필수는 없다〉, 〈이상한 변호사 우영우〉, 　　　〈사장님을 잠금해제〉 카카오TV: 〈결혼백서〉, 〈어쩌다 전원 일기〉
2023	〈연애대전〉, 〈퀸메이커〉, 〈택배기사〉, 〈사냥개들〉, 〈셀러브리티〉, 〈D.P.〉(시즌 2), 〈마스크걸〉, 〈너의 시간 속으로〉, 〈도적: 칼의 소리〉, 〈이두나!〉, 〈정신병동에도 아침이 와요〉, 〈스위트홈〉(시즌 2), 〈경성크리처〉(파트1)	KBS: 〈진짜가 나타났다!〉, 〈혼례대첩〉, 　　　〈고려 거란 전쟁〉 MBC: 〈오늘도 사랑스럽개〉 SBS: 〈국민사형투표〉, 〈마이 데몬〉 채널A: 〈가면의 여왕〉, 〈남과 여〉 JTBC: 〈신성한, 이혼〉, 〈닥터 차정숙〉, 〈나쁜엄마〉, 　　　〈킹더랜드〉, 〈힘쎄여자 강남순〉, 　　　〈힙하게〉, 〈웰컴투 삼달리〉, 　　　〈이 연애는 불가항력〉 MBN: 〈완벽한 결혼의 정석〉 TV조선: 〈나의 해피엔드〉 tvN: 〈일타 스캔들〉, 〈이번 생도 잘 부탁해〉, 　　　〈경이로운 소문 2: 카운터 펀치〉, 　　　〈무인도의 디바〉 ENA: 〈마당이 있는 집〉, 　　　〈오랫동안 당신을 기다렸습니다〉, 　　　〈모래에도 꽃이 핀다〉
2024. 6 현재	〈선산〉 〈살인자ㅇ난감〉 〈닭강정〉 〈기생수 더그레이〉 〈종말의 바보〉 〈The 8 Show〉 〈하이라키〉 〈경성크리처〉(파트2)	KBS: 〈미녀와 순정남〉, 〈함부로 대해 줘〉 JTBC: 〈닥터슬럼프〉, 〈비밀은 없어〉, 　　　〈히어로는 아닙니다만〉 tvN: 〈세작, 매혹된 자들〉, 〈눈물의 여왕〉

예상대로 결과는 일방적이었다. 넷플릭스는 2021년 오리지널 콘텐츠 13편을 선보였는데, 이 중 〈지옥〉, 〈오징어 게임〉, 〈D.P.〉, 〈마이 네임〉, 〈킹덤: 아신전〉, 〈스위트홈〉이 시차를 두고 글로벌 시청자의 눈길을 사로잡았다. 특히 〈스위트홈〉-〈지옥〉-〈D.P.〉-〈오징어 게임〉으로 이어진 흥행 성적은 넷플릭스와의 혈전을 각오했던 후발 주자들을 넋 놓게 만들었다. 단순히 국내시장의 평정만을 의미하지 않았다. 팬데믹이라는 특수 상황에서 아시아 시장, 더 나아가 글로벌시장에서 한국 콘텐츠가 먹힐 수 있음을 숫자로 증명했다. 오리지널 콘텐츠 〈킹덤〉은 대만에서 인기를 끌었고, 넷플릭스가 해외 유통권을 확보한 〈사랑의 불시착〉_{대만 명 애적박강愛的迫降}도 대만에서 인기를 끌었다. 필리핀에서는 아이유의 〈호텔 델루나〉(2위), 〈킹덤〉(6위), 〈좋아하면 울리는〉(8위) 등이 상위권을 휩쓸었고, 태국에서는 〈킹덤〉(4위)과 〈좋아하면 울리는〉(8위)이 순위권에 이름을 올렸다. 싱가포르에서도 〈킹덤〉이 7위를 차지했다. 넷플릭스 최고의 흥행작이라고 할 수 있는 〈기묘한 이야기〉, 〈블랙 미러〉, 〈오티스의 비밀상담소〉에 버금갈 정도의 흥행력을 증명한 것이다. 어떤 이는 "한국 창작자가 한국어로 만든 '메이드 인 코리아' 콘텐츠가 전 세계라는 더 큰 시장에 뛰어들 수 있다는 가능성을 보여준 것"이라고 평가했다. 또 어떤 이는 "K-콘텐츠 없이는 넷플릭스가 사업을 하지 못할 정도"라며 한국 영화·드라마 수준이 전반적으로 올라온 상황이라고 평가했다.

〈오징어 게임〉은 카운터 펀치를 날렸다. 〈오징어 게임〉은 영어권, 비영어권을 통틀어 세계 1위를 찍었다. 한국 콘텐츠에 붙어 다니던

'비영어권'이란 수식어가 사라졌다. 조금이나마 가졌던 의심의 눈초리가 확신으로 바뀌는 순간이었다. 확신을 가지는 순간 한국 콘텐츠 제작사에 대한 시각이 극적으로 바뀌기 시작했다. 협상력이 높아져 성장을 주도할 수 있다는 전망이 쏟아지기 시작했다. 넷플릭스가 국내 OTT 대비 경쟁력을 가지고 있다는 점은 분명하지만, 국내·외 OTT 업체가 콘텐츠 투자를 확대하는 상황에서는 제작사의 협상력이 커질 수 있다[102]고 본 것이다. 실제로 2020년 이후 제작 편수와 제작비가 동시에 증가했다. 2019년까지 매년 100편 전후에 그쳤던 드라마 제작 편수가 2020년 이후 130~140개 수준으로 늘었고 회당 제작비도 30억 원을 넘는 사례도 많아졌다. 분명 시장은 조심스럽게 국내 OTT들의 패전을 예상하고 있었다. 오리지널 콘텐츠 확보전과 투입 가능한 제작비 규모에서 넷플릭스에 절대적으로 밀릴 수밖에 없는 구조라, 국내 OTT 사업자의 한계가 너무도 선명했기 때문이다.[103] 연달아 방영된 〈D.P.〉와 〈오징어 게임〉은 각각 200억 원 수준의 제작비가 들어갔다. 9부작인 〈오징어 게임〉을 기준으로 하면 회당 약 22억 원의 제작비가 소요되었다. 6부작인 〈D.P.〉로 환산하면 회당 제작비는 33억 수준으로 올라간다. 이 정도의 금액을 지불한다고 하더라도 손익 구조를 맞출 수 있는 사업자는 넷플릭스뿐이었다. 달리 이야기하면 국내 OTT 사업자는 저 정도의 콘텐츠 비용을 투입했을 때 손해가 난다는 말이다. 콘텐츠의 성공 여부도 투입된 비용과 정비례 관계이기 때문에 적은 비용의 콘텐츠가 좋은 평가를 받을 가능성도 갈수록 낮아진다. 이런 상황이라면 국내 OTT는 장기적으로 콘텐츠 구매 숫자를 줄일 수밖에 없다. 그럼에도 시장에서는 글로벌 OTT 들의 콘텐츠 수요가 늘어날 것이 분명하기 때문에 콘텐츠 사업자의 협상력이 높아질 것으로 예측한 것이다.

디즈니플러스를 비롯해 파라마운트플러스와 HBO Max 등 해외 OTT 들이 2022년부터 하나둘씩 국내에 진입할 예정이었다. 이 사업자들이 한국을 거점 시장으로 선택해서 아시아 시장을 놓고 경쟁한다면 한국 콘텐츠 수요는 넷플릭스의 수요를 넘어설 것이라고 확신할 수 있었다. 국내 내수 시장으로 한정된 국내 OTT에 비해 고 비용의 콘텐츠가 더 많이 필요해지는 세상이 열릴 것으로 전망했다. 스튜디오드래곤과 제이콘텐트리는 물론이고 상장된 대부분의 콘텐츠 제작사의 시가 총액이 팬데믹 이전 대비 2배로 높아진 이유였다.

미래에셋대우의 박정엽 연구원은 "넷플릭스 지역별 접속 Top 10이 공개된 가운데 아시아 지역은 대부분 국가에서 상위 10개 중 4~6개를 한국 작품이 차지한다"라며 "넷플릭스에 공개된 한국 드라마 50여 편 중 10%가 실시간 Top 10 안에 포함되어 있다"[104]라고 말했다. 또 박 연구원은 글로벌시장에서 "디즈니플러스, HBO Max, 피콕Peacock 등 OTT 서비스 신규 출시로 콘텐츠 수요가 증가하지만 코로나 영향으로 콘텐츠 제작에 차질이 생겨 공급이 이를 따라가지 못하고 있다. 국내 제작 상황은 상대적으로 양호해 하반기 콘텐츠 판권 가치가 높아지는 환경이 조성되고 있다"라고 분석했다. 카카오페이증권 장지혜 애널리스트도 "한국은 아시아 시장 확보를 위한 중요한 콘텐츠 공급자로서 OTT 경쟁이 심화될수록 제작사의 협상력이 올라갈 수밖에 없다"[105]라며 주장에 힘을 실었다. 설사 제작비가 올라가더라도 외생 변수인 OTT 경쟁으로 인해서 현재 10~20%인 이익률이 30~40%까지 확대될 것이라는 전망도 나왔다. 보유하고 있는 라이브러리(구작)의 가치도 증가하고, 지난 작품의 매출 비중이 현재의 20%에서 30~40%까지 증가할 것이라는 전망도 나왔다. 예상대로라면 한국 콘텐츠 시장은 걱정할 필요 없는, 더 이상 좋을 수가 없는 그런 시장이 될 수 있었다.

그러나

.

.

.

세상은 우리의 예측대로 진행되지 않았다.

06

대관식:
넷플릭스 시대의 개막

제작사 대표인 민수는 점심 회의 자리에서 고개를 흔들며 말했다.

"이제 넷플릭스가 아니면 대안이 없어. 그들이 선택하면 우리가 제작하는 거지. 티빙이나 디즈니 같은 곳에서도 제안을 받았지만, 솔직히 넷플릭스에 맞추지 않으면 성공할 보장이 없잖아."

같이 앉아 있던 지현이 고개를 끄덕이며 답했다.

"맞아. 예전에는 한 작품을 여러 플랫폼에 판매할 수 있었고, 서로 경쟁하느라 계약 조건도 우리에게 유리했지. 하지만 지금은 넷플릭스가 판을 장악했어. 디즈니플러스도 한국에서 가입자를 모으지 못하고 있고, 파라마운트플러스는 아예 포기했잖아."

이들의 대화는 제작사들 사이에서 넷플릭스의 지배력이 얼마나 강력한

지 보여주는 단면이었다. 그동안 한국에서 다양성을 보장하던 배급 경로는 하나로 축소되었고, 이는 제작자들이 자신의 작품을 넷플릭스가 원하는 방식에 맞춰야만 한다는 현실을 만들었다.

한편, 넷플릭스 내부에서는 분위기가 달랐다. 글로벌 전략 회의에서 넷플릭스의 임원들은 한국 오리지널 콘텐츠의 성공이 플랫폼의 글로벌 영향력을 강화하고 있다는 점을 확인하고 있었다.

"지금 한국 제작사들이 우리와 협력하는 이유는 단순하지 않아. 우리는 그들이 원하는 만큼의 자본을 제공할 수 있고, 전 세계 수백 개국에서 콘텐츠를 배급할 수 있는 유일한 플랫폼이야."

임원 중 한 명이 자신만만하게 말했다. 다른 임원이 덧붙였다.

"파라마운트는 한국 시장에서 손을 뗐고, 디즈니는 투자해도 성과가 미미하지. 한국 제작사들이 우리 외에 다른 선택을 할 수 있을까?"

이 회의는 넷플릭스가 시장을 완전히 장악했다는 점을 재확인하는 자리였다. 넷플릭스는 투자와 글로벌 배급을 통해 제작사들에게 사실상 필수적인 파트너로 자리 잡았고, 한국 제작사들은 자신들의 창작물이 넷플릭스의 요구에 맞춰지는 것을 당연하게 받아들이고 있었다.

이러한 흐름 속에서 넷플릭스는 한국 미디어 시장에서 콘텐츠 제작과 배급의 '포식자'로 군림하게 되었고, 디즈니플러스 같은 경쟁자들은 그 뒤를 쫓아오기에 역부족이었다.

이미 국내 사업자를 초토화시킨 넷플릭스가 왕좌의 자리를 차지하기 위해 남은 경쟁자는 디즈니플러스, HBO Max, 파라마운트플러스 그리고 애플TV플러스^{Apple TV+} 같은 쟁쟁한 해외 OTT 들이다. 북미 시장의 경쟁 구도가 한국에서도 재현된다면, 콘텐츠 확보 경쟁은 새로운 국면으로 넘어간다. 국내시장에서 HBO Max와 파라마운트플러스란 이름을 알고 있는 사람은 많지 않다. 그러나 〈왕좌의 게임 Game of Thrones〉과 〈스타트렉〉은 미드 애호가가 아니더라도 다들 알만한 프로그램이다. 〈왕좌의 게임〉은 HBO의 대표 작품이고, 〈스타트렉〉은 파라마운트의 프랜차이즈 프로그램이다. 적어도 오리지널 콘텐츠란 관점에서 보면 디즈니만큼의 지명도를 가지고 있는 사업자가 바로 이들 두 사업자다.

2021년 11월, 국내 진입의 첫 문은 디즈니플러스가 열었다.

디즈니플러스를 바라보는 시각은 양가적이었다. 채널 사업자를 비롯해 플랫폼 사업자들은 넷플릭스에 이어 디즈니플러스까지 상대해야 한다는 것이 버거웠다. 그러나 콘텐츠 사업자들은 디즈니플러스가 국내시장에 잘 안착해 넷플릭스의 대항마가 되어 주길 바랐다. 넷플릭스와의 건전한 경쟁체제가 그들에게는 유리한 판이기 때문이다. 실제로 디즈니플러스가 넷플릭스처럼 안착할 수 있을지에 대해서 갑론을박이 있었지만, 시장은 디즈니에 우호적이었다. 넷플릭스가 보여준 OTT 성공 문법을 그대로 활용할 수 있다는 후발주자의 이점이 분명했다. 이미 디즈니는 채널 사업을 통해 글로벌 진출 경험이 있을 뿐만 아니라 넷플릭스가 가지고 있지 않은 글로벌 네트워크를 가지고 있다는 점 역시 강점이었다. 넷플릭스가 통신 사업자와 제휴해 '약한 고리 전략' 등을 구사해 가면서 힘들게 가입자를 유치했던 것에 비해서,

디즈니플러스는 출범과 동시에 통신 사업자와 유리한 조건으로 제휴했다. 디즈니의 힘을 보여준 방증이기도 했다. 자체 콘텐츠의 양이 넷플릭스의 4배에 이르고 있어 오리지널 콘텐츠 면에서도 강점이 있었다.[106]

여기에 덧붙여 미디어 전문가인 제레미^{Jeremy}는 디즈니플러스의 팬덤에 주목했다. 팬덤을 보유하고 있는 콘텐츠를 기반으로 만들어진 유니버스^{Universe} 체계를 가진 유일한 사업자가 디즈니라는 것이 그의 평가였다. 새로운 〈마블〉 콘텐츠가 나올 때마다 시청자들은 과거의 〈마블〉 시리즈를 다시 시청하고, 연관 콘텐츠를 찾아보곤 한다. 이른바 순환 시청 행위가 일어나는 것이다. 한번 보고 끝날 콘텐츠 시청이 애니메이션처럼 반복 시청이 일어나고, 이 때문에 과거와 다른 구매가 일어나게 된다. 또한 유니버스는 그 자체가 마케팅이다. 경쟁력 있는 IP를 확보하는 것 자체가 쉽지 않은 콘텐츠 시장에서 이미 세계적인 IP를 확보하고 있고, 이에 기반한 콘텐츠가 새로 제작되는 순간부터 모든 소식들이 외부로 시시각각 전파된다. 새로운 오리지널이라고 하더라도 기존 프랜차이즈 콘텐츠에 쌓인 명성을 활용할 수 있다[107]는 것은 경쟁 사업자가 쉽사리 쫓아가기 힘든 디즈니만의 힘이었다. 이 때문에 넷플릭스가 한국 시장에서 자리 잡는 데까지 3년여의 시간이 걸렸다면 디즈니는 1년 이내에 경쟁력 있는 지위에 오를 것이라고 보는 이들도 많았다.

그러나 반대의 시각도 존재했다. 넷플릭스는 국내 오리지널 콘텐츠와 라이선스 콘텐츠 힘으로 성장했다. 유독 자국 콘텐츠 소비가 강한 국내 시청자의 특성에 부합했기 때문이다. 반면에 디즈니는 그동안 자사 콘텐츠 유통에 집착하며 성장한 기업이다. 글로벌 채널 시장에서도 자사 중심의 철학은 변함없었다. 이 때문에 과연 디즈니가 한국 시장에 진출하기 위해서 과거와는 달리 한국 콘텐츠를 적극적으로 수용할지에 대한 의구심이 있었다. 그런 상황에서 국내 공식 출범 한 달 전인 10월 디즈니플러스 사업 총괄은 "세계적 수준의 고품질 콘텐츠를 제작하는 데 적극적으로 투자하고 있고, 이러한 철학은 당연히 한국에서도 이어 나갈 것"이라며 "향후 몇 년간 적극적으로 한국 콘텐츠에 대대적으로 투자할 예정"이라고 말했다.[108]

바로 이 대목에서 넷플릭스의 사전 대처가 효과를 발휘했다. 넷플릭스는 디즈니플러스 출시 전에 이미 대표적인 국내 콘텐츠 사업자인 스튜디오드래곤과 콘텐트리중앙[109]과 장기 계약을 체결했고, 그외 사업자와도 일종의 파트너십 계약을 체결한 바 있다. 이 무렵 2류로 평가받는 지상파 콘텐츠조차도 웨이브와의 관계 때문에 해외 OTT에 제공할 수 있는 콘텐츠의 수가 제한적이었다. 따라서 디즈니가 국내시장에서 확보할 수 있는 콘텐츠는 스튜디오드래곤과 콘텐트리중앙의 잉여분, 그리고 제3지대에 있는 사업자의 콘텐츠 밖에는 없었다. 그런 면에서 안창현 PD 중심의 아크미디어는 디즈니가 선택할 수 있는 수 중에서는 괜찮은 수였다는 평가를 할 수도 있지만, 제한적인 선택지와 아크미디어 중심의 콘텐츠 제작이 가져온 한계도 분명했다. 넷플릭스가 연간 10여 편에 달하는 오리지널 콘텐츠를 마련하고 적어도 한두 작품은 지속적으로 세인의 평가를 받았던 반면에 디즈니는 국내 진출 3년차에 겨우 〈무빙〉 정도만 주목을 받았다는 것이 그 한계를 여지없이 설명하는 지표라고 할 수 있다.

결과적으로 초기 디즈니플러스는 구조적 한계를 넘지 못했다. 〈마블〉 콘텐츠와 〈설강화〉를 앞세워 가입자 확보에 나섰지만, 〈마블〉의 팬덤은 약했고, 구설수에 오른 〈설강화〉는 기대치를 밑돌았다. 2022년 연말 기준 넷플릭스의 MAU가 1천만 명을 넘어섰을 때, 디즈니는 200만 명을 넘지 못했다.[110] 넷플릭스가 국내시장에 진출한 2016년 당시 30만

디즈니플러스 국내 콘텐츠 편성 라인업

연도	오리지널	동시 방영
2021		〈설강화〉
2022	〈너와 나의 경찰수업〉(스튜디오앤뉴) 〈그리드〉(아크미디어, 에이스팩토리) 〈사운드트랙 #1〉(레드나인픽쳐스) 〈키스 식스 센스〉, 〈카지노〉(시즌1), 〈변론을 시작하겠습니다〉(아크미디어) 〈형사록〉(시즌1), 〈커넥트〉(스튜디오드래곤) 〈3인칭 복수〉(스튜디오S)	〈크레이지 러브〉 〈너에게 가는 속도 493km〉 〈붉은 단심〉 〈닥터로이어〉 〈빅마우스〉 〈금수저〉 〈천원짜리 변호사〉 〈소방서 옆 경찰서〉 〈재벌집 막내아들〉 〈링크: 먹고 사랑하라, 죽이게〉 〈아다마스〉
2023	〈카지노〉(시즌2), 〈한강〉(아크미디어) 〈사랑이라 말해요〉(아크미디어 외) 〈레이스〉(바람픽쳐스) 〈형사록〉(시즌2, 스튜디오드래곤) 〈무빙〉(스튜디오앤뉴) 〈최악의 악〉(바람픽쳐스 외) 〈비질란테〉(스튜디오N) 〈사운드트랙 #2〉(레드나인픽쳐스)	〈낭만닥터 김사부 3〉 〈악귀〉 〈소방서 옆 경찰서 그리고 국과수〉 〈판도라: 조작된 낙원〉 〈아라문의 검〉 〈마에스트라〉 〈사랑한다고 말해줘〉
2024. 6 현재	〈킬러들의 쇼핑몰〉(메리크리스마스) 〈로얄로더〉(슬링샷스튜디오) 〈지배종〉(아크미디어, 에이스팩토리) 〈삼식이 삼촌〉(슬링샷스튜디오, 아크미디어) 〈폭군〉(영화사 금월, 스튜디오앤뉴)	〈원더풀 월드〉 〈수사반장 1958〉 〈재벌X형사〉 〈지옥에서 온 판사〉 〈열혈사제 2〉 〈크래시〉

명 정도의 가입자를 확보하는 데 그친 것에 비하면 선전한 셈이지만, 디즈니의 이름값에는 미치지 못했다. 더구나 적극적으로 국내 콘텐츠를 수급하지 않았기 때문에 국내 콘텐츠 사업자들의 반감은 커졌다. 그 와중에 디즈니는 팬데믹 기간 동안 유지했던 OTT 우선주의 전략을 수정했다. OTT 우선주의는 콘텐츠가 만들어지면 디즈니플러스에 최우선 공급할지 여부를 먼저 판단하겠다는 전략이다. 예전에는 영화는 극장, TV Show는 채널을 최우선 유통 매체로 판단했다면, 이제는 OTT를 최우선 순위로 고민한 뒤, 극장과 채널을 고민하겠다는 뜻이다. 그러나 디즈니의 수익성이 심각하게 훼손되면서 이 OTT 우선주의 전략을 포기했다. 이 일환으로 밥 체이펙Bob Chapek CEO를 해임하고 로버트 아이거Robert Iger를 재선임했다.

디즈니플러스의 국내시장 안착 실패는 예상하지 못했던 나비 효과Butterfly Effect를 불러왔다. 막강한 자체 콘텐츠를 가지고 있는 디즈니플러스조차도 안착이 쉽지 않다는 것을 확인한 글로벌 OTT 사업자들의 머리는 복잡해졌다.

그중에서도 HBO는 예상치 못한 선택을 했다. HBO는 미국 케이블 시대를 연 대표 사업자다. 영화 시장에 박스 오피스가 있다면, TV 시장에는 홈 박스 오피스가 있었다. HBO는 여러 지상파 방송의 재전송으로 유지되고 있었던 CATV Community Antenna TV 시장을 독자적인 콘텐츠를 가진 케이블TV Cable TV 시장으로 진화시킨 장본인이다. 오늘날 케이블 TV의 역사를 만들어 온 사업자이자, 세계 최초의 유료 채널이기도 하다. 이런 사업자에게 코드 커팅으로 대변되는 케이블 시장의 붕괴는 치명적이었다. 이 때문에 HBO는 유료 방송과 스트리밍 사이에서 외줄 타기를 벌여 왔었다. 2010년엔 케이블 유료 고객에게만 제공하는 스트리밍 서비스인 에이치비오 고HBO GO를 출시하면서, 케이블 사업을 견인하기 위해서 노력했고, 2014년에는 유료 채널인 HBO에 가입하지 않더라도 스트리밍 서비스를 이용할 수 있는 에이치비오 나우HBO Now를 출시하면서 케이블과 OTT 양쪽 시장을 모두 가져가고자 했다. 그러다 2020년 OTT 대세 시장에서 HBO Max를 출범하면서 본격적으로 OTT 가입자 경쟁에 뛰어들었다. 2024년 현재는 디스커버리Discovery와 통합한 뒤 맥스Max란 이름으로 OTT 서비스를 제공하고 있다. 대단한 점은 총 가입자 규모는 1억 명 정도이고, OTT 시장에서 넷플릭스를 제외하고 유일하게 흑자를 내는 사업자라는 것이다. 전 세계 미디어 사업자 중에서 넷플릭스를 우습게 아는 사업자를 꼽자면 디즈니와 HBO를 꼽을 정도로 콘텐츠 파워가 압도적인 사업자다. 디즈니가 가족 친화형 콘텐츠 중심의 사업자인 반면에 HBO는 성인 취향의 작품을 많이 생산한다는 점에서 가장 넷플릭스와 견줄 만한 사업자라고 할 수 있다.

이 때문에 디즈니와는 다른 맥락에서 HBO Max의 국내 진출은 국내 미디어 사업자들의 심장을 뛰게 만들었다. HBO Max는 2021년 봄부터 국내 제작사 및 유료 방송사업자와 만나서 한국 진출을 심도 있게 타진했었다. 2021년 하반기엔 30명을 고용하는 채용 공고를 게재하고, 실제 면접을 진행하는 등 채용 절차를 밟았었다. 2021년 11월에는 HBO Max 오리지널 영화에 대한 등급 신청을 진행하기도 했었다.[111] 그러나 디즈니플러스가 한국 시장에 제대로 안착하지 못하는 것을 확인하고는 직접 진출을 포기[112]했다. 직접 OTT로 시장에 진입하기보다는 기존처럼 국내 영상 플랫폼 사업자에게 콘텐츠를 판매하는 방식을 유지하기로 한 것이다. 과거엔 그 대상이 IPTV와 같은 유료 방송 사업자와 VOD 제공 계약을 체결하거나 채널사에 콘텐츠를 제공하는 것이었다면 OTT 대세인 현재엔 국내 OTT 사업자인 웨이브를 단독 공급 대상자로 선정했다[113]는 것이 차이라면 차이였을 뿐이다.

디즈니의 안착 실패와 HBO의 진출 철회 사이에 분명한 인과관계가 있는지의 여부는 확실하지 않다. 그러나 직간접적으로 HBO 국내 진출 추진에 관여했던 사람들의 말에 따르면, 채용 절차까지 밟아가면서 국내 진출을 추진했던 HBO의 결정에는 복잡한 셈법이 있었고, 그중 하나가 디즈니플러스의 국내 성과였다는 점은 분명해 보인다.

처음엔 오리지널 콘텐츠로 국내시장을 먹어 치운 넷플릭스를 보면서, 〈왕좌의 게임〉으로 대표되는 자사의 오리지널 라인업으로 충분히 국내시장에서 의미 있는 가입자를 확보할 수 있다고 판단했을 것이다. 그러나 HBO가 직접 OTT로 진입했을 때 확보할 수 있는 가입자 규모는 영업력 등을 갖춘 디즈니보다 뒤처질 거라고도 예상했었다. 그런데 디즈니의 성과가 예상보다 형편없이 나온 것이다. 이 정도라면 국내시장에 콘텐츠를 직접 판매하는 것이 수익 면에서는 훨씬 유리하다. 더구나 OTT 사업자 간 콘텐츠 확보 경쟁이 치열하게 진행되고 있는 이 판을 잘 이용한다면 과거보다 훨씬 좋은 콘텐츠 판매 수익을 확보할 수 있다고 판단한 것으로 보인다. 북미 시장 및 전통적으로 HBO가 강했던 지역에는 직접 진출을, 그리고 그 외 지역은 콘텐츠 판매를 하는 일종의 투 트랙Two Track 전략을 통해 OTT를 가진 사업자 중 유일하게 2023년 흑자를 기록했다. OTT 우선주의 전략을 버린 것이 역설적으로 손익 구조를 개선하게 한 셈이다. 국내시장 관점에서는 콘텐츠 경쟁력이 약한 웨이브가 HBO와 콘텐츠 수급 계약을 체결하면서 HBO의 국내 진출은 해프닝이 되었다. 여기서 중요한 것은 웨이브와의 계약 기간이 1년 단기 계약이었다는 점이다. 국내 경쟁 상황을 고려해 판매 단가를 높이려는 조치였을 것으로 보인다. 2022년 계약 이후 1년이 연장되었지만, 2024년에는 쿠팡과 1년 계약을 체결했다. 웨이브는 부족한 오리지널 콘텐츠를 해외 콘텐츠로 대신하고자 했으나 비용 대비 효과가 적다는 판단을 했고, 쿠팡은 반대로 이용량 수성을 위해서 HBO가 필요했을 것이다.

HBO가 국내 직접 진출을 포기[114]함으로써 결과적으로 넷플릭스의 경쟁력은 강화되었다. 당장 국내시장에서 추가적인 경쟁 OTT가 등장하지 않는다는 것과는 별개로 HBO가 자사의 콘텐츠를 넷플릭스에 공급[115]하기로 결정했기 때문이다. HBO, 워너브러더스, 디스커버리(옛 워너미디어) 작품이 하나둘씩 넷플릭스 라인업에 추가되었다. 전 세계적으로 인기를 누린 〈프렌즈〉를 비롯해 〈리버데일Riverdale〉, 〈인터스텔라 Interstellar〉 등 주요 시리즈와 영화가 넷플릭스 라인업에 복귀

했다.

　파라마운트도 국내 직접 진출을 포기했다. 파라마운트는 미국 내 3대 지상파 방송사 중 하나인 CBS가 근간인 사업자다. 1927년 설립된 CBS는 1971년 케이블 시대에 바이아컴 Viacom을 설립 분사시켰다가 1999년 재합병, 그리고 2006년 다시 분할되었다가 2019년 다시 재합병된 후 2022년 파라마운트글로벌 Paramount Global이라는 이름으로 개명[116]했다. 산하에 CBS와 파라마운트 영화사 등을 보유하고 있다. 넷플릭스가 미국 시장에서 힘을 가지기 시작한 뒤, ABC와 폭스 등 전통의 콘텐츠 사업자들이 훌루를 결성할 때도 이에 동참하지 않고 씨비에스올엑세스 CBS All Access라는 독자 스트리밍 서비스를 선보일 정도로 독자성이 강하고 자부심도 강했던 곳이다. '콘텐츠가 왕'이라는 표현으로 유명한 섬너 레드스톤 Sumner Redstone (1923~2020)이 지배하는 동안 콘텐츠를 가지고 케이블 네트워크 전성시대를 열었던 기업이다. 글로벌시장에서 콘텐츠로는 〈스타트렉〉과 〈NCIS〉로 유명하고, 채널로는 MTV, 니켈로디언 nickelodeon으로 유명한 사업자였다.

　경영권 분쟁으로 힘든 상황을 겪었던 파라마운트는 전열을 재정비한 후 자사의 OTT 서비스인 씨비에스올엑세스를 2021년 파라마운트플러스로 개편한 뒤 글로벌 스트리밍 시장에 본격적으로 뛰어들었다. 북남미 지역 및 스카이 sky와 제휴 관계에 있는 일부 유럽 지역, 그리고 호주 지역에는 직접 진출했고, 그 외 유럽 지역에는 컴캐스트 Comcast와 손을 잡고 스카이쇼타임 skyshowtime이란 이름으로 진출했다. 파라마운트는 미국을 제외하고는 제휴사업자와 손을 잡고 해당 국가에 진출하는 모양새를 취했다. 실제로 파라마운트는 2021년 12월 CJ ENM과 전방위 파트너십을 맺었다. CJ ENM의 IP를 활용한 영화, 드라마 등 콘텐츠 제작에서부터 콘텐츠 유통에 이르기까지 전 단계에서 협업을 하기로 했고, 지분 투자까지도 고려했다.[117] 그러나 형식적인 진출일 뿐 실제로는 티빙 내에 위치한 서브 서비스였고, 티빙으로부터 콘텐츠 사용료를 받는 형태의 구조였다는 것이 업계의 평가였다. 2년간 일곱 편의 K-콘텐츠를 제작하겠다고 선언[118]했을 때조차도, 시장에서는 기대를 하지 않았다. 서비스 내 서비스의 특성상 힘들 것으로 예상했기 때문이다. 실제로 영화감독 이준익의 OTT 진출작인 〈욘더 Yonder〉를 제외하곤 더 이상의 콘텐츠 투자는 없었다. 2024년 6월 현재 파라마운트플러스에서는 〈욘더〉를 찾아볼 수도 없다.

콘텐츠를 필요로 하는 규모 있는 글로벌 OTT 사업자가 부재한 상황에서 콘텐츠 확보 경쟁은 더 이상 진행되지 않았다. 여전히 잔불이 남아 있는 것처럼 보였지만, 그건 제작 결정과 방영 시점과의 착시에서 발생했을 뿐, 퇴로를 찾기 시작했다. 조심스럽지만 넷플릭스 천하가 시작되었다는 것을 인지하며 높아진 문턱에서 좌절하는 사업자들이 하나둘씩 생겨나기 시작했다.

반면에 해외시장은 여전히 '불장'이었다. 북미를 중심으로 한 해외시장은 여전히 OTT 간 경쟁이 진행 중이어서 콘텐츠 확보 경쟁이 치열했다. 팬데믹이 엔데믹 Endemic으로 끝나가는 상황에서 OTT 사업자들은 최후의 승자가 되기 위한 총력전을 치루고 있었다. 넷플릭스와 디즈니 등 미국의 OTT 업체들이 신규 콘텐츠 제작을 위해 2022년 천문학적인 자금을 투입할 계획을 수립했다.

《파이낸셜 타임즈^{Financial Times}》가 미국 상위 8개 미디어 그룹의 사업보고서를 자체 분석한 결과에 따르면, 이들이 2022년에 영화, TV 프로그램 등 콘텐츠 제작을 위해 쓸 실탄은 최소 1,150억 달러(약 136조 1,600억 원)에 이른다. 스포츠 중계권을 포함하면 총지출액은 1,400억 달러로 늘어난다. 글로벌 2위 OTT 사업자인 디즈니는 2020년보다 35~40% 늘어난 총 230억 달러를 프로그램 제작에 투입할 계획을 세웠다. 스포츠를 포함할 경우 총 신규 콘텐츠 제작 비용은 330억 달러에 이른다. 이는 2021년보다 32%, 2020년과 비교하면 65% 증가한 규모이다. 디즈니는 2022년 톰 행크스^{Tom Hanks}가 출연하는 실사 영화 〈피노키오〉와 애니메이션 〈카^{Cars}〉의 속편, 이완 맥그리거^{Ewan McGregor} 주연의 《스타워즈》 시리즈 콘텐츠인 〈오비완 케노비^{Obi-Wan Kenobi}〉 등을 자사 OTT인 디즈니플러스 등을 통해 공개할 예정이었다. 업계 1위 넷플릭스도 2021년보다 25% 늘어난 170억 달러 이상을 신규 콘텐츠에 투입할 계획을 세웠다. 아마존은 할리우드 영화 제작사 MGM을, 미국 통신·미디어 그룹 AT&T는 디스커버리 채널을 인수했다.

OTT 업체들이 콘텐츠 제작에 돈을 쏟아붓는 건 고객 유치가 어려워져서다. 코로나19로 인해 집에 머무는 시간이 길어지며 OTT를 찾는 사람은 늘어났지만, 신규 가입자 증가세는 한계에 이르렀다. 《파이낸셜 타임즈》는 "업계 1·2위인 넷플릭스와 디즈니플러스의 신규 가입자 증가세도 지난 몇 분기 동안 둔화했다"라고 보도했다. OTT 시장에 신규 사업자들이 뛰어들면서 경쟁이 치열해진 탓이다.

시장분석업체 모펫네이던슨Moffett Nathanson의 미디어 분석가 마이클 네이던슨Michael Nathanson은 "(OTT 업체들은) 돌아갈 길이 없다. 치열한 경쟁 속에 유리한 고지를 점할 수 있는 유일한 방법은 프리미엄 콘텐츠에 더 많은 돈을 지출하는 것"이라고 주장했다. 투자 대비 수익성이 떨어지는 것 정도는 감당해야 한다는 시장의 분위기가 팽배해 있었다. 모건 스탠리Morgan Stanley는 "거대 미디어 업체들이 전통적인 TV와 영화에서 OTT로 사업을 옮기고 있지만 정작 이익은 과거보다 줄었다. 시장은 OTT 시장이라는 무지개 끝에 금덩어리가 없을 가능성에 대해 우려하고 있다"라고 평가할 정도로 북미 시장은 더욱더 과열되고 있었다.

그러나 한국은 아니었다. 국내 대표 OTT 사업자들이 적자 규모를 감당하지 못해 오리지널 콘텐츠 공급을 줄이는 절차를 밟고 있는 상황에서 해외 OTT 사업자들도 연거푸 국내시장 진출을 포기했고, 국내시장에 진출한 디즈니플러스는 글로벌시장에서 보여준 위세를 보여주지 못했다. 결과적으로 대형 글로벌 OTT 사업자들이 국내시장에 진입하고, 이들이 국내시장 및 아시아 시장에서 경쟁을 하기 위해서 국내 콘텐츠에 대한 구매를 늘릴 것으로 예상했던 시나리오가 모두 부질없는 것이 되어 버렸다. 이제 넷플릭스와 주먹다짐을 할 수 있는 업체는 더 이상 없다. 넷플릭스를 위한, 넷플릭스에 의한, 넷플릭스의 영상 시장이 만들어진 것이다.

그렇게 넷플릭스는 왕으로 추대되었다.

07

폐허:
Empty Hands

서울 상암동의 한 카페, 베테랑 PD 김민수와 신입 작가 이지은이 마주 앉

았다.

"지은 씨, 요즘 업계 상황이 심상치 않아."

김민수가 깊은 한숨을 내쉬자, 이지은이 걱정스러운 눈빛으로 물었다.

"무슨 일 있나요, 선배님?"

"CJ ENM이 얼마 전 대규모 구조조정을 단행했어. 직원 10%를 내보냈다

더군."

이지은의 눈이 커졌다.

"그 큰 회사도요? 대체 왜……."

"티빙의 적자가 1,000억 원을 넘었다는 소문이야. OTT 전쟁이 심해지면

서 콘텐츠 업계 전체가 휘청거리고 있어."

김민수는 커피를 한 모금 마시고 계속했다.

"JTBC는 더 심각해."

"설마요, JTBC스튜디오도 어렵나요?"

"작년에 비해 영업이익이 90% 가까이 줄었대. 광고가 뚝 끊기면서 방송사들이 전체적으로 어려워지고 있어."

이지은은 충격을 받은 표정이었다.

"그럼 중소 제작사들은 더 힘들겠네요?"

김민수는 고개를 끄덕였다.

"그렇지. 초록뱀미디어가 상장폐지 된다는 소식도 들려. 〈추노〉 같은 대작을 만들던 곳인데 말이지."

"5월에 기업회생 신청했다고 하더라고요."

"맞아. 키이스트도 상반기에 121억 원 영업손실을 냈고. 한때 잘나가던 회사들이 줄줄이 무너지고 있어."

침묵이 흘렀다. 이지은이 조심스레 입을 열었다.

"선배님, 저희는 어떡해야 하나요?"

김민수는 잠시 생각에 잠겼다가 말했다.

"힘들 때일수록 기본에 충실해야 해. 좋은 이야기를 만들어 내는 것, 그게 우리가 할 수 있는 최선이야. 언젠가는 이 위기도 지나갈 거야."

두 사람은 서로를 바라보며 묵묵히 고개를 끄덕였다. 카페 창밖으로 서울의 화려한 야경이 펼쳐져 있었지만, 그 불빛 아래에서 미디어 산업의 미래는 그 어느 때보다 불확실해 보였다.

넷플릭스가 대관식을 치른 이후 남은 것은 감당하지 못할 청구서뿐이었다. 플랫폼 진영은 넷플릭스의 발밑에 무릎을 꿇고 충성 서약을 했다. 유료 방송 사업자들은 넷플릭스를 비롯한 OTT 서비스를 내재화시켰다. 자사의 VOD 서비스의 매출이 감소하는 것을 막기 위해서 끝까지 거부했던 SK브로드밴드마저도 넷플릭스를 포함한 OTT 애그리게이션 OTT Aggregation 서비스를 출시했다. OTT와 유료 방송 간의 경쟁은 유료 방송 사업자들이 자신의 살을 포기하며 OTT의 조건을 수용하는 것으로 정리가 된 셈이다.

콘텐츠 진영은 감당하지 못할 청구서 앞에서 어쩔 줄 몰라 했다. 오른쪽의 〈콘텐츠 제작비 비교〉는 제작비 규모 상위 15개 프로그램을 나열한 것이다. 이 중 〈오징어 게임〉, 〈킹덤〉, 〈수리남〉은 회당 제작비가 30억 원을 넘겼다. 〈미스터 션샤인〉이 20억 원 가까운 제작비를 기록한 이래로 단기간에 50% 이상 상승했다. 여전히 북미 시장의 회당 제작비에 비해서는 저렴하다고 생각할 수 있다. 최고가를 기준으로 보면 53억 원 대 764억 원이다. 대략 1:12 정도로 제작비가 차이 난다. 북미 시장 15위권인 〈밴드 오브 브라더스Band of Brothers〉의 회당 제작비 164억 원 대비해서는 약 1/3정도의 수준이다.

북미 시장 대비 여전히 격차는 있지만 그 격차가 빠른 시간으로 줄어들고 있다는 것은 분명하다. 상대적으로 여전히 한국 콘텐츠 제작비가 저렴하다고 할 수 있다. 그러나 절대값 기준으로만 판단하면 착오가 발생한다. 북미 콘텐츠는 전 세계에서 유통되고 수용되는 콘텐

콘텐츠 제작비 비교

	글로벌				한국				
	드라마	연도	회당 제작비 (십억 원)	No. Ep.	편성채널	드라마	연도	회당 제작비 (십억 원)	No. Ep.	편성채널
1	반지의 제왕	2022	76.4	8	Amazon P	수리남	2022	5.3	6	Netflix
2	기묘한 이야기 (S4)	2022	39.5	9	Netflix	킹덤 (S1)	2019	3.3	6	Netflix
3	호크아이	2021	32.9	6	Disney+	킹덤 (S2)	2020	3	6	Netflix
4	팔콘과 윈터 솔져	2021	32.9	6	Disney+	아스날 연대기	2019	3	18	tvN /Netflix
5	완다비전	2021	32.9	9	Disney+	스위트홈	2020	3	10	Netflix
6	퍼시픽	2010	28.5	10	HBO	오징어 게임	2021	2.8	9	Netflix
7	House of Dragon	2022	26.3	10	HBO	재벌집 막내아들	2022	2.2	15	JTBC /Netflix
8	왕좌의 게임 (S8)	2019	19.7	6	HBO	미스터 션사인	2018	1.8	24	tvN
9	tosemaos	2022	19.7	10	Netflix	더 킹: 영원한 군주	2020	1.7	17	SBS
10	See (S3)	2022	19.7	8	AppleTV+	베가본드	2019	1.6	16	SBS
11	더 모닝쇼 (S2)	2021	19.7	10	AppleTV+	호텔 델루나	2019	1.3	16	tvN
12	만달로리안 (S3)	2023	17.8	8	Disney+	알함브라 궁전의 추억	2018	1.3	16	tvN /Netflix
13	ER (S15)	2009	17.1	22	NBC	도깨비	2016	0.8	19	tvN
14	더 크라운 (S5)	2022	17.1	10	Netflix	킬미 힐미	2015	0.8	20	MBC
15	Band of Brothers	2022	16.4	10	HBO	별에서 온 그대	2013	0.5	21	SBS

S: 시즌 / 출처: 이상원(2024)

츠지만 한국 콘텐츠는 아직 아시아를 중심으로 제한적인 시장에서 소구한다는 결정적인 한계를 가지고 있기 때문이다. 방송 영상 시장으로 한정할 때 글로벌시장은 대략 5,000~6,000억 달러 규모고, 이 중 아시아 시장은 1/3정도를 차지한다. 따라서 전체적으로 보면 글로벌

시장에서 한국 콘텐츠를 수용할 수 있는 임계치에 거의 근접했거나, 넘어섰다고 보는 것이 합리적이다.

넷플릭스발 콘텐츠 경쟁으로 발생한 콘텐츠 제작 비용 상승은 미디어 영역을 초토화시켰다. 현재의 제작비를 국내 유통 시장에서는 감당할 수 없었다. 〈수리남〉은 회당 53억 원, 6부작이어서 총 300억 원 내외의 규모이다. 국내 채널 사업자와 유료 방송 시장에서 단일 콘텐츠로 확보할 수 있는 수익은 100~150억 원 정도가 최대치이다. 광고와 재방송, 그리고 재방송을 통해 확보할 수 있는 광고 수익까지 모두 포함했을 때의 평균값이다. 역대급 흥행을 한다고 한다면 IPTV, VOD 판매 등 부가 시장을 상상할 수 있겠지만, 어디까지나 예외적인 확률값이다.

광고 단가 등이 상승한다면 기대 수익이 늘어날 수도 있겠지만 현재는 그럴 가능성도 매우 낮다. 콘텐츠 생산의 파이프라인 역할을 했던 지상파 방송이 무너졌기 때문이다. 지상파 방송은 2017~2019년 영업이익 적자를 기록한 뒤, 비용 부담이 큰 드라마의 비중을 줄여서 2020~2022년에는 힘들게 흑자를 기록했다. 비용 절감을 통한 경영 흑자는 지속력이 약하다. 결국 2023년에는 다시 영업 적자를 기록했다. 광고 매출은 지속적으로 하락해 2022년 대비 2023년 1,253억 원이 감소했다. 드라마 제작보다는 예능에 올인했던 일부 사업자를 제외하고 대부분의 채널 사업자의 수익성이 악화되었다. 이들 모두 2023~2024년에 와서는 혹독한 구조조정을 단행해야 했다. 이런 상황이다 보니, 채널 사업자가 콘텐츠에 지불할 수 있는 여유는 더 없어졌다.

　OTT도 예외는 아니었다. 넷플릭스와 대립각을 세웠던 국내 OTT 사업자들은 체질 개선에 나섰다. 규모의 확대가 수반되지 않은 상황에서 가입자 유치를 위한 오리지널 콘텐츠 전략은 필연적으로 실패할 수 없다는 선행 경험과, 오리지널 콘텐츠 없이는 현재의 규모조차도 유지하기 힘들다는 분명한 미래 사이에서 돌파구를 찾아야 했다. 웨이브는 2023년 누적 적자만 2천억 원을 넘어섰고, 티빙과 쿠팡에 밀려 토종 1위 자리마저도 내주어야 했다.

　티빙이라고 다를 건 없었다. 2020년 CJ ENM으로부터 분할된 당해 연도부터 2023년까지 누적 적자만 무려 3,435억 원에 이른다. 〈눈물의 여왕〉과 같은 대박 콘텐츠와 〈프로 야구〉 중계 등을 통해 가입자 증분 효과는 물론이고 총 시간에서 넷플릭스를 뛰어넘었다고 자평하고 있지만 1분기 적자 규모만 300억 원을 넘어섰다. 2024년 6월 기준 약 450만 명 정도의 가입자 규모가 800만 명이 되어야 겨우 손익 분기점에 도달할 수 있는 상황이었다. 결국 국내 OTT 사업자들은 합병을 준비하고 있다. 합병을 통해 콘텐츠 제작비를 현실화하는 등 비용 구조의 개선을 통해 사업적 지속성을 확보하려는 시도로 보인다.

　두 기업은 최근까지 합병 논의를 하고 있다. 이미 기세에서 밀린 웨이브는 매달려야 했고, 티빙은 상대적으로 여유를 가지고 협상에 임해야 했다. 이 기세대로라면 시간은 티빙의 편이었다. 문제는 티빙과 웨이브의 합병이 이루어진다고 하더라도 콘텐츠 사업자의 미래가 그리 밝지 않다는 점이었다. 합병이 된다고 해도 양 사의 오리지널 콘텐츠 숫자는 합병 전보다 줄어드는 것은 물론, 절대적 규모가 최소 수준으로 회귀할 것으로 예상되었다. 어찌 보면 2014년에 존재했던 호핀hoppin 수준으로 퇴행하는 수순을 밟을지도 몰랐다. 2024년 현재, 웨이브의 오리지널 콘텐츠는 0편이고, 티빙도 1편으로 줄었다. 〈하이드〉나 〈운수 오진 날〉처럼 채널과 OTT의 방영일시를 축소해 오리지널 타이틀을 유지한 것들을 포함하더라도 3편에 불과했다. 드라마는 줄이고 예능 쪽에 상대적으로 집중하는 전략을 택했기 때문이다.

해프닝으로 끝나긴 했지만 유일하게 남은 글로벌 OTT인 디즈니플러스의 움직임도 심상치 않았다. 2023년 6월 16일, 디즈니플러스에서 한국 오리지널 콘텐츠를 발굴하는 월트디즈니코리아 컴퍼니 OTT 콘텐츠팀 전원이 회사를 떠났다는 보도가 나왔다. 이는 월트디즈니 컴퍼니가 전 세계를 대상으로 인력 감축을 진행하는 한편 디즈니플러스가 국내에서 눈에 띄는 성과를 내지 못한 처벌성 조치였다. 이로 인해 디즈니플러스가 한국 오리지널 콘텐츠 제작에서 완전히 손을 뗄 것이라는 소문이 돌기도 했지만, 이후 디즈니 코리아 김소연 대표는 언론 인터뷰를 통해 "한국 오리지널 콘텐츠 투자 계획에 변화는 없다. 제작을 중단하거나 철수할 이유도 없고 사실무근"이라고 단언하였다. 업계에서는 〈무빙〉으로 인해서 일시적 유예 조치를 받았다는 의미로 해석했다. 앞으로도 가입자 반등이 일어나지 않는다면 디즈니플러스가 한국 콘텐츠 수급 시장에서 철수하는 일이 일어날지도 모른다.

　가장 큰 문제는 업계가 힘들다고 하더라도 한번 상승한 제작비가 내려올 가능성은 거의 없다는 점이다. 필수재야 특수 상황이 발생한 이후에는 정상 가격으로 돌아오는 법이지만, 기호재이자 사람과 사람의 관계 속에서 형성되는 콘텐츠 제작 가격은 다시 내려오기 어렵다. 특급 배우의 회당 개런티가 만들어지고 나면 되돌릴 수 없는 선을 넘어섰다고 할 수 있다. 그 급에 속한 모든 이들이 동일한 가격을 받는 것을 너무도 당연하게 여기기 때문이다. 설사 자신의 수익을 낮추는 경우가 발생한다면 그건 넷플릭스 등 글로벌 사업자에 콘텐츠를 공급할 때에만 가능하다. 오히려 열위인 넷플릭스가 아닌 일반 국내 콘텐츠에 출연해야 할 때는 글로벌 인지도를 높일 수 있는 가능성을 포기하는 것인 만큼 오히려 가격을 더 높여야 하는 상황이다. 배우 입장에서는 해외 콘텐츠 출연은 글로벌 인지도 상승과 더불어 추가적인 수익을 기대할 수 있는 부분이 있지만, 국내 콘텐츠 출연은 기회 수익을 기대할 수 없기 때문이다. 마치 케이블 방송이 처음 등장했을 때 지상파 출연료보다 높은 비용을 책정해야 할 때랑 비슷한 상황이다. 이정재는 〈오징어 게임〉 출연 이후 글로벌 에이전시인 CCA와 손을 잡았고, 그 뒤 구찌 Gucci의 글로벌 엠버서더[119]가 되었다. 정호연은 글로벌 수준의 모델이 되었고, 박규영도 넷플릭스 출연 이후 구찌의 글로벌 엠버서더가 될 수 있었다. 국내 출연만으로는 이런 기회가 발생하지 않는다. 광고 수익이 감소하는 상황이니, 지상파를 비롯한 방송 채널 사업자의 콘텐츠 제작이 줄어드는 것은 어쩌면 당연하다.

물론 이런 상황에서도 오직 넷플릭스만 글로벌 가입자란 규모에 맞게 비용을 지불하고, 글로벌 유통이란 지위를 이용해 가격 통제권을 유지할 수 있었다. 여전히 넷플릭스는 1조 원 가까운 금액을 국내 콘텐츠 시장에 투자했다. 그러나 편당 제작비가 상승하면서 1조 원의 혜택을 받는 콘텐츠 숫자는 감소할 수밖에 없었다. 현재 방영되고 있는 대부분의 콘텐츠는 한국 콘텐츠에 대한 기대와 수요가 가장 높았을 때 결정된 것들이다. 방영 시점으로 보면 2019년 3편, 2020년 5편, 2021년 9편, 2022년 11편, 2023년 13편, 그리고 2024년 7월 현재 9편이다. 점차적으로 숫자가 증가한 것으로 보인다. 그러나 2025~2026년의 콘텐츠 규모는 올해보다 더 감소할 가능성이 크다. 넷플릭스가 대관식을 치른 2023년부터는 옥석 가리기가 본격화되었기 때문이다. 이때부터 넷플릭스는 일본 콘텐츠 시장의 라인업을 조심스럽게 늘리면서 아시아 가입자 시장의 변화를 눈여겨보고 있는 중이다. 또한 태국 등 아시아 개별 국가의 콘텐츠 수급 역시 조금씩 늘리는 상황이다. 물론 시장에서는 일본 시장이 폐쇄적이어서 아시아 시장에서 주도권을 가지기는 힘들다고 생각하기 때문에 넷플릭스가 일본 라인업을 증가하더라도 이내 다시 한국 콘텐츠로 옮겨올 수밖에 없을 것으로 전망한다. 그러나 면역력이 약해진 우리나라 콘텐츠 시장의 관점에서는 이 작은 변화조차도 감당하기 힘들 것으로 보인다.

결과적으로 현 시점에서 시장을 차지한 넷플릭스만이 시장을 차지한 시장을 조정할 수 있다. 그 외 미디어란 이름의 생태계에 있는 모든 사업자가 힘들게 힘들게 연명하는 수준이 되었다. 그중에서도 단위 사업자의 규모가 가장 영세한 제작 시장은 사실상 초토화되고 있는 상황이다. 제작비 상승으로 인해 콘텐츠 수요가 감소하기 때문이다. 초과 수요 시기에 맞추어 커진 몸집을 당장 줄어든 수요에 맞추어 정비하기란 쉽지 않다. 목표 주가는 다시 떨어지기 시작했다. 기대에 기댄 평가는 더 이상 없다. 스튜디오드래곤의 시가 총액은 1/3 토막이 났고, 시장의 기대치도 이 정도에 머물러 있다. 대형 사업자인 스튜디오드래곤뿐만 아니라 콘텐트리중앙, 삼화네트웍스, 팬 등 상장사 대부분의 시가 총액이 2017년 이전으로 회귀하고 있다. 한때 수백억, 수천억 원을 이야기하면서 주판을 튕기며 투자사를 받았던 사업자들이 모두 리셋되었다. 자존심만 있을 뿐 구매자 없는 시장에서 모두들 초라해졌다. 오래된 양복을 깨끗이 다려 입었지만, 헌 소매는 가릴 수 없다.

다시 외부를 기웃거린다. 한한령 해제 뉴스에 민감하게 반응하고 있지만, 양치기 소년의 거짓말일 뿐이다. 북미의 사업자가 투자를 하겠다고 하고, 중동의 거부나 왕자가 거침없이 금화를 던지던 시장이 신기루처럼 사라졌다. 누구는 거쳐야 하는 시간이라고 말한다. 몸집이 스스로 정리되고 최적화되는 시간이기에 버티는 수밖에 없다는 것이다. 또 혹자는 시장을 만들어야 한다고 말한다. 이 둘은 다른 것 같지만 서로 같다. 특히 갑작스럽게 커진 시장을 감당하려면 새로운 시장을 스스로 개척할 방법을 고민할 수밖에 없다. 그 전에 일단 우리의 눈을 가리고 있는 착시부터 정리할 필요가 있다. 우리의 위치를 냉정하게 판단하는 것이 필요하다. 다음 장은 바뀐 시장에서 여전히 우리가 갇혀 있는 현실을 이야기해보고자 한다.

2부

경계: 환상과 현실
Borderline: Illusion & Reality

: 한류? 글로벌 대세 한국 콘텐츠의 실제 위치

"발전을 가로막는 것은 무지가 아니라 지식의 환상이다."
The obstacles to discovery is not ignorance,
but the illusion of knowledge.

- 대니얼 J. 부어스틴 (Daniel J. Boorstin, 1914~2004)

1930년대, 프랑스는 제1차 세계대전의 경험을 바탕으로 독일의 침공에 대비했다. 그들은 제1차 세계대전에서의 참호전이 미래 전쟁의 모델이 될 것이라고 '알고' 있었다. 이 '지식'을 바탕으로 프랑스는 독일 국경을 따라 거대한 요새 체계인 마지노선을 건설했다. 건설 기간만 10년, 총 비용은 30억 프랑이었다. 오늘날 가치로 환산하면 1,000억 달러, 한화로 130조 원에 달한다. 정확한 인력은 모르겠지만 수십만 명의 인원이 동원되었다고 보고 있다. 마지노선의 총 거리는 380km에 달한다. 서울에서 부산 인근까지 이르는 거리다.

마지노선은 당시 최첨단 방어 시스템이었고, 프랑스는 이것이 독일의 침공을 막을 수 있다고 확신했다. 그러나 제2차 세계대전이 발발했을 때, 독일은 프랑스의 예상을 완전히 뒤엎었다. 독일은 기동전을 채택, 벨기에를 통해 프랑스를 우회 공격했고, 전차와 항공기를 효과적으로 활용했다. 프랑스의 방어선은 무용지물이 되었고, 프랑스는 불과 6주 만에 항복했다.

프랑스의 가장 큰 문제는 그들의 지식이었다. 제1차 세계대전의 경험에 기반한 그들의 지식은 새로운 전쟁 현실을 이해하는 데 오히려 장해물이 되었다. 자신들의 방어 전략이 완벽하다고 믿었기 때문에 변화하는 전쟁의 양상을 제대로 인식하지 못했다. 과거의 지식이 현재의 발목을 잡은 셈이다.

1980년대 초 IBM은 메인프레임 컴퓨터 시장의 절대 강자였다. 그들이 보유한 기업용 대형 컴퓨터에 대한 깊은 지식과 경험은 압도적이었다. 그러나 이 지식이 오히려 새로운 시장을 보는 눈을 흐리게 했다. 메인프레임에서 개인용 컴퓨터 PC: Personal Computer에 뛰어들었을 때, 그들은 자신들이 가지고 있었던 '지식'을 바탕으로 전략을 세웠다. 바로 PC의 운영체제와 프로세서 Processor를 외부 업체인 마이크로소프트 Microsoft와 인텔 Intel에 맡긴 것이다. 메인프레임 컴퓨터 시장에서는 하드웨어가 가장 중요했다. 방 전체를 차지할 만큼의 공간과 대량 트랜젝션 transaction을 처리할 수 있어야 하고, 수백 수천 명의 동시 사용자를 지원할 수 있어야 했다. 한 번이라도 작동이 멈추면 안 되기에 높은 신뢰성을 확보해야 했고, 목적에 맞추어 OS도 설치해야 하는 것이 메인프레임 컴퓨터였다. 이들에게 범용 OS와 프로세서는 다른 요소에 비해서 그다지 중요한 것이 아니었다.

그러나 PC 시장에서 하드웨어는 그다지 중요하지 않았다. 조금 신뢰성이 떨어지더라도 가벼워야 했고, 단일 사용자용이었기에 동시 이용을 고려하지 않아도 되었다. 문제가 생기면 재부팅 re-booting해서 사용하면 그만이었다. 그래서 PC에서는 하드웨어보다는 소프트웨어와 프로세서가 핵심 경쟁력인데, IBM은 이 두 가지를 모두 외부에 맡긴 것이다. 결과적으로 IBM은 PC 시장에서 주도권을 잃었고, 마이크로

소프트와 인텔이 새로운 강자로 부상했다. 하드웨어가 중요하다는 믿음은 메인프레임 시대의 절대 원칙이었지만, PC 시대에는 장애물이 된 셈이다. 그들의 '지식'이 새로운 시장의 역학을 이해하는 것을 방해한 것이다.

의학계에서도 유사한 상황이 종종 발견된다. 20세기 초반, 의학계에는 '위궤양'의 원인에 대한 명확한 '지식'이 있었다. 바로 스트레스와 과도한 위산이었다. 이 '지식'은 수십 년 동안 의료계의 정설로 받아들여졌고, 이에 따라 치료법도 개발되었다. 그러나 1982년 호주의 의사인 배리 마셜Barry Marshall과 로빈 워렌Robin Warren은 이 '지식'에 의문을 제기했다. 위궤양의 주요 원인이 헬리코박터 파일로리Helicobacter pylori라는 박테리아일 수 있다고 주장한 것이었다. 당시 의학계의 반응은 냉담했다. 위산이 강한 위 속에서 박테리아는 살 수 없다는 것이 그들의 '상식'이었기 때문이다. 많은 의사가 이 주장을 비웃었고, 학술지들은 그들의 논문 게재를 거부했다. 하지만 마셜은 포기하지 않고 자신의 이론을 증명하기 위해 극단적인 방법을 선택했다. 헬리코박터 파일로리 배양액을 직접 마시고 위궤양을 유발한 것이다. 그리고 항생제로 이를 치료하는 데 성공했다. 결국 이 두 사람은 2005년 노벨 생리의학상을 공동 수상했다.

우리가 잘 알고 있는 '신대륙을 발견한 위대한 항해사'인 콜롬버스Christopher Columbus도 마찬가지였다. 1492년, 이탈리아 출신의 한 항해사가 스페인 국왕의 후원으로 대서양을 횡단했다. 콜럼버스는 지구가 둥글다는 '혁명적인' 지식을 가지고 있었다. 당시 많은 사람들이 지구가 평평하다고 믿었던 것을 생각하면, 이는 매우 진보적인 생각이었다. 콜럼버스는 지구가 둥글기 때문에 서쪽으로 항해하면 중국에는 동쪽의 인도에 도착할 수 있다고 확신했다. 그의 항해는 성공했고, 어느 대륙에 도착했다. 그 대륙은 아메리카였지만 인도라고 확신한 콜럼버스는 거주자들을 인디언Indian이라고 불렀다. 지구가 둥글다는 것은 믿었지만, 지구의 크기를 실제보다 훨씬 작게 추정했기 때문이다. 그의 '지식'은 그를 새로운 대륙으로 이끌었지만, 동시에 그가 발견한 것의 진정한 의미를 깨닫지 못하게 한 셈이다. 콜럼버스는 죽을 때까지 자신이 인도에 도착했다고 믿었다. 그의 '지식'이 새로운 현실을 받아들이는 것을 방해한 것이다. 일종의 '확증 편향Confirmation bias'이다. 자신의 기존 믿음을 강화하는 정보만을 받아들이고, 그에 반하는 정보는 무시해서 벌어진 일이다.

미디어 시장에서 우리가 알고 있는 지식의 환상은 무엇일까? 우리는 처참하게 망가지고 있는 이 상황에서 잘못된 환상을 믿으며 발전할 수 있는 기회를 놓치고 있는 것은 아닐까? 2부에서는 바로 이 지점에 대해서 이야기를 해 볼까 한다.

01

글로벌 사업자들이
한국 콘텐츠를 구매하지 않는 이유

"한국의 영상 콘텐츠는 세계를 주름잡는다."

이 명제는 어떤 이에게는 상식이고, 어떤 이에게는 도발적이다.

적어도 글로벌 유통이란 관점에서 보자면 세계 콘텐츠 사업을 미국, 영국, 일본, 한국, 중국 이상 5개 나라가 주도하고 있다는 평가는 야박하지 않다. 글로벌 1등 OTT인 넷플릭스가 한국 제작사와 오리지널 콘텐츠를 제작하거나 한국 콘텐츠의 라이선스 구매를 하는 것은 우리 영상 콘텐츠가 일정 수준 이상에 도달해 있기 때문이다.

그러나 도발적이라고 생각하는 사람들은 의심의 눈초리를 거두지 않는다. 1부에서 살펴본 대로 한국 콘텐츠에 대한 수요는 꾸준하게 늘었다. 넷플릭스를 통한 유통이란 제약이 있긴 하지만 비영어권 1위도 제법 했고, 개중 영어권 1위를 기록한 콘텐츠도 있다. 한창때에 비해서 많이 줄었다고는 하지만 디즈니플러스도 한국 콘텐츠를 구매했고, 〈무빙〉의 경우에는 세계적 주목을 받기도 했다. 영화이긴 하지만 〈기생충〉이 아카데미 작품상을 수상하기도 했으니 대단하긴 하다. 그러나 가치와 의미라는 관점으로 세계에서도 통한다고 이야기할 수 있으나, 산업적으로도 한국 콘텐츠가 세계적이라고 자신 있게 이야기하기에는 보편적이지 않다. 여전히 우리는 간헐적이고, 이벤트적으로 세계에서 주목할 만한 콘텐츠가 나온다고 봐야 하지 않을까?

단적인 예가 바로 한국 콘텐츠를 구매하는 사업자가 넷플릭스나 디즈니플러스 뿐이라는 점이다. 혹자는 비키Viki나 뷰도 있다고 하겠지만, 하나는 무료이고 또 하나는 아시아 시장이 메인 시장이라는 점에서 글로벌이란 이름을 붙이긴 어설프다. 이들을 제외하고, 우리가 통상 글로벌 OTT 시장 내 사업자를 논할 때마다 나오는 HBO나 파라마운트 등은 한국 콘텐츠를 구매하지 않는다. 세계적 인기를 구가하면서도 비용은 북미 콘텐츠에 비해서 1/3~1/100의 수준인, 가성비 '철철 넘치는' 콘텐츠인데, 왜 이들 글로벌 사업자들은 한국 콘텐츠를 구매하지 않는 것일까? 넷플릭스만 꾸준히 구매를 확대하고 있을 뿐, 디즈니조차도 한국 콘텐츠를 제한적으로 구매한다. 아마존 프라임은 국내시장에 진입할 생각도 없고, 가끔 인도 콘텐츠나 일본 콘텐츠 정도만 수급해서 제공할 뿐이다. 가입자 규모 기준 아마존이 북미 최대의 OTT 사업자이고, 넷플릭스와 디즈니가 뒤를 잇고 있다는 사실을 유념한다면 한국 콘텐츠를 유독 넷플릭스만 편애하는 것을 납득하기가 어렵다.

어쩌면 시장에서는 다 알고 있는 한국 콘텐츠의 한계를 '국뽕'에 취한 우리만 모르고 있는 것은 아닌가 싶었다. 사업자별로 개별 전략이 있으니 그들의 셈법이라고 주장할 수는 있으나, 가성비 있고, 글로벌 시장에서 대다수의 사람들이 한국 콘텐츠에 환호한다면 셈법과 상관없이 구매할 이유는 분명하기 때문이다. 그게 아니라면 분명 우리 콘텐츠의 한계가 분명히 있다는 말이 된다. 이 장은 왜 글로벌 OTT들이 '한류 한류' 하는 한국 콘텐츠 구매에 적극적이지 않은지를 살펴보고자 한다. 달리 표현하면 한국 콘텐츠가 이들이 구매할 정도의 수준에 이르지 못한 것은 아닌지를 자문자답해 보는 데 그 목적을 두고 있다. 자, 그럼 시작해 보자.

시작은 '역시' 넷플릭스다. 전 세계에서 가장 많은 한국 콘텐츠를 가지고 있는 해외 사업자는 넷플릭스다. 서비스 가능 국가만 190여 개에 이른다. 사실상 전 세계를 커버하고 있는 넷플릭스 콘텐츠를 중심으로 국가 단위에서 어떤 콘텐츠가 인기를 끌고 있는지를 알아볼 수 있다. 물론 지역 차단^{Regional Block}된 콘텐츠가 있을 수 있고, 넷플릭스가 의도적으로 특정 국가에 대한 방영권만을 확보해 놓은 콘텐츠도 있을 수는 있다. 이 역시도 지역 내 해당 콘텐츠의 인기 때문이라고 볼 수 있다.

특정 지역 내 인기는 플릭스패트롤Flix Patrol을 통해 확인할 수 있다. 플릭스패트롤은 넷플릭스 등 OTT 콘텐츠의 흥행 여부를 판단하는 중요한 준거 사이트다. 실시간 방송 시장에서는 시청률이란 절대 지표 덕분에 프로그램의 흥행 여부와 광고 단가 등을 평가할 수 있지만, OTT를 포함한 VOD형 콘텐츠의 경우 흥행 여부를 판단하는 것이 쉽지 않다. 아주 단순하게 "특정 콘텐츠를 시청했다"는 것의 의미도 불명확하다. 프로그램 시작한 지 1분만 본 경우와 한 편 전체를 다 본 경우 모두 '시청했다'라는 단어를 사용할 수도 있고 아닐 수도 있는 상황이다. 초기에 넷플릭스는 프로그램의 70%를 시청하면 조회한 것으로 산정, 집계했었다. 기준이 없는 것보다는 있는 것이 그나마 올바른 것이겠지만, 70%에 대한 자의성 논쟁을 벗어나기는 어렵다.

그래서 넷플릭스는 2020년부터 시청 기준을 세분화하기 시작했다. 최소 2분 시청한 구독자를 '초기 이용자 starter'로, 70%를 시청한 구독자를 '시청자 watcher'로, 그리고 90% 이상을 시청한 구독자를 '다 본 이용자 comleter'로 정의해서 분류하고 있고, 특정 콘텐츠에 시청 여부는 2분 이상 본 사람의 수로 평가하고 있다.[120] 그러나 이 경우도 내부 자료일 뿐 우리는 넷플릭스가 제공하는 오늘의 TOP 10 정보 정도로만 흥행 여부를 판단할 수 있다.

이런 상황에서 플릭스패트롤은 완벽하지는 않지만 나름의 기준을 제시하고, 그 기준에 따라 상대적 평가가 가능하다는 점에서 의미가 있다. 플릭스패트롤은 넷플릭스가 국가별로 일간 TOP 10을 수집한다는 점에 착안해서, 이를 정량화했다. 1위는 10점, 2위는 9점식으로 점수를 부여하고, 10위는 1점을 부여한다. 11위와 100위는 모두 0점이다. 적어도 국가 단위의 흥행 평가는 가능한 지표다.

국가별 점수를 합치면 전 세계 순위가 된다. 개별 국가의 인구 규모 등이 반영되지 않았다는 단점은 있다. 반대로 인구 규모를 배제함으로써 해당 콘텐츠의 글로벌 인기 분포를 파악하는 데 도움이 된다. 절대 숫자만으로 따지면 인도 등 인구 규모가 많은 지역에서 보는 콘텐츠가 상위 순위를 점유할 가능성이 크기 때문이다.

더구나 플릭스패트롤은 '가장 많이 시청한 콘텐츠 Most Watched'를 별도 관리한다. A라는 콘텐츠를 1개 국가에서 10,000시간 시청했고, B라는 콘텐츠를 10개 국가에서 총 10,000시간 시청을 했다고 가정해 보자. 이 경우 A 콘텐츠는 A 국가에서 TOP 10에 올라갈 수 있지만, B 콘텐츠는 국가 단위에서 TOP 10에 한 번도 들지 못할 수도 있다. 그러나 시청 시간 기준으로 보면 둘 다 10,000시간을 시청한 콘텐츠다. 넷플릭스 입장에서는 특정 국가에서만 인기 있는 콘텐츠를 수급하는 것과는 별개로, 작지만 전반적으로 볼 만한 콘텐츠란 잣대로 수급을 할 수도 있다. 이 두 가지를 감안하면 한국 콘텐츠의 글로벌 인기 수준을 객관적으로 진단할 수 있다. 가장 많이 시청한 콘텐츠 중에서 상위 콘텐츠를 선정한 후, 해당 콘텐츠가 국가 단위에서 TOP 10에 얼마나 오랫동안 포함되어 있는지를 교차 분석하는 것이다.[121] 만약 가장 많이 시청한 콘텐츠에 올라가 있었으나, 특정한 두 국가에서만 TOP 10

에 올랐다면 이 콘텐츠는 전 세계 시청자가 선호하는 보편적 콘텐츠가 아니라, 특정 국가에서만 인기를 끌고 있는 콘텐츠란 분석이 가능하기 때문이다.

2023년 기준, 플릭스패트롤의 '가장 많이 시청한 콘텐츠'에는 18,212개의 콘텐츠가 등록되어 있다. 이 중 미국이 6,402편으로 총 시청 시간의 56.89%를 점유하고 있고, 한국은 1,102편으로 시간 점유율 8.30%을 기록하고 있다. 그 뒤를 영국, 일본 등이 잇고 있다. 상위 10개국의 콘텐츠가 총 시간의 90%를 점유하고 있고, 그중에서도 미국, 한국, 영국, 일본 콘텐츠가 75%를 점유하고 있다. 적어도 이 숫자만을 놓고 보면 한국 콘텐츠가 글로벌 대세 콘텐츠라는 점을 부인하긴 힘들다.

이 콘텐츠를 다시 영화와 TV 물로 나눈다. TV 물에는 다시 드라마와 코미디, 다큐멘터리 그리고 뉴스 등의 장르로 세분화한다. 이 글이 주목하고 있는 TV 물로만 한정해 보면 미국이 4,989개, 이어서 일본이 1,948개, 한국이 1,100개, UK가 1,088개의 타이틀을 제공 중이다. 총 시청 시간 점유율로 보면 미국이 39.39%로 1위를 기록하고 있고, 이어서 한국(8.22%), UK(4.75%), 그리고 일본(4.01%)이 뒤를 잇고 있다. 일본의 경우 애니메이션의 비중이 높기 때문에 총 편수에 비해서 편당 시청 시간 점유율은 낮다.

전체 콘텐츠이든 TV 물로만 한정하든 한국 콘텐츠는 편수나 시청

	국가명	보유 편수	총 시청 시간	시간 점유율	누적시간 점유율
1	US	6,402	54,923,400,000	56.89%	56.89%
2	한국	1,102	8,017,100,000	8.30%	65.20%
3	UK	1,200	5,165,300,000	5.35%	70.55%
4	일본	1,753	4,199,600,000	4.35%	74.90%
5	스페인	509	2,999,700,000	3.11%	82.15%
6	콜롬비아	83	1,960,600,000	2.03%	84.18%
7	캐나다	453	1,910,800,000	1.98%	86.16%
8	프랑스	542	1,832,700,000	1.90%	88.06%
9	멕시코	246	1,619,100,000	1.68%	89.73%
10	인디아	736	1,261,200,000	1.31%	91.04%

국가별 TV 콘텐츠의 시간 점유율

	국가명	보유 편수	총 시청 시간	시간 점유율	누적시간 점유율
1	US	4,989	72,253,700,000	39.39%	39.39%
2	한국	1,100	15,081,900,000	8.22%	47.61%
3	UK	1,088	8,710,100,000	4.75%	52.36%
4	일본	1,948	7,352,600,000	4.01%	56.37%
5	스페인	421	4,459,800,000	2.43%	58.8%
6	콜롬비아	91	3,401,000,000	1.85%	60.65%
7	캐나다	490	2,872,600,000	1.57%	62.22%
8	프랑스	313	2,517,500,000	1.37%	63.59%
9	멕시코	182	3,303,900,000	1.56%	65.15%
10	인디아	172	611,100,000	0.33%	65.48%

시간 모두 3위권 내에 든다. 단위 콘텐츠 당 시간 점유율을 평균하면 미국 TV 물은 편당 14,482,601 시청 시간을 기록하고 있는 반면 한국

TV 물은 편당 13,710,818 시청 시간을 기록했다. 편당 제작비 차이가 많이 줄었다고는 하지만 여전히 한국 TV 물의 제작 비용이 미국의 제작비용 대비 1/100~1/3 수준이라는 점을 감안하면 한국 콘텐츠의 가성비가 높다는 것을 다시 한번 확인할 수 있다. 넷플릭스가 한국 콘텐츠를 적극적으로 수급하는 것이 이해되는 반면, 디즈니나 HBO 등이 적극적으로 한국 콘텐츠를 구매하지 않는 이유가 궁금할 정도다. 기업이 합리적으로 판단한다고 한다면 저 수치가 말해주지 않는 다른 합리적 근거가 있어야 한다. 조금 더 살펴보자.

가장 많이 시청한 100대 TV 물을 보면 미국의 점유가 조금 더 높아진다. 미국이 60개 타이틀을 올렸고, 한국이 17편, 콜롬비아 8편, 일본 3편, 영국 3편 정도가 보인다. 미국에 비해서는 여전히 많이 부족하지만 여타 다른 국가 대비 압도적 우위다.

가장 많이 시청한 100대 콘텐츠

	타이틀	방영 연도	국가		타이틀	방영 연도	국가
1	The Night Agent (season 1)	2023	미국	51	Cocomelon (season 1)	2020	미국
2	Ginny&Georgia (season 2)	2021	미국	52	Extraordinary Attorney Woo	2022	한국
3	The Glory (season 1)	2022	한국	53	The Snow Girl (season 1)	2023	스페인
4	Wednesday (season 1)	2022	미국	54	Stranger Things (season 4)	2016	미국
5	Queen Charlotte: A Bridgerton Story (season 1)	2023	미국	55	The Marked Heart (season 1)	2022	콜롬비아
6	You (season 4)	2018	미국	56	Bridgerton (season 2)	2020	미국

7	La Reinadel Sur (season 3)	2011	미국	57	Little Angel (season 1)	2022	미국
8	Outer Banks (season 3)	2020	미국	58	Paw Patrol (season 5)	2013	미국
9	Ginny&Georgia (season 1)	2021	미국	59	Pasión de gavilanes (season 1)	2003	콜롬비아
10	FUBAR(season 1)	2023	미국	60	Suits(season 1)	2011	미국
11	Manifest(season 4)	2018	미국	61	Sex/Life(season 1)	2021	미국
12	Kaleidoscope (season 1)	2023	미국	62	You (season 1)	2018	미국
13	Firefly Lane (season 2)	2021	미국	63	Business Proposal (season 1)	2022	한국
14	Physical:100 (season 1)	2023	한국	64	Crash Landing on (season 1)	2019	한국
15	Crash Course in Romance (season 1)	2023	한국	65	MH370: The Plane That Disappeared (season 1)	2023	미국
16	Love is Blind (season 4)	2020	미국	66	Queenmaker (season 1)	2023	한국
17	Beef (season 1)	2023	미국	67	Vikings: Valhalla (season 1)	2022	미국
18	The Diplomat (season 1)	2023	미국	68	Breaking Bad (season 2)	2008	미국
19	Perfilfalso(season 1)	2023	콜롬비아	69	Elsilencio(season 1)	2023	스페인
20	Vikings: Valhalla (season 2)	2022	미국	70	Lockwood&Co. (season 1)	2023	영국
21	XO, Kitty(season 1)	2023	미국	71	You(season 3)	2018	미국
22	Doctor Cha (season 1)	2023	한국	72	Breaking Bad (season 5)	2008	미국
23	Shadow and Bone (season 2)	2021	미국	73	Suits (season 2)	2011	미국
24	Outer Banks (season 1)	2020	미국	74	Murdaugh Murders: A Southern Scandal (season 1)	2023	미국
25	Sweet Tooth (season 2)	2021	미국	75	Welcome to Eden (season 2)	2022	스페인
26	Perfect Match (season 1)	2023	미국	76	Breaking Bad (season 3)	2008	미국

27	Sex/Life(season 2)	2021	미국	77	Lucifer(season 3)	2016	미국
28	The Marked Heart (season 2)	2022	콜롬비아	78	Cocomelon (season 2)	2020	미국
29	The Surrogacy (season 1)	2023	멕시코	79	Café conaro mademujer (season 1)	2021	콜롬비아
30	Pablo Escobar: El Patrón del Mal (season 1)	2012	콜롬비아	80	Love to Hate You (season 1)	2023	한국
31	Never Havel Ever (season 4)	2020	미국	81	The Blacklist (season 1)	2013	미국
32	Chiquititas(season 1)	2013	브라질	82	Shadow and Bone (season 1)	2021	미국
33	Emilyin Paris (season 3)	2020	미국	83	The Unbroken Voice (season 1)	2022	콜롬비아
34	Alice in Borderland (season 2)	2020	일본	84	Designated Survivor (season 1)	2016	미국
35	Alchemy of Souls (season 1)	2022	한국	85	The Interest of Love (season 1)	2022	한국
36	Outer Banks (season 2)	2020	미국	86	Wrong Side of the Tracks (season 1)	2022	스페인
37	New Amsterdam (season 1)	2018	미국	87	Demon Slayer: Kimetsu no Yaiba	2019	일본
38	Til Money Do Us Part (season 1)	2022	콜롬비아	88	The Blacklist (season 9)	2013	미국
39	Mr.Queen (season 1)	2020	한국	89	That' 90s Show (season 1)	2023	미국
40	Manifest(season 1)	2018	미국	90	You(season 2)	2018	미국
41	Alchemy of Souls (season 2)	2022	한국	91	La Reina del Sur (season 1)	2011	미국
42	Paw Patrol (season 6)	2013	미국	92	All of Us Are Dead (season 1)	2022	한국
43	The Good Bad Mother (season 1)	2023	한국	93	New Amsterdam (season 2)	2018	미국
44	The Recruit (season 1)	2022	미국	94	Black Knight (season 1)	2023	한국
45	Bloodhounds (season 1)	2023	한국	95	Breaking Bad (season 4)	2008	미국

46	Wrong Side of the Tracks (season 2)	2022	스페인	96	Obsession (season 1)	2023	영국
47	Black Mirror (season 6)	2011	영국	97	Biz Kimden Kaçıyorduk Anne? (season 1)	2023	터키
48	Triada(season 1)	2023	스페인	98	La Reina del Sur (season 2)	2011	미국
49	The Walking Dead (season 11)	2010	미국	99	Alice in Borderland (season 1)	2020	일본
50	Bridgerton(season 1)	2020	미국	100	Cocomelon(season 3)	2020	미국

앞서 말한 대로, 이들 콘텐츠 중에서 선별한 뒤, 해당 콘텐츠가 국가별로 어느 정도 흥행했는지를 TOP 10의 지표로 살펴보자. 제일 먼저 2023년 1위를 기록한 〈나이트 에이전트The Night Agent〉이다. 짙은 색으로 갈수록 TOP 10 리스트에 오랫동안 혹은 상위에 랭크되어 있다는 것을 의미한다. 아래 그림을 보면 터키와 중동 지역에서 인기가 높고,

〈The Night Agent〉 Top 10 Countries

■ 89–202 ■ 215–316 ■ 320–429 ■ 433–539 ■ 560–656 ■ 663–678 ■ 881 ■ 1230

출처:플릭스패트롤

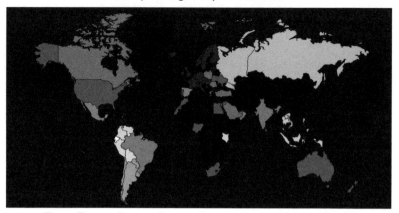

〈Ginny&Georgia〉Top 10 Countries

■9-115 ■139-243 ■267-363 ■370-486 ■510-594 ■618-727 ■732-842 ■990 ■1122-1209

출처: 플릭스패트롤

이어서 유럽, 인도, 호주, 그리고 북미, 남미 순으로 인기가 있는 것을 알 수 있다. 아시아 시장에서도 반응은 있으나 상대적으로 색깔이 옅다. 폭발적이지 않았다는 이야기다.

2위를 기록하고 있는 〈지니&조지아Ginny&Georgia〉의 경우 〈나이트 에이전트〉와는 조금 다른 패턴을 보인다. 유럽 전역, 호주, 북미가 가장 진하게 표시되어 있고, 이어서 남미, 러시아 순이다. 동남아시아에서도 보기는 하는 것 같고, 동북아시아에서는 아예 반응이 없다. 1위와 2위의 차이가 선명하다.

3위는 한국 콘텐츠인 〈더 글로리The Glory〉이다. 〈더 글로리〉의 경우 1, 2위 콘텐츠와 전혀 다른 지역 분포를 보인다. 동북아시아와 동남아시아가 7백 점 이상을 기록하고 있고, 북미와 남미, 유럽, 호주에서는 옅은 색깔이다. 1위를 기록한 〈나이트 에이전트〉와 거의 정반대의 모습을 보인다. 중동 지역에서 강한 모습을 보이는 것이 특이사항이라

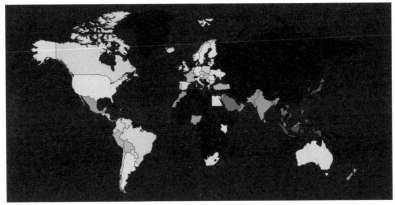

〈The Glory〉 Top 10 Countries

□ 20-124 □ 127-229 ■ 237-329 ■ 338-411 ■ 443-517 ■ 627 ■ 671-754 ■ 763 ■ 882-929 ■ 976-1070

출처: 플릭스패트롤

고 할 수 있겠다.

　일단 가장 많이 시청한 3대 콘텐츠의 국가별 소구 정도가 다르다는 것은 분명해 보인다. 영미 콘텐츠인 1, 2위 콘텐츠가 상대적으로 아시아에서 선호가 낮은 반면에, 3위인 〈더 글로리〉는 유독 동남 아시아권에서 강하다는 것을 알 수 있다. 그럼 〈더 글로리〉가 보인 이 패턴이 다른 한국 콘텐츠에서도 유사하게 보이는지 확인해 보면 한국 콘텐츠의 시장성을 조금 더 분명하게 확인할 수 있을 것이다.

　우선 100대 콘텐츠에 등록된 17편의 한국 콘텐츠 중 〈일타 스캔들 Crash Course in Romance〉, 〈닥터 차정숙 Doctor Cha〉, 〈사냥개들Bloodhounds〉, 〈이상한 변호사 우영우Extraordinary Attorney Woo〉, 〈사내맞선Business Proposal〉, 〈사랑의 불시착Crash Landing on You〉 등 6개의 국가별 인기 분포를 살펴보자. 다음 그림에서 보다시피 콘텐츠별로 상

한국 TV 드라마의 TOP 10 지역별 분포도

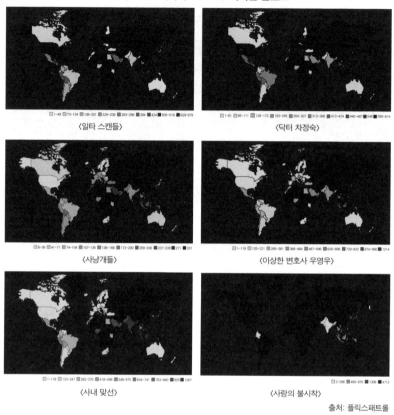

〈일타 스캔들〉

〈닥터 차정숙〉

〈사냥개들〉

〈이상한 변호사 우영우〉

〈사내 맞선〉

〈사랑의 불시착〉

출처: 플릭스패트롤

세 소구 지역이 차이가 나긴 하지만 한 가지 분명한 것은 동북아시아 와 동남아시아에서의 압도적 흥행이다. 아시아에서의 인기로 글로벌 순위가 상승한 것이다. 〈사냥개들〉과 〈이상한 변호사 우영우〉 정도가 남미에서 중간 정도의 랭킹 점수를 확보했고, 유럽과 북미에서는 반응이 없거나 초기 반응 정도만 있었던 것으로 확인할 수 있다. 〈사랑의 불시착〉은 극단적으로 일본에서의 반응이 높고 아시아 지역에서는 상대적으로 반응이 낮았다.

다음은 일본 콘텐츠를 살펴보자. 일단 시청 시간이 높았던 100대 콘텐츠에 올라온 일본 콘텐츠는 3편에 불과하다. 보편적으로 일본 콘텐츠보다는 한국 콘텐츠의 인기가 높다는 점을 확인할 수 있다. 일본 콘텐츠의 소구 지역을 살펴보면 상대적으로 북미, 유럽 등에 비해서 동남아시아 등 아시아 지역에서 인기가 높다는 점은 분명하나, 그 깊이는 한국보다 얕다는 것을 알 수 있다. 북미 시장에서의 반응은 한국 콘텐츠와 유사한 수준이고, 유럽에서의 반응은 확실히 한국보다는 강하다. 애니메이션 마니아층이 상대적으로 두텁게 자리 잡고 있다는 것을 알 수 있다. 일본 콘텐츠 중에서 최상위에 랭크된 콘텐츠는 34위에 선정된 〈아리스 인 보더랜드Alice in Borderland〉이다. 동남아시아의 강세를 제외하고도 전반적으로 전 세계에서 시청 범위가 넓다. 국가 분포도란 관점에서만 보면 3위를 차지한 〈더 글로리〉와 흡사하다. 넓이는 비슷하나, 깊이에서 차이가 있을 뿐이다.

흥미로운 건 34위의 〈아리스 인 보더랜드〉와 221위권의 〈더 데이즈The Days〉의 국가별 분포도가 거의 유사하다는 점이다. 일본 프로그

일본 TV 드라마의 TOP 10 지역별 분포도

〈아리스 인 보더랜드〉

〈더 데이즈〉

출처: 플릭스패트롤

램의 경우 국가 분포만을 놓고 보면 탈아시아 성격이 강하다. 보편적 도달 범위라는 관점으로만 접근하면 한국 콘텐츠보다도 훨씬 넓고 보편적이다. 다만 한국 콘텐츠는 특정 지역에서의 집중도와 몰입도가 높다는 차이가 있다. 이와 관련해서 조금 더 이야기를 나눌 테니, 이 내용은 기억해 두고 미국과 영국 콘텐츠로 넘어가 보자.

영미 콘텐츠는 "전 지구적"인 인기를 누린다. 〈YOU〉의 분포도를 보면 넷플릭스 제공 국가 전부에서 소비된다는 것을 분명하게 알 수 있다. 다른 영미 콘텐츠의 분포도 차이가 별로 없다. 넓고 깊다. 흥행 순위가 다를 뿐이다. 아시아 지역에서도 큰 변동 없이 일정한 순위를 보이고 있고, 북미와 유럽의 경우에는 콘텐츠 특성에 따라서 흥행 순위의 변화가 있을 뿐 기본 성적은 하고 있다. 심지어 구작의 경우에도 유사하다. 미국 내 가장 인기 있는 콘텐츠 중 하나인 〈오피스Office〉는 북미, 유럽, 호주, 그리고 아시아의 순으로 인기를 끌고 있다.

방영 당시 한국 넷플릭스를 살린 콘텐츠로 평가받고 있는 〈킹덤〉의

미국 TV 드라마의 TOP 10 지역별 분포도

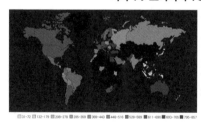

〈YOU〉

〈더 오피스〉

출처: 플릭스패트롤

경우도 2023년에는 일본과 한국에서 반복 시청이 이루어지고 있을 뿐 나머지 시장에서는 잊혀진 콘텐츠였다. 초기 방영 당시에는 홍콩, 말레이시아 등 동남아 국가에서의 유입도가 높았으나, 지속적이지 않았다. 콘텐츠의 휘발성에 대해서는 조금 더 깊은 논의가 필요하지만, 적어도 제한된 기간 동안 집중적으로 소비되는 특성이 있다는 정도로 이해하고 넘어가자.

〈가장 많이 시청한 100대 콘텐츠〉 중에서 미국, 한국, 일본의 콘텐츠 중 상위 콘텐츠의 분포와 깊이를 파악해 보았다. 콘텐츠의 특성과 유형에 따라서 미세한 차이는 있지만, 영·미 콘텐츠는 전 세계에서 보편적으로 시청하는 콘텐츠라는 것을 부인하긴 어렵다. 다만 굳이 국가별 TOP 10 순위로 선호도를 평가한다면 북미＝유럽 〉 남미 〉 아시아의 순이라는 것을 알 수 있다. 여기서 아시아라고 한다면 인도를 제외한 동남아시아, 동북아시아를 의미한다. 반면에 일본 콘텐츠는 기본적으로 동남아시아 〉 유럽 〉 북미 시장의 순으로 인기를 가지고 있지만, 선호를 가진 사람들의 반응이 폭발적이지 않고 제한적이라는

〈킹덤〉의 TOP 10 지역별 분포도

출처: 플릭스패트롤

것을 알 수 있다. 전 지구적인 마니아층이 있고, 이 마니아층이 결집된다면 지금보다 강한 인기를 누릴 수 있을 것으로 보인다. 한국 콘텐츠는 동남아시아 〉 남미 〉 유럽＝북미의 순이다. 동남아시아에서는 압도적인 지지를 받지만, 남미는 콘텐츠의 성격에 따라서 호불호가 명확하고, 유럽＝북미에서는 일부 제한적인 층에서만 소구되고 있다고 평가할 수 있을 정도로 색깔이 옅다.

이상의 콘텐츠 소구 지역 자료를 보고 난 뒤 글로벌 콘텐츠 수급자의 관점에서 어느 나라의 콘텐츠를 구매하는 것이 좋을지를 판단해 보자. 일단 북미와 유럽을 대상으로 사업을 하고 있는 사업자라고 한다면 물어볼 필요도 없이 미국과 영국 콘텐츠가 선택지다. 북미와 유럽 지역에서 아시아 콘텐츠는 가성비 차원에서도 고려 대상이 아니다. 다양성 차원에서 고려할 수 있는 수준일 뿐이다.

만약 아시아 지역을 대상으로 한다면 어떤 선택을 할까? 이 역시도 대답은 분명하다. 한국 콘텐츠가 1순위고, 2순위는 미국과 영국 콘텐츠 정도다. 만약에 남미 시장을 대상으로 콘텐츠를 수급한다면 어떤 선택을 할까? 가끔 인기를 끄는 한국 콘텐츠가 아니라 미국과 영국 콘텐츠 아닐까? 이에 대한 대답을 명확히 하기 위해서 국가별 선호 콘텐츠의 국적을 재구성해 보자.

북미 지역과 아시아 지역을 모두 공략한다고 한다면 그때는 선택을 위한 산수가 복잡해진다. 우선 비용 절감이 우선이라고 한다면 이 역시 북미 콘텐츠가 1차 선택지다. 북미 콘텐츠는 지역을 가리지 않고 소구한다는 특성을 가지고 있다. 그러나 해당 아시아 지역 국가에 로컬 서비스가 있고 해당 지역 이용자가 로컬 콘텐츠를 선호한다면 북미 콘텐츠만으로는 상대하기 어렵다. 따라서 가입자 확보를 최우선으로 삼는다면 로컬 시장을 위한 아시아 콘텐츠 수급을 우선해야 하고, 대신에 해당 수급한 아시아 콘텐츠가 북미 시장에서도 상대적으로 소화 가능하면 최선일 수 있다. 이를 조금 더 명료하게 파악할 수 있는 방법은 국가별로 선호하는 콘텐츠의 국적을 살펴보는 것이다.

먼저 남미 국가별로 선호하는 콘텐츠의 국적을 비율로 표시해 보자. 아르헨티나는 유럽과 북미 콘텐츠 선호도가 압도적이고, 브라질, 칠레도 마찬가지다. 페루가 그나마 아시아 콘텐츠를 상대적으로 더 선호하고 있을 뿐이다. 만약 동일 국가를 공략하기 위해서 콘텐츠를 선택해야 한다면 유럽과 북미 콘텐츠여야 하고, 아시아 콘텐츠는 있다면 제공할 수 있지만, 필수적이지 않다는 것을 알 수 있다. 단 페루는 전반적으로 선호가 쏠리지 않았다. 페루에서만 서비스를 한다면 북미를 최우선하되, 가성비에 따라서 아시아와 유럽 콘텐츠를 선택하

남미 국가별 선호 콘텐츠의 국적

■ Europe ■ North America ■ Latin America ■ Africa ▨ Asia □ Oceania ■ Antarctica ▨ Local

아시아 국가별 선호 콘텐츠의 국적

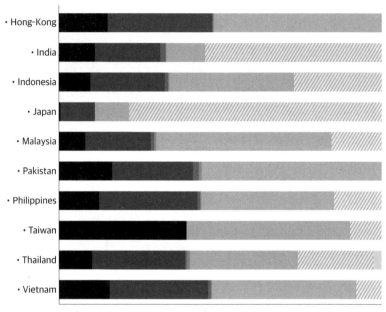

■ Europe ■ North America ■ Latin America ■ Africa ■ Asia ▨ Oceania ■ Antarctica ⁄ Local

는 것도 충분히 가능하다. 페루에는 현재 넷플릭스, 아마존 프라임 비디오가 격차를 벌리면서 1~2위의 가입자를 확보하고 있고, 이어서 디즈니플러스, HBO Max가 뒤를 따르고 있다. 로컬 사업자인 텔레포니카Telefónica가 무비스타 플레이Movistar Play라는 동영상 플랫폼을 제공하고 있으나, 가입자 규모 면에서 가장 뒤떨어졌다. 페루 단일 지역만을 대상으로 한 OTT 사업자가 없어서 결국 구매 선택은 영미 콘텐츠일 수밖에 없다.

반대로 아시아는 아시아 콘텐츠에 대한 절대적 선호를 보여주고 있다. 다만 인도는 아시아 중에서도 자국 콘텐츠 비율이 압도적으로 높

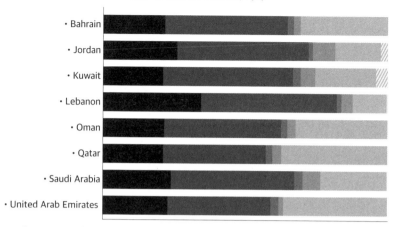

중동 국가별 선호 콘텐츠의 국적

■ Europe ■ North America ■ Latin America ■ Africa ■ Asia ░ Oceania ▨ Antarctica ▨ Local

고, 그 다음이 북미 콘텐츠라서 다른 아시아 국가와 다른 소비 행태를 보인다. 일본은 의존도가 압도적인 자국 콘텐츠를 제외하곤 북미 콘텐츠와 아시아 콘텐츠에 대한 선호가 거의 유사하다. 그 외 국가는 한국·일본 등 아시아 국가 콘텐츠 선호도가 최우선이고, 그 다음을 북미 콘텐츠가 차지할 만큼 자국 콘텐츠의 선호가 낮다. 이들 국가에서 서비스를 한다면 한중일로 대표되는 아시아 콘텐츠를 핵심으로 하면서 북미 콘텐츠를 제공하는 것이 가입자 유치에 유리해 보인다. 태국 정도만 자국 콘텐츠의 비중이 상대적으로 높을 뿐이다.

중동 국가는 또 다르다. 북미 콘텐츠 선호가 높다. 다만 바레인, 쿠웨이트, 오만, 사우디아라비아의 경우에는 유럽 콘텐츠 대비 아시아 콘텐츠의 선호도가 높다. 아랍에미리트와 카타르의 경우에는 북미 콘텐츠와 아시아 콘텐츠 선호도가 거의 비슷하다. 앞서 남미가 북미 콘텐츠 선호도가 분명하고 압도적이었다면 중동 지역에서는 국가별로 북미 콘텐츠와 유사한 수준의 선호도를 보여주고 있다.

이를 기반으로 처음 질문으로 돌아가보자. HBO를 비롯한 글로벌 OTT 사업자들은 한국 콘텐츠를 구매해야 할까?

한때 국내에 진출할 계획을 세웠다가 포기했던 맥스 HBO Max는 현재 라틴아메리카와 카리브 연안, 그리고 미국 시장에 진출[122]해 있다. 유럽이나 중동, 아프리카, 아시아 시장에는 아직 본격적인 진출을 하지 않은 상황이다. 한국 콘텐츠가 상대적으로 인기가 높은 페루 지역은 OTT 총 가입자 규모가 600만 명 정도에 불과한 상황인지라 이를 위해서 추가적으로 한국 콘텐츠를 구매하려는 움직임이 보이지는 않는다. 이런 상황에서 북미향 콘텐츠인 자사의 콘텐츠를 보유한 맥스에게 필요한 콘텐츠는 유럽 콘텐츠 정도가 최선인 셈이다. 현재 총 9,000만 명 정도의 가입자 규모를 가지고 있는 맥스는 북미 시장의 가입자가 5,600만 명 정도이고, 브라질이 약 1,000만 명의 가입자를 가지고 있을 정도로 강세를 보이고 있다. 이어서 멕시코, 스페인, 아르헨티나 순서로 500만 명 내외의 가입자를 확보하고 있다. 가입자 숫자를 보면 왜 이런 콘텐츠를 수급하고 있는지 알 수 있다.

파라마운트플러스 역시 아시아 지역에 진입할 계획은 아직 없으며, 진출한 지역은 호주와 유럽, 북미, 남미 지역 등이다. 이런 상황에서 자사 콘텐츠를 보유하고 있는 파라마운트가 콘텐츠를 수급해야 한다면 어떤 콘텐츠를 수급할까? 북미 콘텐츠인 자사의 콘텐츠가 진입 국가에서 최우선 콘텐츠라는 점은 분명하다. 그 외 유럽 혹은 진출 국가의 콘텐츠에 대한 고민은 할 법하다. 그러나 진출 국가의 특성을 감안할 때 군이 한국을 포함한 아시아 콘텐츠를 수급할 이유는 없다. 한국 콘텐츠는 가끔 해당 진입 국가의 가입자들에게 흥미를 전달할 뿐 성공 확률이 높은 콘텐츠는 아니기 때문이다. 실제로 최근에 파라마운트플러스는 티빙과의 2년간의 제휴[123]를 끝냈다. 콘텐츠 제작 협력까지 염두에 둔 전략이었지만, 아시아 시장과 한국 시장 진입을 검토하지 않는 이상 군이 공동제작을 해야 할 이유가 없다.

  그럼 글로벌 OTT 사업자 중에는 넷플릭스와 디즈니 정도만 남는다. 넷플릭스는 한국 콘텐츠를 선호할 분명한 이유가 있다. 가급적 진출 국가의 콘텐츠도 수급하지만 기왕이면 진출 국가뿐만 아니라 여타 국가에서도 선호되는 콘텐츠를 선호할 것은 분명하다. 2023년 기준 인도를 포함한 아시아 지역의 넷플릭스 가입자는 증가하고 있다. 전 세계 신규 가입자 증가분의 60%가 아시아에서 나온다. 지난 2020년 1분기에는 1,983만 명이었던 아시아 지역 유료 가입자가 2023년 3,800만 명 규모로 늘었다. 또한 매월 가입자당 평균 매출(ARPU)도 2022년 4분기 11.8달러에서 2023년 3분기 12.03달러로 늘었다. 이 중 인도, 일본, 한국, 인도네시아 순서로 가입자 규모가 크다. 이들 국가에 보편적으로 적용되는 콘텐츠는 무엇일까? 앞에서 이야기한 국가별 선호와 해당 국가의 방송 지형을 감안하면, 보유한 북미 콘텐츠에 추가로 한국 콘텐츠의 수급이 필요하다는 자연스러운 결론에 이르게 된다. 2023년 기준 넷플릭스의 한국 내 매출액은 대략 8,233억 원이다.[124] 한국 콘

2023년 콘텐츠별 시청 시간 TOP 10 (단위: 억분)

유형	수급 콘텐츠		유형	오리지널 콘텐츠	
	타이틀	시청 시간		타이틀	시청 시간
1	Suits (Netflix/Peacock)	577	1	Ted Lasso (Apple TV+)	169
2	Bluey (Disney+)	439	2	The Night Agent (Netflix)	144
3	NCIS (Netflix/Paramount+)	394	3	Ginny&Georgia (Netflix)	138
4	Grey's Anatomy (Netflix)	386	4	Virgin River (Netflix)	137
5	Cocomelon (Netflix)	363	5	Love is Blind (Netflix)	131
6	The Big Bang Theory (MAX)	278	6	Jack Ryan (Amazon Prime)	128
7	Gilmore Girls (Netflix)	252	7	Gabby's Dollhouse (Netflix)	128
8	Friends (maxillofacial)	250	8	The Mandalorian (Disney+)	123
9	Heartland (Netflix/Hulu/Peacock)	228	9	Outer Banks (Netflix)	120
10	Supernatural (Netflix)	228	10	The Lincoln Lawyer (Netflix)	118
	계	3,395		계	1,336

참고문헌: Nielsen (2024)

텐츠 투자 비용이 대략 1조 원 내외다. 한국 콘텐츠 1조 원은 단순히 한국 가입자뿐만 아니라 아시아 가입자 유치를 이끌어 내는 핵심 요소이기 때문에 손익 구조는 만들어진 셈이다.

반면에 북미 시장에서 콘텐츠 수급 비용은 갈수록 증가하고 있다. 북미에서는 콘텐츠를 보유한 OTT 사업자들이 자사 중심의 전략을 유지하고 있는 만큼 경쟁력 있는 북미 콘텐츠를 확보하기 어렵다. 이에 대응하기 위해서 적극적으로 오리지널 콘텐츠를 제작했지만, 상대적으로 북미 오리지널 콘텐츠의 성공률은 미비하다. 한국과 달리 디즈니 등이 최대 수요처인 시장에서 경쟁력 있는 콘텐츠들은 기존 관계를 가지고 있는 맥스와 디즈니를 최우선으로 생각한다. 상대적으로 넷플릭스는 남은 콘텐츠 중에서 선택해야 하는 어려움이 있다. 오히려 넷플릭스 내에서 오리지널보다 소위 구작 콘텐츠의 인기가 더 높은 현상이 반복적으로 일어나고 있다. 이런 상황에서 대안이 필요하다. 물론 여전히 북미 콘텐츠를 공급해야 하는 점은 변함이 없고, 콘텐츠 투자 비용의 최대 지출처는 북미 콘텐츠라는 점은 변함이 없다. 북미 시장의 가입자는 정체되어 있는 상황에서 아시아 가입자는 증가하고 있다. 이 경우 한국 콘텐츠는 한국과 아시아 그리고 간헐적으로 미국이나 유럽 시장에서도 반응을 보이는 콘텐츠도 나온다. 신규 콘텐츠가 등장할 때마다 비영어권 1위를 습관적으로 기록하고 있으니, 나쁜 거래는 아닌 셈이다. 가격이 오르기 때문에 한국뿐만 아니라 일본 콘텐츠에 대한 비중도 조금씩 늘리겠지만, 한국 콘텐츠를 배제하긴 현실적으로 어렵다.

그러나 디즈니는 다르다. 우선 디즈니는 전 세계에서 가장 많은 콘텐츠 투자를 하는 기업이다. 넷플릭스가 매년 콘텐츠 투자 비용을 갱신하고 있지만, 여전히 디즈니의 콘텐츠 투자 총량의 반 정도에 불과하다. 다만 넷플릭스가 단일 플랫폼에 유통하고 있는 반면, 디즈니는 라이브 스포츠와 채널 등에 필요한 콘텐츠 투자가 포함되어 있다는 차이가 있을 뿐이다. 라이브 스포츠를 제외하고 채널용 콘텐츠 등은 다시 디즈니플러스의 핵심 콘텐츠로 들어오기 때문에 OTT 관점에서만 보더라도 디즈니는 넷플릭스를 압도할 정도로 콘텐츠 투자를 하고 있다. 그러기에 디즈니는 콘텐츠 중심의 사업 구조를 짜고 펼친다. 북미 콘텐츠는 아시아 시장을 제외한 전 세계에서 가장 선호하는 콘텐츠이고, 아시아·태평양 시장에서 호주와 인도는 북미 콘텐츠가 상대적으로 우위에 있는 시장이라는 점에서 굳이 아시아 콘텐츠를 욕심낼 이유가 없다. 따라서 이들에겐 한국 자체의 점유율을 높이고, 그 외 지불 여력이 낮은 인도를 제외한 아시아 시장을 겨냥해야 하는데, 북미 시장에서의 경쟁력 회복을 최우선으로 하고 있어 상대적으로 한국 콘텐츠에 대한 수요는 적을 수밖에 없다.

한국은 분명 콘텐츠 강국이다. 그러나 이 강국의 의미는 제한적이고, 상대적이다. 전 세계 콘텐츠 시장은 북미 콘텐츠와 그 외 콘텐츠로 구분되며, 우리는 그 외 콘텐츠 시장에서만 상대적 우위를 가지고 있을 뿐이다. 비영어권 1위란 명칭은 정확히 한국 콘텐츠가 '그 외 시장에서만 강국'이라는 것을 드러내는 용어다. 콘텐츠 구매자인 OTT 사업자 입장에서 본다면 한국과 동남아시아 시장을 중요한 시장으로 생각하는 OTT 사업자만 한국 콘텐츠를 구매할 동기가 있을 뿐이다. 인벤토리를 채우는 목적이라면 매우 저렴할 경우에만 구매 동기가 생긴다. 유럽 사업자들이 한국 콘텐츠의 가성비만을 논하는 것은 다 이런 이유 때문이다. 이 부분에 대해서는 지독할 정도로 냉정하게 이해하고 있어야 한다.

1부에서 살펴본 것처럼 넷플릭스로 인한 내수 시장의 붕괴와 글로벌 OTT의 한국 콘텐츠 비구매 현상이 지속된다면 우리는 넷플릭스만을 쳐다볼 수밖에 없고, 이런 상황에서는 우리의 협상력이 낮을 수밖에 없다는 것을 다시 한번 확인할 수 있다. 이 문제를 극복하기 위해서는 한국 콘텐츠의 탈 아시아화가 필요하다. 이에 대해서는 3부에서 이야기를 나누기로 하자.

02.

위험에 처한
한국 드라마 콘텐츠

〈눈물의 여왕〉이 대박을 터트렸다. 5%의 시청률로 출발해서 최종회
에는 24.85%를 기록했다. 이전 최고 시청률 프로그램이었던 〈사랑의
불시착〉을 넘어섰다. 《타임 Time》이 한국 드라마의 전형성을 극복한
프로그램이라는 평가를 내릴 정도였다. 한국인이 좋아하는 프로그램
으로 3개월 연속 1위를 달성했다는 소식도 전해졌다. 16부작 드라마
가 석 달 연속 1위를 기록한 것은 한국 드라마 역사상 처음이라고 한
국갤럽은 덧붙였다. 근래에 보기 드문 흥행 작품이라는 것은 분명하
다. 스튜디오드래곤은 총 제작비 560억 원을 투자해서 넷플릭스 판매
대금과 tvN 편성 대가로 대략 700억 원 내외의 수익을 거둔 것으로
추정된다. 대략 25%의 수익이고, 이 정도면 콘텐츠 시장에서 제법 꽤

찮은 성적이었다. 그러나 정작 제작사 스튜디오드래곤은 흥행을 즐기지 못했다. 심지어 주가도 떨어졌다. 이쯤 되면 의심이 든다. 드라마가 진짜 돈이 되는 건 맞을까?

반면에 150억 원 남짓 들었다는 〈범죄도시 4〉는 2024년 6월 1일 현재 1,100만 명 넘는 관람객이 극장을 찾아서 대략 1,000억 원대 극장 매출을 기록했고, 제작사는 최소 제작비에 버금가는 100~140억 원 정도의 수익을 올릴 것으로 예상하고 있다. 최소 100% 수익이다. 제작 당시 이미 해외 선판매가 진행되었고, 향후 VOD 판매와 OTT 판권까지 생각해 보면 제작비의 2~3배는 거뜬해 보인다.

드라마와 영화 각 영역에서 최고의 흥행을 기록한 두 작품에 대한 경제적 평가가 엇갈리는 이유가 뭘까? 이 해답을 찾기 전에 150억 원을 투자해서 제작비의 2배를 버는 시장과 560억 원을 투자해서 25%의 수익을 올리는 상황을 이해할 필요가 있다. 투자 금액으로만 치면 드라마의 투자 리스크가 더 커졌고, 돌아오는 수익은 영화가 더 많은 기이한 상황이다. 영화 산업을 고위험 고수익 High Risk High Return 으로, 드라마 산업을 저위험 저수익 Low Risk Low Return 이라고 평가했던 그동안의 셈법을 다시 돌아봐야 하는 건 아닐까 싶다. 코로나와 넷플릭스로 상징되는 이 변화의 시기로 인해 우리가 알고 있던 두 영상 산업의 셈법이 달라진 것은 아닐까? 다시 묻자. 드라마가 영화 제작보다 수익성이 좋긴 한 걸까?

기획과 투자

영화와 드라마는 다르다. 단순히 길이^{running time}나 장르^{Genre}적 특성을 이야기하는 게 아니다. 영화는 밀실 구조의 극장에서 보고, 드라마는 개방적인 집에서 본다는 소비 공간의 차이도 있지만, OTT와 대형 TV 가 등장하면서 그 차이로 많이 무색해졌다. 다만 드라마는 시리즈물로 기획되기 때문에 각 에피소드별로 기승전결을 설계해야 하고, 영화는 단편이지만 그 길이가 에피소드보다 긴 편이라 관객들의 호흡을 고려해야 한다는 차이는 여전하다. 그래서 영화 감독이 드라마를 만들거나, 드라마 감독이 영화를 만들 때 종종 해당 콘텐츠의 문법이 달라 고생하곤 했다. 외유내강의 강혜정 대표도 보유하고 있는 IP를 시리즈로 만들어 보자는 제안에 "외유내강은 영화만을 만들던 제작사다. 상영시간 내에 서사구조를 완성하는 데 익숙하다. 다만 2시간을 뛰어넘는 이야기가 있어야 제작에 뛰어들 수 있다고 생각한다. 기술적 완성도 역시 놓치고 싶지 않다."라고 할 정도다. 물론 이 차이가 영화와 드라마의 전부를 이야기하는 건 아니다.

산업적으로 보더라도 19세기에 등장한 영화와 20세기에 등장한 TV 드라마 간에는 미세하지만 분명한 차이가 있다. 바로 제작사의 역할이다. 영화의 경우 제작사는 제작을 전담하되, 손실에 대한 책임은 없는 반면에 드라마 제작사는 제작도 전담하고 손실에 대한 책임도 져야 한다는 결정적인 차이가 있다. 다시 말하면, 영화 투자 배급사는 흥행을 책임지고, 수익을 배분하는 권리를 지닌 반면, 드라마는 방송사

영화와 드라마의 제작 단계

기획 (시나리오 개발)	투자	제작	심의	배급	유통	홍보

• 중소 제작사
• 대기업
  엔터테인먼트
	• CJ Ent
	• 롯데
	  엔터테인먼트
	• 쇼박스
	• 엔젤투자
	• NEW
		• 중소제작사	• 영상물등급
			  위원회
				• CJ Ent
				• 롯데
				  엔터테인먼트
				• 쇼박스
				• 엔젤투자
				• NEW
					• 극장
					• IPTV
					• OTT
						• 전문 홍보팀

가 투자 및 흥행의 일부만을 책임지는 구조다.

이 이야기를 조금 더 자세히 살펴보자. 영화와 드라마는 비슷한 가치사슬 구조를 가지고 있다. 기획-투자-제작-배급-유통의 단계는 거의 같다. 후공정 등에서 영화가 방송보다 정교하고, 유통의 옵션이 영화가 조금 더 많다는 정도만 차이가 날 뿐이다. 그러나 현미경을 들이대 보면 두 산업의 산업적 차이는 두드러진다.

우선 기획 단계부터 살펴보자. 규모의 차이가 있지만 큰 틀에서는 대부분 영세하다. 등록된 상업용 영화 기획사는 대략 3,000여 개가 넘지만 실제 영화 제작을 하는 기획사는 100여 개 남짓이다. 드라마 기획사도 본질적으로 이와 비슷하긴 하지만 이보다는 현저하게 숫자가 적다. 현재 국내에서 실제 드라마를 제작하는 제작사는 대략 30~50여 개로 줄어든 상황이다. 이러한 차이는 연간 제작 편수의 차이에서 비롯된다. 영화 제작사든 드라마 제작사든 시대 분위기에 맞고 관객이 동원될 수 있는 시나리오를 기반으로 배우 캐스팅 등을 사전에 기획한다는 점은 유사하다.

차이는 기획이 상업적으로 선택되는 과정부터 발생한다. 영화는 투자 배급사가 주도하는 시장이다. 원래 투자사와 배급은 확연히 분리되는 가치사슬이지만, 위험 부담을 줄이려는 다양한 노력의 결과 투자와 배급의 수직 계열화가 이루어졌다. 미국에서는 제작-투자-배급-극장까지 모두 한 사업자가 수직 계열화를 이루었으나, 반독점법에 따라 극장은 분리되어 오늘에 이르고 있다. 반면에 국내에서는 제작 외에 투자-배급-극장이 통합되어 있는 구조다.

국내 대표 극장 배급업체인 CGV, 메가박스, 롯데시네마 등은 모두 투자와 배급을 수직 계열화했고, 이 힘으로 제작 투자 시에 메인 투자사의 위치를 점할 수 있었다. 이들 투자 배급사는 좋은 기획안을 발견하면, 투자 배급사들이 GP General Partner 를 맡고, 단순 투자자들인 LP Limited Partner 를 모아서 일종의 투자 조합을 결성한다. 투자 배급사가 단독 투자를 하는 경우도 발생하긴 하지만 이런 경우는 예외적이다. 극장을 가진 투자 배급사는 극장 상영작을 선택해야 한다는 절박함이 있지만 단순 투자사에게는 재무적 투자 성과가 가시화되지 않는다면 굳이 투자를 집행할 필요가 없기 때문이다. 코로나 기간이 그랬다. 롯데는 〈콘크리트 유토피아〉를 사실상 단독 투자했었다. 75억 원 미만의 제작비를 가진 영화의 경우 모태펀드 중심의 펀드들이 형성되어 있지만, 텐트폴은 그렇지 않다는 차이도 있다. 〈범죄도시〉처럼 시리즈물이면서도 흥행 성적이 좋은 것들은 전통적인 콘텐츠 펀드나 투자사들이 아니라 단기 수익을 노린 VC들의 투자가 이루어지기도 한다.

어찌 되었든 영화는 기획안을 보고 메인 투자사가 성공 가능성을 타진한 뒤, 제작사의 예상 제작비에 맞추어 투자사인 LP를 모아 제작 여부를 결정짓는다. 여기서 제작사의 역할은 흥행할 수 있는 좋은 기획안을 만드는 것이다. 물론 흥행사업의 특성상 흥행을 장담할 수 있는 기획안을 만들 수 있는 재능은 소수에 몰려 있다. 이 때문에 투자배급사는 일종의 기획료라는 이름으로 특정 제작사에게 선지불하고 기획안을 기다리는 경우도 있다. 마치 출판계에서 인기 작가나 대형 작가에게 인세를 선지급하는 경우와 유사하다. 통상적으로 작은 제작사는 1~2억 원의 기획료를, 그리고 김한빈 감독과 같은 경우에는 20~30억 원의 기획료를 지불하기도 했다. 물론 코로나 이후에는 시장에서 기획료가 씨가 말랐다는 것이 중론이다. 아무튼 영화 제작사는 좋은 기획을 만들어서 투자자의 눈에 띄기만 하면 된다. 제작비에 해당하는 투자비를 확보하는 책임은 오롯이 메인 투자사의 몫이다.

드라마는 사뭇 다르다. 일단 배급의 첫 번째 대상을 극장이라고 한다면, 드라마의 1차 배급 대상은 전통적으로 방송국이다. 방송사를 경유하지 않고 OTT로 직행하기도 하지만 이는 전체 드라마의 약 10~20% 정도에 불과하다. 기획안이 만들어졌을 때 우선순위를 넷플릭스 등 OTT로 주긴 하지만, 여전히 드라마의 주 배급 대상은 방송국이다. 영화는 극장과 투자자가 상이한 구조인데 반해 드라마에서 방송사는 사실상 영화 사업의 메인 투자자와 비슷한 지위를 가졌다. 영화 제작사가 투자자의 눈길을 끄는 기획안을 만들어야 하듯이, 방송 제작사는 방송사의 드라마 책임자의 눈에 띌 기획안을 만들어야 한다. 드라마 제작이 방송사의 드라마 제작 책임자가 좋은 기획안이라며 편성을 확정하는 순간부터 시작되기 때문이다. 이를 위해서 방송사 문턱이 닳아 없어지도록 찾아가야 하고, 그 과정에서 편성 일정과 제작비 규모가 결정된다.

영화의 경우 메인 투자자가 결정되면 기획안의 제작비에 대한 조정은 있을망정, 총 제작비를 확보하는 것은 메인 투자자의 몫이다. 제작사는 메인 투자자의 결정에 따라 작업을 진행하기만 하면 된다. 반면에 방송 제작사는 메인 투자에 해당되는 방송사가 편성을 확정짓더라도 잔여 비용을 마련하기 위한 작업에 들어간다. 방송사가 제작비의 전부를 지불하지 않을 뿐만 아니라 소위 LP를 구성하지 않기 때문이다.

1980년대 초반까지는 제작비의 100%를 지불하되, IP를 방송국이 소유하는 형태로 진행되었다. 당시엔 IP의 부가 판권 시장이 크지 않았기에 IP 소유 여부에 대해서도 그다지 이견도 없었고, 문제 삼지도 않았다. 1990년대부터는 작지만 해외 판권 시장이 열리기 시작했다. 교포를 대상으로 한 비디오 테이프 판매 시장과 국내 드라마를 해외에 판매하는 거래 시장이 열린 것이다. 그리고 일종의 간접광고라고 할 수 있는 PPL 시장이 열린 것도 1990년대이다. 이때부터 방송사는 제작비의 전부를 지불하지 않았다. 통상적으로 제작비의 70~80% 정도만을 제작사에게 지불하고, 나머지 잔여 제작비는 제작사가 해외 판권 판매나 PPL 등을 통해서 확보하는 구조로 바뀌었다.

방송 제작사는 제작비의 불확실성을 해소해야 했다. 해외 판권이나 PPL은 초기 방영 시청률에 결정되는 경우가 많기 때문에 제작비를 사전에 확보할 수가 없는 경우가 허다했다. 그나마 1990년대와 2000년대 초반까지는 PPL 등이 제작비를 확보할 수 있는 창구로서 기능을 했지만, 최근 들어서는 규모가 줄어들었다. 사전 제작 시스템이 작동하면서 시청률과 연동되지 못하는 상황이라서 광고주도 PPL 투자에 신중해졌다. 동시 제작 시스템에서는 시청률이 좋으면 후반 에피소드에서 PPL을 늘리고 가격도 높일 수 있지만, 사전 제작 시스템에서는 불확실한 시청률을 두고 PPL을 책정해야 하기 때문에 광고주 입장에서는 평균적인 가격을 책정할 수밖에 없기 때문이다. 영화는 투자자가 어찌 되었던 제작비를 모두 부담하는 구조로 진행되는 반면에, 드라마 제작사는 제작비의 일부를 확보한 뒤, 추가적으로 나머지를 확보해야 하는 어음 시장의 성격이 되었다.

넷플릭스 등장 이후 방송 시장의 제작비 구조가 바뀌었다. 영화는 여전히 투자 배급사가 투자를 전액 담당하는 구조에서 바뀐 것이 없다. 극장 문이 닫히면서 투자 배급사가 투자비를 회수하기 위해서 극장 대신에 OTT를 선택했다는 정도의 차이만 있을 뿐이다. 이 경우 투자 배급사는 제작비 외에 1~20% 내외의 수익을 확보할 수 있을 뿐 예전과 같은 대박 흥행은 예상할 수가 없었다. 수익은 다시 제작사 및 LP들과 나눠야 한다는 점에서 손실을 보지 않았다는 것만으로 만족해야 했다.

반면에 드라마 시장은 수익을 확보할 수 있는 방법이 다양해졌다. 과거와 같이 방송사에 납품하는 구조, 방송사와 넷플릭스 동시 납품하는 구조, 넷플릭스 오리지널 콘텐츠로 판매하는 구조, 그리고 방송사는 물론이고 여러 OTT에 판매하는 옵션이 주어진 것이다. 그 어느 경우든 제작비를 보전할 수 있는 기회가 커졌다. 다만 가능성이 좀 줄어들었을 뿐인 영화와 달리 여전히 제작비를 충당하지 못하는 상황이 발생할 여지는 있었다.

넷플릭스 오리지널은 쉽게 이야기하면 주문자상표부착[OEM] 형태로 콘텐츠를 구매하는 것이다. 넷플릭스는 총 제작비에 1~20%를 더해주는 선에서 구매 단가를 정해 콘텐츠를 구매하는 것이고, 이 때문에 당연히 IP는 넷플릭스 소유가 된다. 엄연한 계약인 관계로 계약 조항에 따라 IP를 제작사가 보유할 수도 있겠으나, 넷플릭스가 이를 허용하지 않기 때문에 현재까지 넷플릭스 오리지널은 IP 권한이 넷플릭스에게 넘겨지고 있다. 제작사는 IP로 인한 미래 수익의 가능성을 포기해야 한다는 단점이 있긴 하지만, 손해를 보지 않고 안정적인 수익을 확보할 수 있다는 장점이 있다. 물론 〈오징어 게임〉처럼 엄청난 흥행을 기록하고 나면 IP를 보유하지 않은 것에 대해서 아쉬움이 남겠지만, 확률적으로 본다면 제작비와 약간의 이익을 수혜하는 게 현명할 수도 있다.

앞서 설명한 대로 방송사는 IP를 보유하는 경우에도 제작비의 전부를 지불하지 않았던 반면에 넷플릭스는 IP를 보유하되, 제작비와 이윤을 보장해주었기 때문에 제작사는 넷플릭스를 선호할 수밖에 없었다. 제작사의 넷플릭스 오리지널 선호가 늘어나는 통에 초기에는 1년 안에 투자 결정이 이루어졌지만, 최근에는 넷플릭스의 콘텐츠 투자 결정이 2~3년으로 늘어났고, 1차 의사 결정을 받더라도 지속적인 시나리오 수정 등 협의 과정이 늘어났다. 이 기간 동안의 비용을 감당할 수 없는 사업자는 다시 방송사로 눈길을 돌려야 했다. 넷플릭스는 오리지널 콘텐츠를 연간 10여 편 내외만 만들기 때문에 제작사 입장에서는 여기에 올인할 수가 없었다. 결국 넷플릭스 오리지널 콘텐츠는 대형 콘텐츠 사업자와 일부 파트너 사업자의 몫이 되었다.

1부에서 살펴본 것처럼 넷플릭스 등장 이후에 방송사의 수익성이 악화되면서 방송사의 선택을 받는 것도 더 어려워졌다. 넷플릭스 등

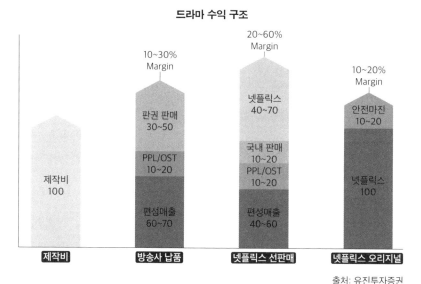

드라마 수익 구조

출처: 유진투자증권

드라마 제작사의 수익 구조 변화

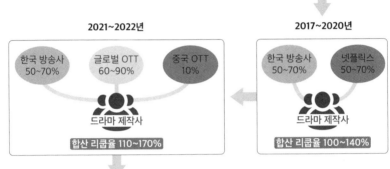

2014년 이전

한정된 편성 슬랏
(지상파 3사)

방송사

다수의 드라마 공급자
(당시 약 40개 제작사)

제작사

GPM 약 10%

2015~2016년

한국 방송사
50~70%

중국 OTT
50~70%

드라마 제작사

합산 리쿱율 100~140%

2021~2022년

한국 방송사
50~70%

글로벌 OTT
60~90%

중국 OTT
10%

드라마 제작사

합산 리쿱율 110~170%

2017~2020년

한국 방송사
50~70%

넷플릭스
50~70%

드라마 제작사

합산 리쿱율 100~140%

2023년 이후

한국 방송사
2~40%

넷플릭스 등
글로벌 OTT
30~50%

지역 로컬 OTT
5~10%

제작사

합산 리쿱율 55~100% + α

*<눈물의 여왕> 넷플릭스가
방영권료 80% 지불,
<백설공주에게 죽음을>
MBC 방영권 제작비의 20% 수준

출처: 하나금융투자, 저자 추가

OTT들이 보편화되면서 실시간 시청률이 급감하기 시작했다. ENA
와 같은 신생 채널의 등장으로 실시간 사이에서도 경쟁이 치열해졌
고, 시청률은 더욱 빠지게 되었다. 반면에 편당 제작비는 증가해 최대
광고 수익 규모를 넘어섰다. 16부작 지상파 주 시청 시간대 기준 최

대 광고 수익은 150억 원 내외다. 편당 제작비가 10억 원을 넘는 순간 광고 수익만으로 제작비를 감당할 수 없게 된다. 흥행을 예상할 수 없는 시장의 특성을 감안할 때 방송사가 적자를 보지 않고 지불할 수 있는 제작비는 대략 70~80억 원대 내외가 된다. 하지만 현실적으로 70~80억 원대 내외의 제작비라면 드라마 경쟁에서 시청자의 눈높이를 맞추기가 쉽지 않다. 최근에 인기를 끈 〈선재 업고 튀어〉의 경우엔 상대적으로 지명도가 낮은 배우들로 구성했음에도 불구하고 제작비는 150억 원에 이르렀다. 이제는 방송사가 IP를 보유하되, 제작비의 70~80%를 지불하는 구조 자체가 힘들어지기 시작했다.

그 대신에 등장한 것이 소위 하이브리드 방식이다. 방송사와 OTT에 모두 라이선스 형태로 납품하는 구조다. 방송사는 IP를 포기하되, 상대적으로 저렴한 방영권만을 취하고, OTT 역시 방송과 동시 방영하되, 해외 판권만을 가지는 경우다. 이 경우에도 해외 판권에 대한 독점권을 유지하는 경우와 독점권을 유지하지 않는 경우로 나누어진다. 그렇다 하더라도, 제작비와 수익을 보전하기 위해서 가장 최적의 조합을 찾는 몫은 온전히 드라마 제작사의 몫이다. 흥행될 만한 기획만 하면 되는 영화 제작사와 달리 드라마 제작사는 바뀐 시장 환경에 맞추어 수익을 최적해야 할 몫까지 짊어지고 가야 하는 것이다. 그러나 이렇게라도 해서 제작비를 보전할 수 있다면 다행이다. 최근에는 제작비를 보전할 수 있는 기존의 문법조차도 흔들리면서 그나마 안정성도 위협받기 시작했다.

방송사가 IP 혹은 방영권을 대가로 일부 금액만을 지불하더라도 드라마 제작사가 이를 수용한 것은 방송 편성이 확정되었다는 믿음 때문이었다. 여기서 계약이 아니라 '믿음'이란 단어를 쓴 것은 편성 확정이 계약이 아니라 일종의 암묵적 합의 수준이었기 때문이었다. 드라마 기획안에 대한 편성 여부를 논의하는 시점은 통상 최종 방영일 대비 1~2년 전이다. 이 때문에 명확하게 '몇 월 며칠'에 편성한다는 식의 확증을 주지는 않았다. 대신에 몇 년도 봄 편성이 유력하다는 식으로 협의를 했었다. 다만 시장의 변동성이 작았을 때는 이런 식의 협의가 큰 문제 없이 진행되었기에 사실상 계약이 되었다고 판단하고 제작사는 캐스팅 작업 및 사전 제작에 들어가고는 했었다.

그런데 방영 여부를 결정하던 드라마 제작 책임자의 권력이 흔들리기 시작했다. 예전처럼 드라마 제작 책임자가 단독으로 의사 결정을 하는 구조가 바뀌기 시작한 것이다. 드라마 제작 책임자가 OK 사인을 했을 때와 편성되는 시점 사이의 틈을 넷플릭스로 인한 변화가 파고들었다. 광고 수익을 확보할 때 OK 사인한 시점과 편성되는 시점 간의 금액은 간극이 크다. 기존에는 드라마 제작 책임자의 승인 자체가 방영권을 의미하는 것이었지만, 수익성을 맞추는 게 힘들어지자 의사 결정이 복잡해졌다. 어떤 때는 실무진에서 쉽게, 또 어떤 때는 편성부와 제작부의 이견을 좁히지 못해서 사장급에서 최종 의사 결정을 하는 사례도 발생하기 시작했다. 편성 결정 과정이 더 복잡해진 것이다.

이 과정에서 드라마 제작 책임자가 구두로 암묵적 합의를 했던 편성이 취소되는 상황이 발생했다. 2024년 7월 현재 편성이 취소되어 오갈 데 없는 드라마가 대략 90~120편 사이라고 업계는 추산하고 있다. 이 와중에 방송사는 방영권만을 구매하는 조건으로 제작비의 1~20%만을 지불하는 상황도 발생했다. 울며 겨자 먹기로 일부 제작사는 이 조건으로 방영권 계약을 해야 했다. 방송사 편성을 무기로 OTT 등과 협상을 할 수 있다고 보았기 때문이다. 그러나 그 역시도 쉽지 않다. 〈백설공주에게 죽음을−Black Out〉과 〈우연일까?〉 등이 이렇게 편성된 작품들이다.

제작사 입장에서는 방송사가 방영권만을 구매하기 시작하면서 상대적으로 넷플릭스 등 여타 OTT 사업자와 라이선스 계약을 맺어야만 최소한의 손익 구조를 맞출 수 있게 되었다. 과거에는 방송사와의 계약 금액과 OTT와의 계약 금액을 합치면 이익을 보장받을 수 있었다. 그러나 방송사의 방영권 가격이 급격히 하락하면서 OTT와의 라이선스 계약에 성공하더라도 이익을 장담할 수 없는 상황이 종종 발생하기 시작했다. 독점적 지위를 확보한 넷플릭스의 위상과 방송사로 가지 못한 콘텐츠가 넘쳐 나는 상황이 맞물리면서 넷플릭스도 더 이상 독점 라이선스 계약을 맺지 않고 단순 라이선스 계약을 선호하기 시작했다. 독점 계약을 맺지 않더라도 이미 보유하고 있는 독점적 지위가 유지된다는 점이 크게 작용했다. 더욱이 공급이 넘치는 시장에서 비독점 방영권 계약 금액은 내려가기 시작했다. 사실이 확인되지는 않았지만, 넷플릭스도 제작비의 1~30%를 주고 비독점 계약을 체결하기도 했다는 소문이 나오기 시작했다. 만약 이런 상황이 사실이라면 최악의 경우 방송사 및 넷플릭스와 계약을 하더라도 겨우 제작비의 50% 내외 밖에 확보할 수 없게 된다. 이미 방송사와의 편성 약속을 전제로 사전 제작을 끝낸 제작사라면 이러지도 저러지도 못하는 딜레마에 빠질 수밖에 없다. 마치 급작스럽게 한한령이 발동되어, 중국향으로 만든 콘텐츠를 팔 데가 없어 힘들어했던 그 시기가 기시감처럼 떠오른다.

과거에는 방송사와 OTT에 동시 납품 계약을 맺게 되면 성공했다고 볼 수 있었다. 영화 제작사 대비 여러 곳을 대상으로 계약해야 하는 고단함과 번거로움이 있지만, 그래도 기대해볼 만했다. 그러나 이제는 그런 단계조차도 끝났다. 명확하게 편성 여부를 확정할 수 없으면 캐스팅 등 모든 것이 꼬이기 시작한다. 넷플릭스가 선호하고 흥행이 보장될 만한 배우를 캐스팅하려면 편성이 확정되거나 제작비가 집행되어야 하는데, 편성이 불확실한 상황이 발생한 것이다. 그럼 제작사는 불확실한 미래에 기대어 유명 배우를 섭외하고 계약해야 그나마 편성 기회를 잡을 수 있는 게임이 된다. 이런 상황에서 편성이 뒤집어지는 순간이 온다면, 그 비용은 온전히 제작사가 짊어져야 한다. 영화는 투자 배급사의 선택을 받기까지가 험난하지만 일단 투자 배급사의 선택을 받는 순간 제작비와 상영이 확정되는 구조다. 반면에 드라마는 제작사가 복수의 사업자에게 선택을 받아야 하고, 이 과정에서 점점 불확실성이 커지는 게임으로 바뀌고 있다. 이런 상황에서 누가 드라마를 영화에 비해서 안정적인 사업 구조를 가지고 있다고 이야기할 수 있을까? 이런 상황이 반복된다면 드라마 시장에서 일부 사업자와 일부 배우만 살아남을 수밖에 없다. 하지만 그 경우에서조차도 다양성을 가지고 있지 못하기에 지속력이 약할 수밖에 없다는 한계를 보일 수밖에 없다.

더욱 취약해진 수익 배분

수익 배분의 관점에서도 드라마는 과거보다 훨씬 취약해졌다. 상단은 막혀 있고 하단은 열려 있다. 과거 기준으로 최상의 조건은 방송사에 방영권을, 그리고 몇 개의 OTT에 콘텐츠를 제공하는 것이다. 이 경우 통상적인 시장의 조건이었다면, 제작비 대비 최대 40% 정도의 수익을 예상해볼 수 있었다. 예를 들어 지상파나 tvN에서 방송하고, 넷플릭스와 같은 글로벌 OTT와 뷰, 유-넥스트U-NEXT와 같은 로컬 OTT에 판매가 되었다고 해보자. 여기에서 넷플릭스가 빠지고 그 자리에 라쿠텐 비키Rakuten Viki[125] 등이 들어오게 되면 수익 구조가 꼬인다. 글로벌 사업을 진행하고 있는 비키의 경우 편당 3,000~4,000만 원을 지불하고 있기 때문에 10부작으로 확보할 수 있는 수익은 4억 원 내외일 뿐이다.

유통을 최적화해서 최대 40% 이상의 수익을 확보한다고 하더라도 답답한 건 매한가지다. 그 드라마가 역사상 유래가 없을 정도인 〈오징어 게임〉급 흥행을 거두더라도 더 이상의 수익을 기대하기 힘들기 때문이다. 드라마를 제작해서 제작사가 벌 수 있는 상단은 사실상 천정이 있다는 이야기다. 반면에 최근처럼 드라마를 제작했으나 편성이 안 될 경우에는 제작비의 일부만을 건질 수밖에 없는 상황이 된다. 상대적으로 과거에는 편성이 확정되었기 때문에 이럴 가능성이 낮았지만 지금은 편성이 안 될 가능성도 높아졌다. 제작사가 IP를 보유한다고 하더라도 유통 시장 내의 현재의 구조라면 달라질 것이 별로 없다. 방송사와 제작사 간에 존재하는 재방송료^{residuals}를 OTT에 맞게 시청 시간에 맞추어 수익을 일정 정도 나누는 재상영 분배금과 같은 구조가 만들어지지 않고서는 드라마의 수익 구조는 더 악화될 수밖에 없다.

반면에 영화는 수익의 상단이 열려 있다. 일단 기획안이 나오면 메인 투자사들에게 전달되고, 메인 투자사들은 영화 제작 규모에 따라서 투자사들을 모집한다. 투자사의 선택을 받은 기획안이 제작사가 만든 것이면 사전 제작에 들어가고, 제작사가 만들지 않은 것이면 적당한 중소 제작사를 알아보는 경우가 대부분이다. 물론 확률적으로 제작사가 만든 기획안이 투자사들의 투자를 받을 가능성이 훨씬 높다. 한국은 일부를 제외하고 투자-배급-유통을 수직 계열화한 기업들이 대다수이기 때문에 투자사의 선택을 받았다는 것은 극장 배급이 가능하고, 유통까지도 가능하다는 것을 99% 이상 확정받는 셈이다. 일단 극장 수익이 발생하면 극장과 투자 배급사업자가 수익을 나누고, 투자 배급사업자가 수수료를 제외한 제작비에 도달할 때까지 투자사는 수익 배분을 유보한다. 제작비를 넘어서게 되면 그때부터 투자사는 제작사에서 수익을 배분한다.

계산상의 편이를 위해서 티켓 가격을 1만 원으로 가정하자. 1만 원은 세금을 포함한 금액이기 때문에 실질적인 티켓 가격은 9,000원 정도이다. 이 9,000원을 배급사와 극장(멀티플렉스)이 5:5로 나누면 배급사 몫은 대략 4,500원이 된다. 이 4,500원에서 10~12%에 해당하는 배급 수수료 500원 정도를 제외하면 4,000원이 남는다. 먼저 초기 관람 수익은 제작 비용에 해당하는 투자비를 다 확보할 때까지 투자사의 몫이다. 손익 분기점에 도달하게 되면 그때부터 발생하는 인당 4,000원은 투자사와 제작사가 계약 조건에 맞추어 수익 배분을 하기 시작한다. 통상적으로 투자사가 60%, 제작사가 40%를 가져가는데 투자사 몫 60%는 지분별로 나누어 가진다.

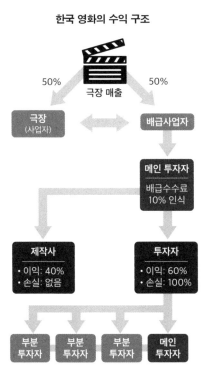

한국 영화의 수익 구조

극장 매출

50% → 극장 (사업자) ↔ 배급사업자 ← 50%

메인 투자자
배급수수료
10% 인식

제작사
• 이익: 40%
• 손실: 없음

투자자
• 이익: 60%
• 손실: 100%

부분 투자자 / 부분 투자자 / 부분 투자자 / 메인 투자자

손익 분기점에 도달하지 못할 경우 발생하는 손해는 100% 투자사들이 감당한다. 이 때문에 영화 산업은 누구의 관점에서 보느냐에 따라서 투자 안정성이 확연히 다르다. 제작사의 입장에서는 비용을 들여 만든 기획안이 투자사의 선택을 받지 못할 경우 기획 비용을 날리는 정도다. 이 때문에 기획사 간판을 내건 사업자가 3,000여 개가 넘는다. 만약 기획안이 투자사의 선택을 받게 되면 그때는 투자금으로 제작을 할 수 있다. 제작사는 손실에 대한 부담이 없고 이익에 대한 배당 권리만 있다. 기획을 고민하며 만드는 2~3년 동안 들어가야 할 비용은 나중에 투자 수익이 높게 발생하면 한순간에 상쇄된다. 이준익 감독이 40억 원이 넘는 빚을 〈왕의 남자〉 한 편으로 청산했다는 이야기는 이 동네에서 잘 알려진 이야기다.

반면에 투자-배급-유통을 수직 계열화한 투자 배급사는 선택한 기획안이 손익 분기점에 도달하지 못할 경우 손해를 볼 수 있지만, 반대로 흥행작이 나올 경우에는 한두 번에 손실을 완벽하게 바꿀 수 있는 기회가 주어지기도 한다. 예를 들어 제작비 100억 원이 들어간 영화가 1만 원의 티켓 가격으로 겨우 50만 명이 관람했다고 가정했을 때 30%를 투자한 투자 배급사인 CJ의 손익을 계산해 보자. 세금을 제외한 총 수익은 45억 원이다. 극장과 투자사는 각 22.5억 원씩 나눈다. CGV는 약 40%의 극장 점유율을 가지고 있기 때문에 극장에 배분된 수익 중 9억 원이 CGV의 몫이다. 이익이 발생하지 않았기 때문에 투자사가 확보한 22.5억 원은 그대로 투자사가 투자 지분별로 나눈다. 30%의 투자를 한 CJ의 몫은 6.75억 원이다. 결국 투자 배급사인 CJ는

30억을 투자하고 15.75억 원을 회수해서 약 50%의 손실을 보았다. 다른 투자사는 대략 75%의 손실을 보았던 것에 비해서 투자 배급사는 상대적으로 손실 규모가 적다. 이 과정 전체에서 제작사는 차기작을 제작할 기회를 박탈당할망정 이번 영화로 손해를 보지는 않았다.

정리를 해 보자. 좋은 기획안을 가진 영화 제작사는 재무적 리스크는 작고 높은 수익을 확보할 수 있는 확률 게임을 할 수 있다. 반면에 드라마 제작사는 좋은 기획안을 가지고 있어도 편성이 불확실한 상황에서 제작을 해야만 하는 구조적 한계를 가지고 있다. 제작비 리스크를 짊어져야 하고, 성공을 하더라도 수익의 규모가 닫혀 있는 사업 구조를 가지고 있다. 즉 영화 제작사는 로우 리스크Low Risk 하이 리턴High Return의 사업 구조인 반면에 드라마 제작사는 하이 리스크High Risk 로우 리턴Low Return의 사업 구조로 바뀐 셈이다.

현재 제작사의 주가는 2021년 대비 1/5로 축소되었고, 제작비는 2021년 대비 2배가 되었으며, 편성되지 못한 드라마는 100여 편에 이른다. 제작사 입장이라면 이런 상황에서 드라마가 돈을 버는 사업이라고 할 수 있을까?

3부

아시아 시장에서
아시안 시장으로
From Asia Market to Asian Market

: 한국 콘텐츠 비즈니스의 글로벌 생존 해법

"인간은 패배하도록 만들어진 것이 아니야.
파괴될 수는 있어도 패배하지는 않아."
But Man is not made for defeat.
A man can be destroyed but not defeated.

- 어니스트 헤밍웨이 (Ernest Hemingway, 1899~1961)

19세기 중반, 일본은 250년간의 쇄국 정책을 끝내고 급격한 변화의 소용돌이에 휘말렸다. 1853년 페리^{Matthew C. Perry} 제독의 군함이 에도 만(현 도쿄만)에 나타났다. 일본 안에서 가장 큰 배보다 6배나 큰 군함이 4척, 포문은 60개 그리고 군사는 967명이었다. 타르로 선체를 검게 칠한 군함을 일본인들은 '구로후네黑船'[126]라고 부르며 무서워했다. 페리는 미국 대통령의 친서를 건네며 일본의 개항을 요구했다. 멕시코와의 전쟁에서 승리한 미국은 이제 태평양을 무대로 시장을 확대하고 있었다. 결국 일본은 문을 열었다. 미국은 일본의 이권을 빼앗고 최종적으로 미국의 식민지로 만들 계획을 세웠으나, 남북전쟁이 터지면서 신경을 쓸 여력이 없어졌다. 일본은 이를 기회로 활용했다. 영국, 프랑스 등 열강의 문화를 수용했고, 자국의 강점을 살린 혁신적인 변화를 추진했다.

일본은 뛰어난 적응력과 학습 능력을 발휘하여 서구의 기술과 제도를 빠르게 흡수했다. 특히 철도 시스템의 도입은 이러한 일본의 접근 방식을 잘 보여주는 사례다. 1872년 신바시-요코하마 간 첫 철도가 개통되었을 때, 이는 단순한 영국 기술의 복사가 아니었다. 일본은 영국의 철도 기술을 기본으로 삼되, 자국의 지형과 문화에 맞게 여러 가지 개량을 가했다.

첫째, 일본의 좁은 국토와 산악 지형에 맞춰 궤간을 좁혔다. 영국의 표준 궤간이 1,435mm였던 것에 비해, 일본은 1,067mm의 협궤를 채택했다. 급격한 곡선과 경사가 많은 일본의 지형에서도 제법 잘 어울리는 철도 건설 방법이었다.

둘째, 일본은 전통적인 목조 건축 기술을 철도 역사 건설에 접목시켰다. 도쿄의 우에노 역이나 교토 역 등은 서양식 철도역의 기능성과 일본 전통 건축의 미를 절묘하게 조화시킨 대표적 사례다. 이는 단순히 기술을 도입하는 것을 넘어, 자국의 문화적 정체성을 유지하면서 근대화를 추구한 일본의 '와콘요사이^{和魂洋才}' 철학[127]을 잘 보여준다.

셋째, 일본은 철도 운영 시스템에도 자국의 문화를 반영했다. 예를 들어, 영국에서는 보편화되지 않았던 열차 내 도시락 판매 서비스^{駅弁:} ^{에키벤}[128]를 도입했다. 이는 일본의 식문화를 철도 서비스에 접목한 혁신적인 시도였으며, 후에 일본 철도 문화의 상징이 되었다.

이러한 세심한 조정과 혁신을 통해, 일본은 자국의 상황에 가장 적합한 철도 시스템을 구축할 수 있었다. 그 결과 1872년 첫 개통 이후 불과 30년 만에 일본 전역에 5,000km가 넘는 철도망을 구축했고, 이는 일본의 근대화와 산업화를 가속시키는 핵심 인프라가 되었다. 이러한 접근 방식은 철도에만 국한되지 않았다. 일본은 법률 체계, 교육 제도, 군사 시스템 등 다양한 분야에서 서구의 선진 시스템을 도입하면서도 항상 자국의 상황과 문화에 맞게 개량했다. 예를 들면, 프랑스의 법률 체계를 기본으로 삼되 일본의 전통적 가족 제도를 반영한 민법을 제정했고, 독일의 군사 체계를 도입하면서도 사무라이 정신을

군 윤리의 핵심으로 삼았다.

　와콘요사이 철학은 이러한 변화의 핵심이었다. 일본 고유의 문화와 정신을 서구의 기술과 융합한 이 접근법은 곧 일본 산업의 특징이 되었다. 도요타의 '카이젠改善' 철학[129]이 대표적인 예다. 서구의 대량생산 시스템을 도입하면서도, 일본 특유의 지속적 개선 문화를 접목시켜 세계적인 경쟁력을 갖추게 된 것이다. 장인 정신으로 대표되는 세부에 대한 집착과 품질 중시 문화는 서구 기술과 결합하여 일본 제품의 뛰어난 경쟁력으로 이어졌다. 메이지 시대에 설립된 세이코Seiko[130]도 이러한 정신을 잘 보여준다. 전통 시계 제작 기술에 서구의 정밀 기계 기술을 접목해, 20세기 중반에는 세계적인 시계 브랜드로 성장했다. 정부 주도의 체계적인 산업화 정책과 전 국민의 협력은 이러한 변화를 가속화했다. 1870년대 정부 주도로 시작된 '식산흥업' 정책[131]은 근대 산업의 기반을 닦았고, 이는 후에 민간 기업들의 성장으로 이어졌다. 미쓰비시三菱, 스미토모住友 같은 재벌 그룹의 탄생은 이러한 정책의 결과물이었다. 결과적으로 일본은 불과 50년 만에 아시아의 강대국으로 부상했다. 1905년 러일전쟁에서의 승리는 일본이 서구 열강과 어깨를 나란히 하게 되었음을 전 세계에 알리는 사건이었다. 외부의 충격을 새로운 도약의 기회로 삼는 데 성공한 것이다. 이 일본의 사례는 한 세기 후, 비즈니스 세계에서 애플이 보여준 혁신과 맥을 같이 한다.

　1997년, 애플은 파산 직전에 놓여 있었다. 마이크로소프트의 윈도

즈와 인텔 프로세서를 탑재한 PC들이 시장을 장악한 가운데, 애플의 매킨토시는 고작 2.7%의 시장 점유율을 기록하며 존폐의 기로에 섰다. 그러나 애플은 일본이 그랬듯이, 이 위기를 새로운 기회로 전환했다. 스티브 잡스Steve Jobs는 복귀한 후, 애플의 핵심 강점인 혁신적 디자인과 뛰어난 사용자 경험에 집중했다. 1998년 출시된 아이맥iMac은 이러한 변화의 신호탄이었다. 반투명하면서도 컬러풀한 본체로 컴퓨터를 하나의 패션 아이템으로 만든 이 제품은, 기술과 예술의 융합이라는 애플의 새로운 방향성을 보여주었다. 애플은 기존 PC 시장의 규칙을 따르는 대신, 전혀 새로운 제품 카테고리를 창조했다. 2001년 출시된 아이팟iPod은 음악 산업의 패러다임을 바꾸었다. 휴대용 음악 플레이어와 iTunes 스토어의 결합은 음원 시장의 판도를 완전히 뒤바꾸었다. 2007년의 아이폰iPhone은 더 큰 혁명을 일으켰다. 이 제품은 단순한 휴대전화가 아닌, 모바일 컴퓨팅의 새 시대를 열었다.

애플의 'Think Different' 철학은 일본의 '와콘요사이'와 맥을 같이한다. 두 경우 모두 외부의 변화를 수동적으로 받아들이는 대신, 자신들의 고유한 강점을 바탕으로 새로운 가치를 창출해 냈다. 애플은 하드웨어, 소프트웨어, 서비스를 아우르는 통합된 생태계를 구축했고, 이는 강력한 브랜드 가치로 이어졌다. 2011년 시가총액 기준 세계 최대 기업이 된 애플은 단순히 성공한 기업이 아니라 혁신의 승리였다.

오늘날 한국의 콘텐츠 산업은 일본과 애플이 직면했던 것과 유사한 상황에 직면해 있다. 넷플릭스라는 거인이 만들어 놓은 판에서 우리는 어떻게 경쟁해야 할까? 일본과 애플의 사례는 우리에게 중요한 교훈을 준다. 우리의 제작 역량을 극대화할 수 있는 전략을 구사하라고.

01

확인된 수준,
주어진 기회

넷플릭스 시대를 지나오면서 우리에게 명확해진 것들이 있다. 우리의 장점과 한계가 분명해졌고, 불가능했던 것들이 가능해질 수 있는 상황이 도래했다. 어떤 이들은 그게 무슨 기회냐고 하겠지만, 최악의 산업 환경이라서 열리는 기회도 있다. 여전히 아시아 중심적이라는 한계를 극복해야 한다는 것을 인지하고, 드라마 제작이 과거 대비 훨씬 위험 요소가 많다는 것을 이해한 뒤에는 '최악'이란 현실 속에서 도약하고 성장할 수 있는 기회 요소들을 찾아내고 활용해야 한다.

우리의 근원적 장점이자, 향후 앞으로 뻗어나갈 첫 번째 기회 요소는 바로 우리의 콘텐츠 제작 역량이다.

글로벌시장에 각인된 한국의 콘텐츠 제작 역량

1996년 헌법재판소는 사실상 검열에 준하는 영화 사전 심의가 헌법에 위배된다고 판결했다. 1999년 〈쉬리〉는 대한민국 영화 역사를 새로 썼다는 평가를 받는 영화다. 사전 검열 행위가 사라졌기 때문에 남북 관계를 소재로 한 영화가 등장할 수 있었다. 극장이란 무대 위에서 감독들은 자신의 상상력을 마음껏 펼칠 수 있었고, 덕분에 한국은 자국 영화의 지배력이 높은 몇 안 되는 시장으로 성장할 수 있게 되었다.

2016년 등장한 넷플릭스는 상상력을 제약하던 방송 시장의 마지막 봉인을 풀었다. 넷플릭스는 인터넷 기반의 OTT 사업자라는 사업적 특성을 물씬 활용해서 방송 사업을 움켜쥐고 흔들었던 단단한 방송 규제를 무력화했다. 기존 산업의 지속을 위해서 갖춰진 형식을 파괴했고, 지나치게 엄격해서 현실과 동떨어진 내용 규제도 무용지물로 만들었다. 지상파와 케이블은 수익 모델인 광고 시간을 확보하고 예측성을 부여하기 위해서 방송 시간을 엄격히 유지했다. 프로그램 유형과 매체에 따라서 미세 조정이 필요하지만 법으로 시간당 방송광고 편성 비율이 정해져 있고, 프로그램의 길이에 따라서 중간 광고 편성 여부가 결정되기 때문이다. 또한 기존 방송 사업의 수익 구조상 특정 프로그램의 구매 비용을 보전하기 위해 최소한의 제작 편수가 확보되어야 했다. 이런 형식적 틀은 구독 서비스인 넷플릭스 앞에서 속절없이 무너졌다. 5~6회 분량의 콘텐츠가 등장했고, 30분 분량의 콘텐츠에서부터 60분 분량의 콘텐츠까지 제작자가 마음대로 제작할 수 있게 되었다. 디즈니플러스의 〈폭군〉과 같이 원래 영화로 제작되었던 콘텐츠를 4~6부작의 시리즈물로 손쉽게 변용하는 것도 가능해졌다.

　내용 역시 훨씬 자유로워졌다. 방송에서는 흡연이나 정식으로 협찬받지 않은 브랜드의 로고 등을 노출해서는 안 되고, 순화된 표현을 써야 했다. 세상에 둘도 없는 악마 같은 놈도 방송에서는 '개새끼' 정도만 말할 수 있는 '순둥이'가 되어야 했다. 방송 규제를 하지 않는 넷플릭스에서는 그럴 필요가 없었다. 과감한 노출과 금기시했던 표현을 아무렇지 않게 할 수 있었다. 이뿐만이 아니다. 규모의 경제가 작동되면서 이전에는 만들기 힘들었던 장르들이 속출했다. 작은 국내시장의 규모로는 감당할 수 없었던 소수 취향의 니치 콘텐츠Niche Content가 아시아 단위, 글로벌 단위로 확대되니, 웬만한 국내 대중 지향의 고객 규모를 확보할 수 있게 된 것이다. 상상력의 봉인이 해제되자 전 세계에서 볼 수 없었던 다양한 내용의 콘텐츠들이 등장하기 시작했다. 한국 영상 콘텐츠의 르네상스가 새롭게 시작된 것이다.

　봉인 해제는 성과로 이어졌다. 넷플릭스를 통해 한국 콘텐츠의 제작 역량이 세계적 수준이라는 것이 확인되었다. 소재의 다양성이 부족한 중국 콘텐츠, 창의성과 다양성은 있지만 폐쇄 구조로 인해서 애니메이션에서만 주목을 받고 있는 일본 콘텐츠, 조금씩 신흥 시장의 면모를 보이기는 하지만 아직은 로컬에 머물고 있는 태국을 비롯한 동남아시아 콘텐츠 등 아시아 국가의 콘텐츠는 대부분 글로벌시장에서 니치 콘텐츠 이상의 주목을 받지 못했다. 이런 상황에서 유일하게 한국 영상 콘텐츠는 아시아라는 명확한 지리적 시장 기반 위에서 글로벌시장까지도 일정 정도 통할 수 있다는 가능성을 가진 콘텐츠라는 것을 세계가 인정했다. 자막에 익숙한 비영어권 시장에서는 빈번하게 비영어권 1위를 기록할 정도고, 간헐적이지만 영어권에서도 관심을 가지는 콘텐츠를 제공할 수 있는 국가는 한국 외에 거의 없는 실정이다. 로맨스에도 서사를 담아내는 등 복합장르적 성격을 가지고 있는 한국 콘텐츠의 역량에 대한 의심은 더 이상 존재하지 않는다. 《포브스Forbes》[132]는 "K-드라마의 성공은 단순한 트렌드를 넘어 글로벌 엔터테인먼트 산업의 판도를 바꾸고 있다"라고 했고, 《버라이어티Variety》[133]도 "한국 드라마는 로맨스에서 스릴러, SF까지 다양한 장르를 아우르며 글로벌 콘텐츠 시장에서 강력한 영향력을 발휘하고 있다"라고 높이 평가했다.

이전까지 한국은 동북아시아 시장에 갇혀 있었던 영상 콘텐츠 변방이었다. 자국 영화의 점유율이 해외 영화를 압도하는 시장이었고, 해외 방송물보다는 자국 방송물의 인기가 압도적이었지만, 글로벌시장에서만큼은 주도 국가라고 보긴 힘들었다. 영화는 해외시장 매출액이 전체 매출액의 2~3%에 불과할 정도로 글로벌 상업 영화 시장에서 존재감이 거의 없었고, 방송의 경우에도 품질보다는 가성비 관점에서 괜찮은 콘텐츠였을 뿐이었다. 음악 시장이 유튜브와 스트리밍 시장을 통해 글로벌 노출이 되면서 세계적인 수준으로 도약할 수 있었던 것처럼 영상 콘텐츠도 넷플릭스와 같은 글로벌 플랫폼을 통해서 전 세계에 한국 콘텐츠의 제작 역량이 얼마나 우수한지를 알릴 수 있었다. 제작비 상승으로 국내 영상 콘텐츠 시장의 존망이 위태롭다는 평가를 받는 것도 사실이지만, 역설적으로 〈오징어 게임 2〉처럼 1천억 원대 영상 콘텐츠를 제작할 수 있는 기회를 얻는 국가는 영미를 제외하고는 거의 없다는 사실에서도 알 수 있다.

물론 여전히 가야 할 길은 멀다. 여전히 영상 시장의 주류 무대라고 할 수 있는 북미와 유럽 시장에서 한국 영상 콘텐츠는 새로운 자극일 뿐 보편적 주류로 평가받지는 못한다. 다만 라틴계 콘텐츠에 준하는 정도의 완성도는 확보했다. 넷플릭스 등 글로벌 OTT 덕분에 한국이 적어도 북미 콘텐츠를 제외하고는 최고의 '때깔'을 갖추고 있을 뿐만 아니라 글로벌 눈높이에 맞는 콘텐츠를 제작할 수 있는 역량을 보유하고 있다는 점은 세계 미디어 업계도 동의하고 있다. 〈포청천〉이 인기를 얻었다고 대만 작품에 대한 선호가 높아진 것이 아니듯이 몇 편의 작품이 글로벌 인기를 끌었다고 해서 한국 콘텐츠가 보편적 글로벌 콘텐츠 상품이라고 말할 수 없다. 다만 이제는 최소한 일상적인 평가의 대상으로 부상했다는 것만큼은 분명하다. 아시아 시장에서 이 정도의 제작 역량을 보유한 나라는 한국이 유일하고, 글로벌시장에서 각인된 사업자도 한국이 유일하다.

한국 축구가 2002 월드컵을 통해 글로벌 축구 시장에서 주도 국가가 될 수 있다는 가능성을 보여주었던 것처럼, 김연아가 한국인도 피겨 스케이트에서 최고가 될 수 있다는 것을 보여준 것처럼, 박세리가 골프는 서양인만의 것이 아니라는 것을 보여준 것처럼 한국 드라마도 월드클래스가 될 수 있다는 것을 보여준 것만은 엄연한 사실이다. 4강 축구의 신화를 보고 자란 한국 축구 선수가 프리미어 리그에 진출했고, 김연아 키즈와 박세리 키즈가 등장해 세계시장에서 주연을 하는 것처럼 넷플릭스에서 방영한 〈오징어 게임〉은 우리의 창작자들에게 산업적 한계는 분명히 있지만, 그럼에도 불구하고 세계 시장에 도전하는 것이 가능하다는 것을 확인시켜 주었다. 한번 무너진 벽은 더 이상 장벽이 아니다. 나도 넘을 수 있다는 희망과 욕망을 불러일으켰다. 그렇다면 이제는 품질에 대한 우려는 지우고, 우리가 가진 제작 역량을 극대화할 수 있는 방법에 대해서만 고민하면 된다.

폐허된 시장의 새로운 기회, IP 보유 가능성

넷플릭스로 인해서 우리 영상 콘텐츠가 세계적 수준이라는 것을 확인한 것이 첫 번째 자산이라고 한다면, 넷플릭스로 인해서 폐허가 된 영상 콘텐츠 세상이기에 IP를 보유할 가능성이 높아졌다는 것은 두 번째 기회 요소다. 넷플릭스는 국내 영상 산업의 약한 고리를 파고들었다. 제작비 전부를 지불하지 않으면서도 IP를 소유했던 방송사들과는 달리 넷플릭스는 제작비 전액과 약간의 수익을 덧붙여 주는 '호혜'를 베풀면서 IP를 전유할 수 있었다. 제작사 입장에서는 안정적인 제작비를 확보할 수 있다는 점에 안도했다. 그러나 넷플릭스처럼 글로벌 시장에서 유통되는 콘텐츠의 IP가 어떤 의미인지를 채 알아채기 전이었다. 전유된 콘텐츠로는 글로벌 흥행이 되더라도 부가 수익을 만들

수 없다는 것을 나중에서야 확인하고 울분을 토해야 했다. 이 때문에 결과적으로 도박보다 더 심한 흥행 시장인 영상 콘텐츠 시장에서 제작사가 확보할 수 있는 수익의 상단$^{Top Line}$은 정해져버렸다. 우리가 만든 콘텐츠가 세상에 통할 수 있다는 자신감과 역량을 확인했지만, 그 역량을 제대로 수익화하지 못한다는 현실 또한 확인했다. IP를 확보하면 그만 아니냐고 하지만, 넷플릭스는 그 틈을 허용하지 않았다. 하지만 넷플릭스가 국내시장에서 최상위 포식자가 되면서, 수익 구조의 단단한 벽에 균열이 일어나기 시작했다. 과거에는 자본이 있어도 불가능했던 일이 이제는 자본만 확보할 수 있다면 꽉 막힌 수익 구조의 상단을 돌파할 수 있는 길이 열린 것이다.

물론 좋지 않은 상황에서 발생한 불가피한 선택이었다. 국내외를 통틀어서 넷플릭스는 압도적 1위를 기록했다. 2024년 4월 기준 넷플릭스의 글로벌 가입자는 2억 3,000만 명, 디즈니플러스는 1억 5,000만 명, 아마존 프라임 비디오는 2억 명, HBO Max는 7,000만 명, 훌루와 애플TV플러스는 각각 약 4,000만 명 정도이다. 국내시장에서는 공식적으로 가입자 규모를 파악하는 것이 쉽지 않다. MAU 기준에 따르면 넷플릭스는 약 1,100만 명, 티빙 500~700만 명, 웨이브 400만 명 정도이고, 디즈니플러스는 300만 명 미만으로 추정된다. 업계에서는 넷플릭스가 약 600만 명, 티빙이 약 400만 명, 웨이브는 약 200만 명 정도의 가입자를 보유하고 있는 것으로 추정한다. 이용 행태를 보면 대부분 넷플릭스를 최우선 순위로 선택하고, 나머지 OTT는 그때 그때의 콘텐츠에 따라서 취사선택을 하는 행위가 반복적으로 일어나고 있다. 더구나 시장은 글로벌 OTT 사업자와 국내용 OTT 사업자로 명확히 구분되는 현상이 공고화되고 있다.

이런 상황에서 넷플릭스는 오리지널 콘텐츠의 비중을 줄일 뿐만 아니라, 독점 유통권의 비중도 줄이기 시작했다. 콘텐츠 사업자가 넷플릭스와 디즈니플러스에 동시 판매했다고 하더라도 압도적 점유율을 가지고 있는 넷플릭스가 사실상 독점 공급에 준하는 지위를 차지하기 때문이다. 이런 상황에서 굳이 독점 권리의 대가로 더 많은 구매 대금을 지불할 필요성이 줄어들었다.

넷플릭스 입장에서는 다양한 옵션이 생겼다. 넷플릭스라는 플랫폼의 독립적인 가치를 유지하기 위해서 오리지널 콘텐츠는 필수불가결이다. 다만 오리지널 콘텐츠의 편수를 줄이거나, 단일 국가 수준에서의 오리지널 전략에서 벗어나더라도 권역별 오리지널 콘텐츠 전략을 펼친다면 전체적인 콘텐츠 투자 비용을 효율화할 수 있다. 최근 들어 일본 애니메이션을 중심으로 콘텐츠 수급 비용을 확대하는 대신에 한국을 비롯한 글로벌 지역의 콘텐츠 투자 강도를 조절하는 것도 권역별 오리지널 콘텐츠 전략의 일환으로 읽을 수 있다. 현재 국내외에서 압도적 1위를 유지하고 있는 현 구도에서는 바로 이 라이선스 콘텐츠의 권리에 대해서는 과거 대비 자유도를 가질 수 있게 된 것이다.

역사는 항상 최악의 순간에 최선의 조건을 제시한다. 좋은 콘텐츠를 가진 제작사 입장에서 버틸 수 있는 자본력이란 전제 조건만 충족

된다면 IP를 보유할 수 있는 '기회의 창'이 생긴 것이다. 공급 초과 시장에서는 상대적으로 방송사와 넷플릭스가 콘텐츠 사업자 대비 협상력이 높을 수밖에 없는 상황이다. 이런 상황에서 방송사와 넷플릭스는 최소 경비로 수익을 극대화하기 위한 방안 중 하나로 IP 미보유를 전제로 한 가격 후려치기를 시도하고 있고, 결과적으로 의도하지 않았지만 콘텐츠 사업자가 IP를 보유할 수 있는 여지가 높아졌다.

생존을 위해서 과거 유통 구조의 발전적 부활이 이루어질 수밖에 없다. 방송사의 시청률을 무기로 후 OTT 판매를 추진하거나, 〈재벌집 막내아들〉에서 보여주었던 멀티 벤더 전략이 상시화될 수 있다. 〈선재 업고 튀어〉의 경우는 과거 대비 새로운 방향을 보여주고 있다. 초기에 티빙을 메인으로 라쿠텐 비키, 뷰, 아이치이, 유-넥스트 등과 유통 계약을 맺었다. 그런 뒤에 tvN 시청률은 낮았지만 화제성이 높아서 넷플릭스와 추가 계약을 체결했다. 북미 및 남미 시장이 주력인 라쿠텐 비키, 동남아 시장이 주력인 뷰, 그리고 일본 시장이 주력인 유-넥스트 등의 방영권 판매를 통해 전체적인 매출 볼륨을 높일 수 있는 여지도 생겼다. 이런 경험치가 쌓이면 각 권역별 주요 OTT 서비스에 판매하는 것도 가능해질 것으로 보인다. 원샷 원킬처럼 넷플릭스 등 대형 OTT 판매하는 것보다는, 품은 많이 가지만 권역별 OTT에 권리를 쪼개어 팔아 총 수익을 증가시킬 수도 있다. 권역별 거래에서 필요했던 자막 등의 여러 수고로움은 AI 등을 통해 비용을 절감할 수 있을 것이다. 조금은 복잡한 산수가 필요하지만 넷플릭스 자체도 글로벌 독점에 대한 요구가 과거 대비 높지 않은 만큼 상대적으로 수익률을 높일 수 있는 가능성이 커진 셈이다. IP를 보유함으로써 넷플릭스로 인해 만들어졌던 수익의 상한선을 넘어설 수 있게 되었고, 향후 구작 판매로 이어질 수 있다는 점에서 장기적으로는 규모의 경제[134]가 만들어질 수 있다. 물론 넷플릭스가 〈선재 업고 튀어〉의 판권을 구매할 때 동남아 일부 지역을 대상으로밖에 구매할 수 없었다는 점은 아쉽지만, 이는 넷플릭스 입장에서도 아쉬움이기 때문에 장기적으로는 협상력을 가져갈 수 있는 포인트이기도 하다. 〈눈물의 여왕〉은 라이선스 판매였음에도 제작비의 80%를 넷플릭스로부터 받을 수 있었다. 적어도 국내 IP는 보유한 셈이다. 글로벌 수준만 확보된다면 넷플릭스 방영권 수익은 손익을 넘길 수 있을 정도이다.

힘들지만 GO, IP 사업화 기회

영상 시장에서 IP를 보유한다는 것은 방영권을 판매할 수 있다는 유통의 관점이 지배적이다. IP를 보유한다고 해서 2차 시장 등 부가 시장이 그리 크지 않기 때문이기도 하고, 실제로 방영권 이상의 IP 수익을 가지지 못하는 경우가 대부분이다. 따라서 IP를 소유할 수 있다는 사실이 모든 것을 해결해주는 전가보도傳家寶刀[135]가 되지는 못한다. IP를 보유한다고 하더라도 2차 활용에 대한 계획이 없으면 부질없는 것이기도 하거니와, 그보다는 IP를 보유하기 위해서 필요한 비용을 어떻게 준비할 수 있느냐의 본질적인 문제가 남기 때문이다. 이제 IP를 보유하고 싶었으나 보유할 수 없던 환경에서, 이제는 어느 정도 버틸 자금이 있으면 IP를 보유할 수 있는 환경으로 변화했다. 따라서 보다 더 치열하게 투자 자금과 IP 활용 가능성을 기획 단계에서부터 집중해야 한다. 이 부분은 좀 더 세심하게 경우의 수를 나누어서 봐야 한다. 넷플릭스에게 IP 권한을 판매했을 때에도 판매한 IP의 부가 수익을 누릴 방법과 제작사가 IP를 보유했을 때 IP를 활용할 수 있는 방법을 찾는 경우로 나누어서 봐야 한다. 제작사가 IP를 보유했을 때 당연히 IP의 활용 방법을 찾는다고 본다면, 여기서 우리는 넷플리스에게 글로벌 판권을 판매하더라도 IP를 활용해 부가 수익을 확보할 기회가 있는지를 확인해야 한다. 현재까지 우리는 대부분 IP를 판매했으니, 당연히 IP에 대한 부가 수익을 확보할 수 없다고 여겼다. 과연 그럴까?

넷플릭스는 오리지널을 무기로 매년 수십조 원을 투자하고 있으면서도 확보한 오리지널을 활용한 부가 수익 규모는 매우 낮다. 2022년 약 3억 1,000만 달러 대비 2023년 약 3억 6,000만 달러로 큰 폭의 성장을 한 것처럼 보이지만, 이 경우조차도 제한적인 의미의 DVD 판매와 10억 달러 미만의 머천다이즈Merchandise 수익이 대부분이다. 넷플

넷플릭스의 영역별 수익 규모 (단위: 백만 달러)

연도	Streaming Revenue	DVD Revenue	Other Revenue			Total Revenue
			Ad Rev	Others	소계	
2023	31,582	146	770	361	1,131	32,859
2022	29,508	183	4	316	320	30,011
2021	29,392	182	123	–	123	29,697
2020	24,909	231	158	–	158	25,298
2019	20,156	297	62	–	62	20,515

출처: 넷플릭스 F-10 Annual Report

릭스가 IP를 보유한 〈기묘한 이야기Strangers Things〉가 가장 성공적인 머천다이즈 수익을 거둔 것으로 알려져 있지만, 이 경우도 연간 수익 7,000만 달러에서 1억 5,000만 달러 정도에 불과한 상황이다. 2017년 시즌 2가 나오면서 본격화되었던 〈기묘한 이야기〉의 머천다이즈 사업은 2019년 시즌 3의 출시 시기와 맞물려서 나이키 등 대형 브랜드와 컬래버레이션이 진행되기도 했었다. 그러나 여전히 넷플릭스는 구독료와 DVD 렌탈, 그리고 광고 요금제에 기반하고 있을 뿐 2차 판권 등 IP를 제대로 활용하지 못하고 있는 실정이다.

넷플릭스는 오리지널 콘텐츠 및 독점권을 보유한 콘텐츠를 2차 유통하지 않는다. 대신에 자사 플랫폼의 구독 및 광고 요금제를 성장시키기 위한 수단으로 활용한다. 따라서 적극적인 의미의 IP 사업은 할 여력이 없다고 보는 것이 정확하다. 최근에 만나본 업계 관계자들도 동일한 의견을 가졌고, 넷플릭스 코리아 쪽에서도 콘텐츠 마케팅 차원에서 협업을 진행할 뿐 수익원으로서 머천다이즈 등 IP 사업을 적극적으로 추진할 여력이 없다고 했다. 이 맥락에서 보면 넷플릭스가 IP를 보유하고 있다고 하더라도 영상 콘텐츠 유통을 제외한 부가 사업권 확보 가능성은 열려 있다고 볼 수 있다.

실제로 루폴RuPaul은 넷플릭스에 글로벌 독점 판권을 팔아 글로벌 지명도를 높인 뒤, 이를 적극적으로 부가사업화해 높은 수익을 확보하고 있다. 미국 내에서 시즌 15까지 진행된 리얼리티 쇼 〈루폴의 드래그 레이스RuPaul's Drag Race〉는 미국을 제외한 국가에서는 넷플릭스 오리지널로 소개되고 있지만, 엄밀하게는 넷플릭스가 국제 판권을 독점한 라이선스 콘텐츠다.

　루폴의 수익 구조를 보자. 2020년 당해 연도를 기준으로 총 1억 달러 규모의 수익 중 50~60%는 미국 내 방송 계약과 넷플릭스 등 독점 방영권 계약이 차지한다. 그리고 머천다이즈가 대략 20~30%를 차지하고 라이브 공연 수익이 20%를 차지하고 있다. 추가로 스폰서십이나 브랜드 컬래버레이션이 대략 10%를 차지하고 있다. 유통으로 차지하는 비중이 50~60%에 불과하고 머천다이즈 등 IP 부가 사업이 대략 40% 이상을 차지하고 있다는 대목에 주목할 필요가 있다. 드라마가 아닌 예능 프로그램의 경우 전체 수익 구조의 상당 부분을 IP 부가 사업으로 확보하고, 이를 통해 시즌제로 확장할 수 있다면 금상첨화다. 새롭게 주목받고 있는 한국 예능 콘텐츠의 경우에는 이를 심각하게 고려해 볼 만한 대목이다.

　역량의 수준과 기회를 확인했다. 그러나 이 역시도 시장이 있어야 가능하다. 과연 우리 콘텐츠 시장은 확대될 수 있을까? 넷플릭스 이외의 다른 글로벌 OTT 사업자들이 우리 콘텐츠를 구매하려면 어떻게 해야 할까? 다음은 이 질문에 대한 대답을 해보려고 한다.

02

아시아 시장^{Asia Market} 에서
'아시안' 시장^{Asian Market} 으로

한국 영상 콘텐츠 시장의 침체는 수요 감소로 인한 공급 초과 현상 때문이다. 비용 증가 등은 내부적으로 조정할 여력이 그나마 있는 부분이지만 영상 콘텐츠 수요 감소는 콘텐츠 산업 진영 내부에서 어떻게 해결할 수 없는 문제다. 넷플릭스로 대표되는 OTT 진영의 오리지널 콘텐츠 수요 감소와 이로 인한 경영 악화로 인한 채널 사업자의 콘텐츠 수요 감소가 결정적인 이유다. 시장에는 이른바 '창고 콘텐츠'란 용어도 등장했다. 판매되거나 방영되지 못하는 콘텐츠를 일컫는 용어이다. 거시적으로 보면 공급 초과 현상은 시간이 해결해준다. 시장 전반에 걸쳐 구조조정과 옥석 가리기가 진행되면서 시장 수요에 맞게 최적화되곤 한다. 그러나 새로운 수요가 등장하지 않는 상황에서 벌어지는 최적화는 시장의 하향 평준화를 의미하는 것이기에 바람직한 방향은 아니다.

앞서 정리한 것처럼 국내 영상 콘텐츠 사업의 성장은 새로운 시장 발굴과 동의어였다. 일본 시장이 열려서 한 단계 성장할 수 있었고, 중국 시장이 열린 문틈으로 다시 역량을 키울 수 있었다. 한한령으로 중국 시장이 닫혔을 때에도 전 아시아를 포함한 글로벌시장을 가진 넷플릭스 때문에 성장할 수 있었다. 성장했다는 점에서는 같지만 차이도 있다. 일본 시장과 중국 시장의 개방은 국내시장에 갇혀 있는 콘텐츠 사업의 수익원이 확장되는 형태였다. 소위 일본 판권과 중국 판권이란 새로운 수익원이 등장했다는 의미였다. 새로운 지역이 등장할 때마다 우리는 작지만 새로운 수익이 생기는 구조였다. 그러나 넷플릭스는 해외 판권을 단일화했기 때문에 추가 수익을 기대할 수 없다는 결정적인 차이가 있다. 해외를 지역별로 분리해서 판매하는 것도 가능했지만, 여타 다른 지역 판매에 대한 확신이 없는 상황에서 사실상 단일 해외 판권으로 내몰린 상황이었다.

이 때문에 새로운 시장의 개척은 예전처럼 특정 지역의 판권 수익을 확보하는 것이 아니라 북미나 유럽 중심의 OTT들이 우리의 콘텐츠를 구매해, 우리에게 넷플릭스 말고도 판매할 수 있는 선택권이 늘어나는 것이어야 한다. 물론 부분적이긴 하지만, 현재도 아시아 시장에서는 기능하고 있다. 뷰, 유-넥스트 등 로컬 OTT들에 판매하는 경우가 늘어나고 있기 때문이다. 스튜디오드래곤은 이 전략에 기반해서 편성 볼륨의 감소를 방어하고 있다. 그러나 이 전략은 단위 프로그램의 수익성을 높일 수는 있으나, 편성 감소라는 근원적인 한계를 넘지는 못한다. 또한 아시아 시장에 갇혀 있다는 점에서 현재보다 확장되어야 한다. 이 때문에 현실적으로 다양한 멀티 벤더 전략을 수행하되, 맥스 등 넷플릭스와 경쟁하고 있고 아시아가 아닌 북미 및 유럽 시장을 주 시장으로 하는 OTT 사업자가 우리의 주 구매 타깃층이 되어야 한다.

　그렇다고 우리가 지금 당장 북미 시장을 겨냥해 영어 기반의 콘텐츠를 만들 단계도 아니고 지난 세기에 CJ EMN이 했던 것처럼 동남아 시장에서 현지 콘텐츠를 생산하는 것도 답은 아니다. 현지 기반의 콘텐츠 제작은 역량 있는 배우나 감독 등의 요소 시장 이동이 대부분이다. 뤽 베송Luc Besson (1959~)은 〈레옹Léon / The Professional〉(1984)을 통해 할리우드에 화려하게 진출했고, 지금은 〈트랜스포머Transformers〉 등의 제작자로 알려져 있다. 〈와호장룡〉으로 유명한 이안Ang Lee (1954~) 감독도 〈헐크Hulk〉(2003)와 〈제미니 맨Gemini Man〉(2019)등을 제작 연출하면서 현재까지도 미국 시장에서 활약하고 있다. 이 작품들은 대부분 할리우드 자본과 할리우드 배급사를 통해 제작되고 유통되었다. 그러나 뤽 베송과 이안의 세계 진출이었을 뿐 프랑스 콘텐츠 업계와 대만 콘텐츠 업계의 약진은 아니었다. 우리에게도 유사한 사례는 있다. 봉준호 감독과 박찬욱 감독이 각각 NBC와 HBO의 선택을 받아 영화나 드라마를 제작했고, 일부는 세계 영화제 등에서 수상의 영광을 누리기도 했다. 이 역시 개인의 역량이 선택받은 것일 뿐이었다. 아바ABBA는 성공했지만 스웨덴 음악이 글로벌시장에서 주류가 되지 못했고, 아하$^{A\text{-}ha}$의 성공이 노르웨이 음악 산업의 성공으로 이어지지 못한 것처럼 말이다.

현지 제작이 당장의 목표가 아니라고 한다면 두 가지 선택이 존재한다. 단순히 수요처를 발굴하는 관점이라면 국내가 아닌 다른 국가에서 추가 수요를 발굴하는 것도 한 방법이다. 예를 들어 2023년 김향기, 신현승이 주연을 맡은 〈플레이, 플리〉가 일본 OTT 훌루의 오리지널 콘텐츠로 공개되었다. 콘텐츠 판매라는 관점에서 국내 사업자인 플레이리스트가 국내 웹툰 콘텐츠 IP를 이용해 영상 콘텐츠를 만들어 일본 OTT에 판매한 케이스다. 이 콘텐츠는 일본 OTT 훌루 내에서 아시아 드라마 순위 1위를 기록함으로써, 향후 추가 구매의 길을 열었다고 볼 수 있다. 다만 웹툰 기반의 웹 드라마의 성격이 강해서 저가형 콘텐츠라는 특성을 가지고 있다. 이런 류의 판매는 웹 드라마를 제작하던 중소 사업자에게 비교적 자주 있었던 일인지라 큰 의미를 부여하긴 어렵다.

물론 최근 들어 스튜디오드래곤이 미국 제작사인 스카이댄스 미디어$^{Skydance\ Media}$를 인수하고, SLL 스튜디오 룰루랄라(현 SLL중앙)가 윕^{wiip}이라는 해외 제작사를 인수하는 등 북미 제작사를 인수해 현지 제작에 나서고 있긴 하지만 아직은 성과가 그리 크지 않을 뿐만 아니라 서로를 이해하고 최적화하는 데까지 상당한 시간이 필요할 것으로 보인다. 한류 콘텐츠 산업 중 가장 글로벌화되어 가고 있는 음악 산업의 경우도 이제 겨우 BTS 등 일부 아이돌 그룹이 영어로 직접 노래를 만들어 북미 시장에 도전하고 있고, 글로벌 오디션을 통해 한국 시스템을 복제한 미국의 걸 그룹인 캣츠아이KATSEYE가 이제 겨우 북미 시장에 발을 들여 놓았다. 해외시장에서 인정받기 위해서 몇 세대에 걸친 진화를 거듭해 온 한국 걸 그룹 및 보이 그룹은 이제 겨우 북미형 걸 그룹을 만드는 수준까지 이룬 것이다.

영상 시장은 이런 단계적 진화를 경험하지 못했다. 이제 겨우 우리의 콘텐츠 제작 역량이 글로벌 눈높이에 다가가고 있다는 정도만을 확인했을 뿐이다. 하이브Hive의 북미 레이블 인수는 주요 아티스트의 확보라는 측면이 강하지만, 스카이댄스 미디어와 웝의 인수는 우리의 현실적 존재감 대비 마음이 앞서간 전략이라는 생각을 지울 수 없다. 그나마 다행인 것은 과거 동남아 현지 제작처럼 우리보다 작은 시장이 아니라 큰 시장을 겨냥한 것이라는 점이다. 이 점은 높이 평가할 만하다. 다만 성공하더라도 이 시도가 보편적 모델이 되어 후발 기업이 따라할 만할 성공 모델이 되긴 어렵고, 위험 부담이 너무 크다. 두 경우 모두 콘텐츠 산업이 활황기였을 때 시도했던 것으로 현재와 같은 춘궁기에는 그런 리스크를 껴안고 진행할 수 없다. 언제나 단계를 뛰어넘는 건 쉬운 일이 아니다.

이 대목에서 아시아 시장과 아시안 시장을 분리할 필요가 있다. 아시아 시장은 지역 기반이고 아시안 시장은 인종ethnic 기반이다. 우리 영상 산업이 내수 기반의 시장에서 탈피해서, 일본과 중국 등 극동 아시아를 중심으로 성장하다가, 지금은 아시아 시장을 대상으로 성장해 온 것처럼 이제는 아시아 시장을 넘어서 세계시장을 겨냥해야 한다는 것은 모두가 알고 있는 주지의 사실이다. 그러나 세계시장이란 추상적 명제에서 벗어나 북미 시장이 목표여야 하고, 북미 시장을 진입하기 위해서는 아시안에 집중해야 한다. 라틴Latin 콘텐츠가 라티노Latino를 매개로 미국 시장의 주류가 되었듯이 우리도 여전히 아시안이란 문화적 인종적 기반 위에서 글로벌시장에 진출할 수밖에 없음을 분명히 할 필요가 있다.

1960년대 초 라틴계가 미국 전체 인구의 3.5% 수준이었을 때, LA와 뉴욕 등 라틴계가 밀집된 지역을 중심으로 지역 방송국이 설립되었다. 처음에는 단독 사업을 진행하던 이들 지역 방송국들은 이내 서로의 방송 프로그램을 교환하기 시작했고, 느슨한 수준에서 연대하면서 일종의 전국 방송사라고 할 수 있는 '씬SIN:Spanish International Network'으로 성장했다. 이때까지는 거점 지역 중심이었을 뿐이고, 전국 방송사인 '씬'도 프로그램 교환을 위한 기구 정도였을 뿐이다. 그러나 라틴 인구가 미국 전체 인구의 6.5%를 차지한 1980년대부터 상황이 달라지기 시작했다. 1977년 HBO가 합법화되면서 본격적으로 케이블 시장이 열렸다. 이때 느슨한 연대 기구였던 '씬'은 ABC, NBC, CBS와 같은 수준의 라틴계에 특화된 전국 방송 네트워크 사업자인 유니비전Univision으로 성장했다. 성장 가능성이 높은 시장을 놔둘 사업자들이 아니다. 푸에르토리코Puerto Rico에서 방송 사업을 하던 텔레문도Telemundo는 1984년 뉴욕을 거점으로 전국 방송을 공식 출범[136] 시켰

다. 덧붙여 케이블 채널에서도 라틴계에 집중한 갈라비전^{Galavision}**137**
도 등장했다. 그러나 아직 라틴계 콘텐츠는 라틴계만을 위한 소수 민
족 서비스^{ethnic service}였다.

그러나 라틴계 인구가 10%를 넘어선 2000년대부터 주류 미디어에
서 라틴계를 겨냥한 콘텐츠가 늘어나기 시작했다. 주류 방송은 대중
성을 지향한다. 이 때문에 주류 미디어가 라틴계 콘텐츠를 만들었다
는 것 그 자체는 라틴계 문화를 주류 대중문화의 하나로 인정했다는
것을 의미한다. 2006년부터 ABC 방송은 콜롬비아의 인기 텔레노벨
라^{Telenovela}**138**인 〈Yo Soy Betty, La fea〉를 리메이크해서 라틴계인 베
티 수에라즈^{Betty Suarez}를 주인공으로 내세운 〈어글리 베티^{Ugly Betty}〉를
방영했다. 미국 내 라틴계 가족의 모습을 현실적으로 그려냈다는 평
가를 받은 이 작품은 골든 글로브, 에미상을 수상하면서 주류 문화의
하나로 명실상부하게 자리 잡았다. 이 시점부터 주요 영어 신문사가
라틴 버전을 출시하기 시작했다. 2010년대에 라틴계 인구가 16%를
넘어서자, 넷플릭스나 훌루 등 주요 스트리밍 서비스들도 미국 내 라
틴계를 대상으로 한 오리지널 콘텐츠 제작을 대폭 확대했다. HBO도
2010년대 후반부터 본격적으로 라틴계를 겨냥한 오리지널 콘텐츠를
제작하기 시작했다. 2022년에는 HBO Max를 통해 모든 배우가 라틴
계로 구성된 프로그램 〈고르디타 연대기^{Gordita Chronicles}〉를 제작하기
도 했다.

라틴계 콘텐츠가 북미 시장에서 주류로 편입되는 과정을 보면 인구

로 대표되는 소비 규모가 절대적 영향을 행사했다는 것을 알 수 있다. 특정 인구 집단이 전체 인구의 5% 정도에서 특화 서비스가 출현하고, 10% 정도가 되면 보편적 서비스로 자리 잡는다는 것을 알 수 있다. 물론 이를 그대로 한국 콘텐츠의 북미 시장 진출 가이드로 삼기는 어려울 수 있다. 지난 50여 년 동안 매체 환경이 달라졌기 때문이다. 게다가 라틴계는 하나의 단일 언어권인 반면에 아시아는 범중국Pan-China 문화권이라는 공통점이 있긴 하지만 인종 및 언어적으로 독립된 성격을 가지고 있다. 그러나 아시안 시장은 평균적으로 교육과 소득 수준이 높다는 장점과 함께 도시 지역에 밀집되어 있다는 특성 또한 가지고 있다. 미국 내 아시안의 54%가 학사학위 이상의 소유자인 반면, 주류화된 라틴계는 18%에 불과하다. 전문직 종사 비율도 아시안은 54%인데 라틴계는 22%이다. 아시안은 영미 문화를 흡수하는 과정에서 자막 등 언어적 장애를 기술적으로 극복해 왔고, 라틴계와 달리 영어 구사 능력이 높다는 점도 간과해서는 안 되는 요인이다. 따라서 라틴계보다 훨씬 빠르게 주류 문화화할 수 있는 가능성이 높다. 그럼에도 임계치Crtical Mass가 도달할 수 있는 인구 규모는 필수적이다.

이 대목에서 다시 한국이 아니라 아시안 시장을 쳐다보아야 할 이유가 분명하다. 한국계만을 대상으로 한 시장이 너무 작기 때문이다. 작은 시장에서는 항상 착시가 존재한다. 초기 진입 시 가입자 성장률이 가파르다. 그러나 이내 정체에 접어든다. 선택지가 없었던 타깃 고객층의 급격한 유입으로 인한 빠른 정체가 이들 시장의 특성이다. 이 시장에 진입해서 가입자 몇만 명을 모았다는 수치가 성공의 바로미

터가 아니라는 것이다. 북미 내 한국계 시장은 이에 100% 부합한다. 2020년 기준 한국계는 미국 전체 인구의 0.6%에 불과하기 때문이다. 상대적으로 성장률이 높은 현재의 성장 추세가 그대로 지속된다고 가정해도 한국계 인구가 미국 전체 인구의 10%에 도달하는 데는 200여 년이 넘게 걸릴 것으로 보인다. 따라서 현실적으로 한국계만을 대상으로 해서는 미국 주류 시장 진입이 불가능하다.

반면에 한국계가 포함된 아시안계로 확장하면 가능성은 높아진다. 이미 아시안계 인구는 현재 미국 전체 인구의 7.2% 정도를 차지하고 있을 뿐만 아니라 여전히 높은 성장세를 보이고 있다. 현재의 성장 추세가 지속된다면 아시안계 인구는 약 10여 년 뒤에 미국 전체 인구의 10%가 된다. 미국 인구 통계청이 가장 보수적으로 예상한 수치를 따라가더라도 약 20~30년 뒤면 전체 인구 10%에 도달할 것으로 보인다. 지불 능력이란 관점에서 보면 라틴계 인구 15%에 준하는 규모라고 생각할 수 있다. 즉 10~20년 내에 북미에서 아시안 시장은 주류 시장의 하나로 성장할 개연성이 매우 높다. 현재 BTS의 지민이 여러 방송국의 토크쇼에 출현할 수 있는 것도 다수의 아시안계 시청자와 소수의 주류 시청자가 있기 때문으로 보인다.

아시아 시장에서 '먹히는' 콘텐츠가 결국 북미의 아시안 고객들의 마음을 끌 수 있는 것이니 아시안 콘텐츠의 실체가 불명확하다는 반론도 가능하다. 그러나 지리적 아시아 시장 내 아시안과 북미의 아시안은 소득과 문화 수준이 절대적으로 다를 뿐만 아니라, 콘텐츠 접촉 환경마저도 다르다. 때문에 아시아 시장에서 수용 가능하다고 해서 북미의 아시안에게 그대로 적용되는 게 아니라는 점은 분명히 인지해야 한다.

한국 교포는 한국 콘텐츠를 영어 더빙 없이 보고 들을 수 있어 선호하겠지만, 영어가 능숙한 2세대만 되더라도 한국 콘텐츠는 HBO나 넷플릭스의 영미 콘텐츠와 경쟁해야 한다. 이들에게는 한국 콘텐츠이기 때문에 보는 맹목성이 없다. 품질이 동등하다고 한다면 HBO 콘텐츠와 차별할 이유가 없을 뿐더러, 문화적 코드가 익숙하니 선택할 수 있는 개연성이 높아질 뿐이다. 다시 말하면, 1세대는 품질이 떨어지더라도 한국 콘텐츠라는 이유만으로 선택할 수 있지만, 2세대로 넘어가면 품질이란 벽을 넘어서야 한다. 이 때문에 콘텐츠 제작 역량을 글로벌 수준에 도달해야 하고, 특정 국가의 정서가 아니라 아시안의 보편적 정서를 추구할 수 있어야 북미 아시안 시장 공략이 가능하다.

동일한 상황이 아시아 시장의 개별 국가에도 그대로 적용될 수 있다. 예를 들어 태국은 우리보다 규모는 작지만 자국 오리지널 콘텐츠를 넷플릭스에 공급하고 있는 국가다. 2016년부터 현재까지 대략 80~100편의 콘텐츠를 넷플릭스에 제공하는 대표적인 국가이며, 2022년 기준 넷플릭스 구독자가 190만 명 정도로 성장한 국가다. 더구나 태국은 BL Boy Love을 무기로 동남아시아에서 큰 인기를 끌고 있다. 한국 콘텐츠가 성장하는 것처럼 이들 국가의 콘텐츠 경쟁력이 올라가면 자연스럽게 해당 국가의 한국 콘텐츠 선호는 감소하기 나름이다. 동일 품질이라고 한다면 언제든지 자국 콘텐츠에 대한 선호도가 항상 높기 때문이다.

　이 대목에서 한국 콘텐츠는 유일하게 아시아 사업자 중에 글로벌 품질을 쫓아갈 수 있는 제작 역량을 가지고 있다는 점에서 북미 내 아시아 시장을 겨냥할 수 있는 사업자라고 할 수 있다. 이 제작 역량을 기반으로 북미 아시안 시장을 겨냥해서 구매자 즉 수요를 넓혀야 한다. 북미 아시안 시장에서 의미 있는 성과를 거둘 수 있다면 HBO 등 글로벌 OTT 사업자는 북미 시장 고객을 위해서도 보편적으로 수용 가능한 한국 콘텐츠를 수급하지 않을 이유가 없다. 넷플릭스 또한 시즌 2를 기획한 대부분이 단순히 아시아 시장의 점유율이 높은 콘텐츠가 아니라, 글로벌시장 내에서 일정 규모 이상의 점유율을 거둔 콘텐츠라는 점을 상기할 필요가 있다.

　따라서 개별 국가의 성장을 감안할 때 한국적 콘텐츠 제작의 장점을 유지하면서도 다양한 아시안 문화를 아우르는 '범아시아적Pan-Asian' 콘텐츠를 개발해야 하고, 또한 아시아의 개별 국가의 콘텐츠를 한국 방식으로 제작할 수 있는 기회여야 한다. 멕시코를 배경으로 한 〈코코Coco〉(2017)가 할리우드 제작 시스템에서 탄생했듯이 한국이 그 역할을 해 주어야 한다. 가령 예를 들어 태국의 문화적 특성을 한국 시스템에서 구현해 내었을 경우 넷플릭스에서 해당 콘텐츠를 선택해야 할 가능성이 더 커지고, 북미 시장에서도 태국과 한국계를 메인으로 아시안 시장을 겨냥할 수 있게 된다.

결과적으로 한국 영상 콘텐츠의 시장 확대를 위해서는 주류 미디어 사업자들이 한국 콘텐츠를 구매하고 유통해야 하며, 이 당면 과제와 목표를 달성하기 위해서는 한국의 우수한 제작 역량과 아시아의 문화가 결합된 아시안 콘텐츠 사업자가 되어야 한다.

03

아시안
콘텐츠 사업자

상징적으로 북미 아시안 시장이라고 타깃화했지만, 북미 아시안 시장
에서 의미 있는 성과를 거둔다면 이는 전 세계 아시안을 대상으로 한
콘텐츠 사업자가 된다는 의미이기도 하다. 목표가 정해졌다면 그다음
은 실행 계획이다. 이 차원에서 첫 번째 고민해야 할 대목이 공동제작
이다. 이때의 공동제작은 과거 우리가 베트남 등 아시아 국가와 시도
했던 공동제작과는 확연히 구별되어야 한다. 이전 우리는 아시아 국
가를 수출 대상 지역으로만 삼았을 뿐 글로벌시장용 콘텐츠 제작 파
트너로 생각하지는 않았다. 그저 한국 콘텐츠의 상대적 우수성을 기
반으로 현지에 시스템을 이식시켜 수익을 거둘 수 있는 시장으로만
보았다. 해당 국가의 산업적 성숙도가 낮았고, 우리의 욕심은 과해서

대부분의 공동제작은 일회성 이벤트로 끝났거나, 사업적으로 실패한 사례가 대부분이었다. 현지 배우를 참여시켜 제법 괜찮은 시청률을 거두었지만, 광고 수익이 기대에 못 미친 경우도 많았다. 현지화를 염두에 둔 대부분의 공동제작은 그래서 실패할 수밖에 없었다.

그러나 글로벌 아시안 시장을 겨냥한다는 것은 우리의 제작 역량에 기반하되, 아시아 시장의 보편적 정서와 문화적 특이성을 수용한다는 점, 그리고 과거와는 필요 요소가 다르다는 점에서 서로 협력할 수 있는 지점이 있다. 거칠게 표현하면 글로벌 진출이라는 명확한 목표 하에 개별 국가와 우리가 가지고 있는 각각의 장점이 명확하게 구분되어야 협력 가능성이 높아질 수 있다. 다만 그동안 아시아 국가와 일방향적인 관계 속에서 콘텐츠를 수출하기에만 급급했기에 협업의 깃발을 든다고 금방 작동할 리는 없다. 그렇다면 당장 협업이 가능한 국가에서부터 시작해서 그 저변을 아시아 전체 국가로 확대할 필요가 있지 않을까? 이 맥락에서 가장 주고받을 게 있는 시장이 바로 일본이다.

일본의 IP와 국내 콘텐츠 제작 역량의 결합

일본은 여러 가지 면에서 독특하다. 넷플릭스가 콘텐츠를 구매하는 국가 순위로 보면 여전히 상위권에 속할 정도로 콘텐츠 기반이 확실하다. 망가manga[139]의 역사가 일본 콘텐츠의 역사라고 할 만큼 글로벌 인지도가 확실한 슈퍼 IP를 보유하고 있다는 건 일본만이 가지고 있는 강점이다. 할리우드를 제외하고 이 정도의 글로벌 IP를 보유한 국가는 거의 없다고 해도 과언이 아니다.

반면에 드라마 및 영화 등 실사 기반의 콘텐츠 영역에서는 글로벌 인지도가 낮다. 최근 몇 년 동안 일본 정부 관련 보고서에는 한국 대비 일본 드라마와 영화가 글로벌시장에서 존재감이 약하다는 점을 지목하면서 이에 대한 대책 마련을 논의하고 있지만, 그 성과는 아직 미미하다. 한때는 한국이 벤치마킹할 정도로 따라 했던 일본의 영상 콘텐츠 시장이지만, 한국과 중국의 약진에 비해서 현재는 동남아시아에서도 상대적 선호도가 떨어지는 국가가 되었다.

동남아시아에서 많이 사용하고 있는 스트리밍 서비스인 위티비WeTV에서 방영된 드라마 중 상위 20위권에 한국 드라마가 약 70% 이상을 차지하고 있다. 소셜 미디어 언급량도 2022년 기준 한국 드라마가 일본 드라마 대비 6배나 높았을 정도이다. 유튜브 조회 수를 보더라도, 〈빈센조〉와 같은 한국 드라마의 공식 예고편이 수백만 조회 수를 기록한 반면 일본 드라마의 예고편은 수십만 수준에 그쳤다.

현재의 일본은 글로벌시장에서 통용될 수 있는 슈퍼 IP를 보유하고는 있으나, 이를 글로벌 수준의 작품으로 만들어낼 역량이 부족하다. 바로 이 지점에서 글로벌시장에서 먹힐 정도의 제작 역량을 가진 한국과 글로벌 IP 및 자본을 가진 일본의 결합이 가능하다.

폐쇄적인 일본 콘텐츠 시장의 한계

그렇다면 왜 일본은 한국과 같은 콘텐츠 제작 경쟁력을 갖추지 못했을까? 앞서 언급한 대로 애니메이션을 제외하곤 일본 영상 콘텐츠는 글로벌시장에서 그다지 주목받지 못하고 있다. 넷플릭스 오리지널의 규모도 한국보다 작다. 아마존에 콘텐츠를 제공하고 있지만 그 역시도 애니메이션이 핵심이다. 이 때문인지 일본 내에서 글로벌 OTT 사업자의 위력이 한국과 비교할 때 현저히 약하다. 넷플릭스의 가입자 수를 살펴보면 한국이 약 5,100만 명 인구 중 500~600만 명인 반면, 일본은 약 1억 2,500만 명의 인구 중 700~800만 명이 가입되어 있다. 절대 수로는 일본의 넷플릭스 가입자가 많지만, 인구 비율로 보면 한국이 일본 대비 2배에 가까운 가입자를 기록하고 있다. 2024년 2Q 기준 넷플릭스가 제공되는 국가 중 그 점유율이 20%를 넘지 않는 2개 국가 중 하나가 바로 일본이다.[140] 일본보다 넷플릭스의 점유율이 낮은 국가는 인구 30만 명에 불과한 서인도 제도 내 프랑스령인 과들루프섬Guadeloupe뿐이다.

일본 넷플릭스의 가입자 규모가 작은 것은 볼 만한 콘텐츠가 부족하기 때문이다. 드라마나 영화의 경우, 한국은 매년 10여 편의 오리지널 콘텐츠와 수십 편의 라이선스 콘텐츠를 제공하고 있지만, 일본에서는 연간 3~4편의 오리지널 콘텐츠만이 생산될 뿐이고, 라이선스 콘텐츠의 공급도 원활하지 않다. 이는 기존 레거시 방송 사업자의 지배력이 강하기 때문이다. 거의 모든 레거시 사업자들이 유-넥스트나 훌루와 같은 OTT를 보유하고 있고, 자사의 OTT를 통해 자사 콘텐츠를 제공하려고 하기 때문에 넷플릭스에 제공되는 절대 숫자가 작을 수밖에 없다. 물론 이 현상은 이중적 의미를 가지고 있다. 좋게 보면 일본 국내 사업자의 영향력이 강하다고 평가할 수 있다. 갈라파고스란 욕을 먹을망정, 자국 시장을 지켜내는 방어력이 강하다는 의미다. 반면에 글로벌시장에서의 존재감은 적을 수밖에 없다. 방송 콘텐츠의 특성상 내수 기반일 수밖에 없지만, 한국 등 일부 국가가 OTT 등의 도움을 받아 글로벌시장에서 존재감을 확보해 나가고 있는 반면에 일본은 오히려 과거 대비 존재감이 약해지는 상황에 몰리고 있기도 하다.

일본 시장의 폐쇄성과 특이점을 가장 잘 설명해 줄 수 있는 한 문장은 바로 "일본 배우가 월급을 받는다"라는 것이다. 이것이 가능한 구조에 대해선 약간의 추가적인 설명이 필요해 보인다. 일본 콘텐츠 시장은 우리와 비교할 때 확연히 구별되는 몇 가지 특징을 가지고 있다. 그중에서 가장 큰 특징은 바로 제작위원회製作委員会[141]의 존재이다. 레거시 방송 시장에서 유통되는 콘텐츠의 약 80%[142]가 이 제작위원회를 통해서 결정되는 만큼 일본 콘텐츠 시장을 이해하는 데 있어 가장 절대적인 구조라고 할 수 있다.

영화 시장에서 투자 배급사가 특정 콘텐츠의 투자와 사업을 총괄하는 구조를 가지고 있듯이, 일본의 방송 시장은 후지TV와 같은 방송사가 중심이 되어 콘텐츠 밸류체인Value chain에 속한 사업자들이 모두 참여해서 투자와 사업을 총괄하는 구조인데, 이를 가능하게 하는 것이 바로 제작위원회이다. 일본의 방송은 여러 회사가 공동으로 투자하고 리스크를 분산시키는 방식이다.[143] 하나의 영상 콘텐츠 제작 및 수익화 과정을 염두에 두면 제작위원회에 참석하는 사업자가 분명해진다. IP를 보유한 곳, IP에 기반해서 영상을 제작할 곳, 영상 제작에 투입될 배우 등 요소를 가지고 있는 곳, 제작된 영상에 붙일 광고 사업자, 제작된 영상의 부가 시장인 출판, 음반, 머천다이징 등이 해당된다. 따라서 제작위원회는 방송 여부를 결정짓는 방송사가 주도[144]해서 출판사, 광고 대행사, 음반사, 머천다이징 회사, 비디오 게임 회사 등 해당 콘텐츠의 수익 모델화를 할 수 있는 분야의 기업들이 모두 참여하고, 투자를 진행한다. 다만 이때 자신들의 예상 수익에 따라서 투자금을 결정짓고, 그에 따른 지분을 받는다. 대부분의 의사 결정은 통상 합의제로 이루어진다. 콘텐츠의 특성상 합의제 방식은 에지edge있는 콘텐츠를 선택하기보다는 보편적으로 수용 가능한 콘텐츠를 선택할 가능성이 높다. 실패 가능성은 낮출 수 있으나, 반대로 대박 흥행의 가능성은 상대적으로 낮을 수밖에 없다. 우리가 알고 있는 대부분의 흥행작들이 한두 사람의 고집에 의해서 탄생되었다는 것을 상기할 필요가 있다.

1980년대 후반부터 본격적으로 제작위원회가 등장했고, 1990년대 버블 경제 붕괴 이후 리스크 분산의 필요성이 커지면서 더욱 보편화되었다. 영상 콘텐츠 그 하나하나가 신규 프로젝트의 성격을 가지고 있는 만큼 다양한 사업자들이 참여해 위험은 줄이고 수익은 극대화할 수 있는 방안이기 때문이다. 그러나 문제는 이 제작위원회가 반복되면서 일종의 카르텔cartel[145]이 형성되기 시작했고, 카르텔을 통하지 않고서는 콘텐츠를 생산할 수 없게 되었다는 점이다. 각 단위 밸류체인별로 경쟁을 통해 역량이 상향되어야 하는데, 카르텔 구조의 특성상 역량 개발에 집중하기보다는 관계와 배제에 더 힘을 쏟게 된다. 이 과정에서 자연스럽게 방송사의 지배력은 강화되었고 콘텐츠 경쟁력은 하락했다.

예를 들어 보자. 일본 주요 방송사들(엔에이치케이NHK, 닛폰TV, TV아사히, 티비에스TBS, 후지TV, TV도쿄 등)은 각각 자체적인 제작위원회를 구성했다. 콘텐츠 기획 → 제작 → 방송 → 2차 유통(DVD, 스트리밍 등)에 이르는 전 과정을 방송사 중심으로 관리할 수 있고, 실질적으로는 수직적 결합과 유사한 효과를 가지게 되었다. 방송사별 제작위원회 구성을 밸류체인에 따라 정리해 보면 다음 표와 같다. 개별 프로젝트별로 들고남이 있긴 하지만 전체적으로 보면 제작위원회에 참여하는 기업은 유사하다.

이 과정에서 자연스럽게 특정 사업자 간의 연대와 결속이 발생한다. 후지TV는 쟈니스Johnny's Group, TBS는 쟈니스와 아뮤즈, TV아사히는 요시모토Yoshimoto 흥업,[146] 닛폰TV는 쟈니스와 각각 우호적인 관계를 맺고 있다. 상대적으로 규모가 작은 TV도쿄의 경우 대형 사업자들보다는 와타나베 엔터테인먼트와 아뮤즈 등 중견 기업들과 관계가 좋은 편이다. 보고서를 보면, 2006년도의 자료이긴 하지만 후지TV의

일본의 제작위원회 구성

방송사	기획/제작	유통/방송	2차산업
후지TV	후지TV, 포니캐년, 프로덕션 아이지	후지TV	쟈니스 사무소(출연자 매니지먼트), 쇼가쿠칸(출판, 만화화), 에이벡스(음악)
TBS	TBS, 주니치방송	TBS, 주니치방송	쟈니스 사무소(출연자 매니지먼트), 토호(영화 배급), 쇼가쿠칸(출판), 포니캐년(DVD/Blu-ray 제작)
TV 아사히	TV아사히, TV아사히 미디어프렉스	TV아사히	쇼가쿠칸(원작, 출판), 토호(영화 배급), 에이벡스(음악), 요시모토 흥업(출연자 매니지먼트)
닛폰TV	닛폰TV, TBS, 로봇	닛폰TV, TBS	쟈니스 사무소(출연자 매니지먼트), 쇼가쿠칸(원작, 출판), 바이다(음악)
TV도쿄	TV도쿄, WOWOW, 아이오프로	TV도쿄, WOWOW	가쿠칸(원작, 출판), 에이벡스(음악), 와타나베 엔터테인먼트(출연자 매니지먼트)

주연 배우 중 약 70%가 쟈니스 소속이었고, 2010년대 초반 TBS의 주요 예능 프로그램 진행자가 호리프로Horipro 소속이었다는 자료도 있다. 요미우리TV의 경우 요시모토 흥업이 꽉 잡고 있어 2015년 예능 프로그램 중 40%가 요시모토 흥업 소속이었다.

제작위원회의 구조는 신생 사업자의 진입을 차단하고, 기존 사업자의 지배력을 강화시켰다. 쟈니스와 요시모토 흥업 소속이 아니라면 방송 프로그램에 출연할 기회를 잡는 것조차 어려웠다. 쟈니스의 경우로 한정해서 상황을 조금 더 정리해 보자. 1990년대부터 2000년대 중반까지 쟈니스 최전성기 시기에 소속 연예인의 숫자는 300~400명이 넘었다. 데뷔하지 못한 연습생까지 포함하면 무려 1,000명이 넘었다고 한다.[147] 개그맨의 비중이 높았던 요시모토 흥업의 경우에는 소속 연예인의 숫자만 1,000명을 넘었다. 한때 국내 최대 연예 기획사로 평가받았던 IHQ가 대략 30~50명의 연예인을 보유하고 있었던 것에 견주어 보면 쟈니스를 비롯한 제작위원회에 소속된 연예 기획사의 규모가 어느 정도인지를 짐작할 수 있다. 그랬기에, 일본 연예계에 진출할 수 있는 유일한 길이라는 소문이 돌 정도로 막강한 위세를 떨쳤다.

1990년대부터 2010년까지 주요 방송국의 주 시청 시간대를 살펴보면 쟈니스 소속 아이돌이 드라마 주연의 70%를 차지했다. NHK의 〈홍백가합전〉과 같은 연말 특별 프로그램도 쟈니스 소속 아이돌이 없으면 운영이 불가능했다. 주요 브랜드의 광고 역시 쟈니스 소속 아이돌이 독점했고, 쟈니스와 좋은 관계를 유지하지 않으면 방송국조차도 인기 프로그램을 제작하기 어려울 정도였다. 기무라 타쿠야Takuya Kimura와 쿠사나기 츠요시Tsuyoshi Kusanagi로 유명한 스맙SMAP이 해산할 때는 총리까지 나서서 유감을 표명했다. 사실상 일본식 아이돌 시스템을 완성한 기업이었다.

그러나 지속적일 것으로 보였던 제작위원회 시스템에 균열이 발생할 만한 사건이 벌어졌다. 바로 쟈니스 스캔들이었다. 설립자 쟈니 키타카와Johnny H. Kitagawa (1931~2019)의 성추행 의혹은 생존 시부터 있어 왔다. 1999년 〈주간문예춘추〉가 처음으로 성추행 의혹을 제기했고, 2000년대에는 일부 전직 쟈니스 출신 멤버들이 해외 매체를 통해서 의혹을 제기하기도 했었다. 그러나 쟈니스의 영향력 때문에 이런 추문은 거의 확산되지 못했다. 2019년 쟈니 키타카와 사망 이후 BBC에서 이 성추문을 본격적으로 다룬 다큐멘터리 프로그램Predator:The Secret

Scandal of J-Pop을 제작 방송하면서 국제적인 이슈로 부상했다. 일본 내에서도 2021년부터 이 문제를 본격적으로 다루기 시작하면서 결국 쟈니스는 폐업했다. 이후 스마일업Smile-Up으로 사명을 변경해서 오늘에 이르고 있지만, 예전만큼의 영향력은 행사하지 못하게 되었다.

쟈니스의 영향력이 감소하고, 넷플릭스 등 새로운 매체가 등장하면서 일본 방송 생태계의 오랜 구조였던 제작위원회도 흔들리기 시작했다. IP부터 출판에 이르기까지 모든 밸류체인을 통제했던 시스템의 균열은 역설적으로 각 영역별 사업자들이 자신들의 욕망과 이익에 맞추어 새로운 길을 모색하는 것으로 이어졌다. 제작위원회가 실력이 없는 사업자에게는 생존할 수 있는 유일한 길이었지만, 실력이 있는 사업자에게는 자신들이 웅비할 수 있는 기회를 차단하는 길이었기 때문이다. 균열이 발생하자 자체 경쟁력이 있는 사업자들이 하나둘씩 새로운 길을 찾아 나서기 시작했다. 특히 IP를 가진 사업자라면 자신의 IP를 훨씬 가치 있게 만들어 줄 제작사와 손을 잡고 일본 방송 시장이 아니라 넷플릭스와 같은 글로벌 플랫폼으로 진입할 수 있는 기회를 찾고자 했다. 즉 제작위원회의 균열로 인해 새로운 협업의 기회가 생겼다. 가시적인 성과는 음악 시장에서 먼저 일어났다.

틈새를 파고 들다 - 한·일 협업의 시너지

라포네 엔터테인먼트Lapone Entertainment는 CJ ENM과 일본의 대표적인 연예 기획사인 요시모토 흥업이 각 70%, 30%의 지분으로 결성한 합작회사다. 한국에서 엠넷^{Mnet}이 진행한 오디션 프로그램인 〈프로듀스 101^{Produce 101}〉을 일본 시장에 이식해서 현재 〈프로듀스 101 재팬^{Produce 101 Japan}〉을 제작 주관하고 있다. 한국에서처럼 오디션 프로그램을 통해 아이돌을 선발해서 2019년에는 11인조 보이 그룹인 제이오원^{JO1}을 결성, 본격적인 활동을 전개했다. 최근에는 한국식 팬덤 사업으로 확장하고 있다. 시즌 2가 진행된 2021년에는 아이엔아이^{INI}를 결성해서 현재까지 왕성한 활동을 하고 있다. 특히 제이오원은 2023년 대형 가수의 상징이라고 할 수 있는 교세라 돔 오사카에서 공연을 가질 정도로 성장했다.

흥미로운 것은 기존처럼 지상파 방송을 타고 시청자와 만난 것이 아니라는 점이다. 〈프로듀스 101 재팬〉은 요시모토 흥업의 오랜 파트너였던 아시아TV가 아니라 TBS에서 첫 방송을 했다. 그러나 첫 방송 이후 〈프로듀스 101 재팬〉은 TBS가 아니라 야후 재팬의 동영상 스트리밍 플랫폼인 갸오^{GYAO!}에서 진행되었다가, 최종 마지막 방송은 다시 TBS에서 방송하는 형식을 취했다. 2021년 진행된 시즌 2에서는 아예 방송사가 아닌 갸오와 NTT 도코모가 보유한 동영상 플랫폼인 레미노^{Lemino}에서만 진행했다. 2023년 진행된 시즌 3에서는 다시 1회부터 10회까지는 레미노에서 방송하고, 최종판만 TBS에서 방송하는 형식을 취했다. 전형적인 제작위원회 시스템에서는 불가능한 방식이다. 더구나 이들 방송은 모두 방송 3일 뒤에 유튜브에 방송함으로써 글로벌시장을 겨냥하고 있다는 것을 분명히 했다. 한국 사업자의 선진적 제작 역량과 일본의 기업이 협업해서 일본 시장 진출은 물론 해외시장을 겨냥한 프로젝트를 만든 셈이다. 초기에는 한국인도 참가했으나, 시즌 2와 시즌 3에서는 일본인들만 참석하며 일본 현지화가 되었고, 성공적으로 아이돌을 결성해서 성공함으로써 방송 수익은 물론 음악 공연 시장에서도 성공을 거둔 대표적인 프로젝트다.

제이와이피JYP와 소니 뮤직이 일본 대표 스트리밍 서비스 중 하나인 훌루와 유튜브에서 동시 진행한 오디션 프로그램인 〈니지 프로젝트Nizi Project〉를 통해 일본 걸 그룹 니쥬NiziU가 탄생한 것도 같은 맥락이다. 니쥬의 경우 일본 오리콘 차트 1위를 기록했고, 정식 데뷔 싱글인 〈스텝 앤드 어 스텝Step and a step〉도 1위를 기록했다. 그 이후 발매한 대부분의 싱글과 앨범이 오리콘 차트 상위권에 진입하는 성과를 거두었고, 여러 유명 브랜드의 광고 모델로도 활동하고 있다. 정확한 수익을 JYP와 소니가 공개하고 있지는 않지만 기존 일본의 대형 걸그룹의 사례를 보면 대략 연간 200~300억 원의 이상의 매출을 기록할 것으로 추정된다. 한국 가수의 일본 진출과는 다른 맥락에서 괜찮은 수익 구조를 창출해 낸 셈이다.

둘 다 글로벌 제작 역량을 갖추지 못한 방송사와의 관계에서 벗어난 기획이었다는 점에서 일본 시장 내 파장이 컸던 프로젝트다. 결과적으로 글로벌시장에 보여준 한국의 탁월한 제작 역량과 일본 제작위원회 균열이라는 조건이 만나서 한국과 일본 사업자의 성공적인 협업으로 이어졌다.

카르텔의 붕괴와 글로벌시장 진출에 대한 갈망이 영상 시장에서도 협업이란 형태로 등장하기 시작했다. 앞서 살펴본 대로 일본의 제작 시장은 꽉 막힌 구조에 답답해하고 있었고, 한국식 시스템이 대안이 될 수도 있다는 생각을 품기 시작했다. 넷플릭스 등에서 보여준 한국 콘텐츠의 힘이 이들의 생각을 확증하게 하는 데 큰 역할을 했다.

> "한국의 영화나 드라마를 만드는 시스템에 일본 콘텐츠 업계는 관심이 많다. 한일 합작을 경험하거나, 한국 영화에 캐스팅된 일본 배우들의 입을 통해 체계적으로 갖춰진 시스템이라는 입소문이 났다. OTT를 통해 한국의 콘텐츠가 전 세계에서 사랑받는 이유가 있다고 생각한다. 한국 제작자의 기획과 방식을 배우고 경험하려는 움직임이 있다."[148]

아시안 시장을 겨냥한 협업은 두 사업자가 글로벌 OTT 등에 판매 혹은 방영되는 콘텐츠를 생산하는 것을 의미한다. 일본과 한국이 협업해서 콘텐츠를 만들 경우 판매 대상은 자국 OTT를 비롯해 넷플릭스 코리아뿐만 아니라 넷플릭스 재팬까지 확장된다. 게다가 일본 사업자들이 강점을 가진 아마존 프라임 비디오의 구매 가능성도 높아진다. 해당 콘텐츠가 글로벌 존재감이 있다고 한다면 디즈니플러스나 HBO, 파라마운트플러스 등에서 구매할 수도 있다. 그러니까 이제 협업은 과거처럼 배우나 감독 같은 단순 요소 시장의 교환을 의미하는 것이 아니다. 이 맥락에서 2025년 공개 예정인 〈로맨틱 어나니머스Romantic Anonymous〉는 한국 제작사가 넷플릭스 재팬에 콘텐츠를 공급한 첫 경우라는 점에서 조명될 필요가 있다. 동명의 프랑스 영화를 원작으로 극본은 한국의 김지현 작가가 썼다. 제작은 한국의 용필름이 주도하고, 〈너의 췌장을 먹고 싶어〉를 연출한 츠키카와 쇼가 연출을 한다. 한국 배우인 한효주와 일본 배우인 오구리 슌$^{Shun\ Oguri}$이 참여했다. 미술, 편집, 음향 등 시스템은 한국이 제공했다. 한국의 시스템을 근간으로 일본의 배우와 감독이 참여하는 형태라는 점에서 과거 요소 시장의 진출보다는 진일보했다.

스튜디오드래곤도 국내 시스템을 바탕으로 고레에다 히로카즈 감독이 연출하는 일본 드라마 〈아수라처럼^{阿修羅のごとく}〉을 제작 중이다. 미야자와 리에, 아오이 유우, 오노 마치코, 히로세 스즈 등 일본의 톱 배우들로 꾸렸다. 〈아수라처럼〉은 무코다 쿠니코^{向田邦子}의 원작 소설을 기반으로 1979년에는 영화로, 2003년에는 드라마로 제작되어 인기를 끌었던 작품이라는 점이다. 이를 다시 해석하면 일본의 대표적으로 인기를 끌었던 IP를 한국의 시스템과 일본의 감독 및 배우가 참여하는 프로젝트로 전환했다는 것을 의미한다. 아직은 방송사와 글로벌 OTT가 결정되지 않은 것으로 보이지만, 최종 글로벌 OTT 구매 혹은 라이선스 방영이 결정되면 글로벌시장을 겨냥한 한일 합작의 한 획이 될 수도 있을 것이다.

국내 대표 기업인 CJ ENM이 보여준 시도는 한발 더 나아간다. 2022년 CJ ENM은 일본 최대 애니메이션 기업이자 IP 기업인 토에이^{Toei} 애니메이션과 글로벌 콘텐츠 제작을 같이 하기로 협약을 했다. 토에이는 〈은하철도 999〉, 〈드래곤볼〉 시리즈, 〈원피스〉, 〈미소녀전사 세일러 문〉, 〈원더풀 프리큐어!〉, 〈슬램덩크〉 등 슈퍼 IP를 보유하고 있다. 〈드래곤볼〉이 세계 80여 개국, 〈원피스〉는 100여 개국, 〈미소녀 전사 세일러 문〉도 50여 개국에 수출되었던 콘텐츠고, 현재도 글로벌 판매 수익이 70%를 차지할 정도로 토에이는 해외 판매 비중이 높은 사업자다. 토에이는 자사의 IP를 망가와 애니메이션을 넘어서 드라마나 영화로 만드는 것에 적극적이다. 〈드래곤볼〉은 3,000만 달러의 제작비로 20세기 폭스가 영화로 제작하기도 했으나 로튼 토마토Rotten tomato에서 신선도 15%, IMDb에서 2.6/10점을 받을 정도로 혹평을 받았다. 2023년에는 넷플릭스 오리지널 시리즈의 하나로 〈원피스〉가 제작되어 반향을 불러일으키기도 했다. 그러나 두 작품 모두 할리우드 시스템을 활용했음에도 원작의 분위기를 제대로 재현하지 못했다는 혹평이 쏟아졌다. 이런 상황에서 한국 기업 CJ ENM과 일본 기업 토에이의 협업 가능성이 열린 것이다. 할리우드급 제작 역량과 상대적으로 숨겨진 의미와 의도를 제대로 읽어낼 수 있는 동일 문화권의 기업 간 협업 시스템에 대한 기대가 높다. 토에이의 애니메이션을 실사 드라마로 만드는 작업에서 시작하지만, 장기적으로는 스토리를 같이 만들어 새로운 IP를 만드는 것까지도 염두에 둔 시도이다.

물론 2022년의 협약이 아직 구체적인 작품으로 드러나지는 않았다. 사람과 사람의 관계에서부터 시작하는 콘텐츠 사업의 특성 때문이다. 〈스즈메의 문단속: 다녀왔어Suzume〉와 〈너의 이름은your name〉 등으로 미야자키 하야오Miyazaki Hayao를 능가한다는 평가를 받는 신카이 마코토Shinkai Makoto의 작품은 오랫동안 그와 인연을 맺은 미디어캐슬의 강민하 번역가를 통하지 않고서는 불가능하다는 세인들의 평가나, 〈마징가 Z〉의 20주년 영화를 제작할 때 원작자와의 앙금이 해소되지 않아서 오랜 협의가 필요했다는 후일담은 자존심과 가치가 중요한 콘텐츠 사업의 특성을 제대로 보여주는 사례라고 할 수 있다. 따라서 글로벌 IP를 가진 일본 사업자와 글로벌 콘텐츠 제작 역량을 갖춘 한국 사업자와의 협업은 서로 신뢰할 수 있는 숙성 기간이 필요하다. 분명한 것은 글로벌 IP를 가진 일본 기업들이 글로벌형 콘텐츠를 제작할 때 파트너로서 한국 제작사를 고려하고 있다는 점이고, 우리가 이 고려 대상이 될 정도로 충분한 경쟁력을 확보하고 있다는 점이다. 이 둘의 결합이 의미 있는 성과를 보인다면 한일 합작 콘텐츠는 글로벌 OTT가 앞다투어 구매 의사를 표명할 것이라는 낙관적인 희망을 가져본다. 일본이 보유한 〈마징가 Z〉 IP에 한국의 제작 역량을 투입한다면 미국의 〈퍼시픽 림: 업라이징Pacific Rim: Uprising〉이나 〈트랜스포머〉를 눌러버릴 수도 있지 않을까? 이런 가능성이 이제는 충분히 현실 가능한 시점이 아닐까?

아시아의 문화 IP와 한국 콘텐츠 제작 역량의 결합 효과

일본과의 협업은 지금 당장 서로의 이해관계가 맞아떨어진 결과이기 때문에 앞으로도 지속력을 가질 수 있을 것으로 보인다. 다만 이미 글로벌 인지도를 보유하고 있는 매스형 IP의 활용이라는 측면이 강하기 때문에 엄밀하게 북미 아시안을 겨냥한 콘텐츠라고 하기에는 무리가 있다. 그보다는 아시아 시장에서 공동제작의 성과를 내기 위한 첫 번째 단계적 성격이 강하다.

진정한 공동제작은 일본을 제외한 태국, 말레이시아 등의 국가와의 협업에서부터 시작될 것이다. 일본 시장은 글로벌 IP를 가지고 있을 뿐만 아니라 일정 수준의 자국 콘텐츠 시장 규모가 있어서 글로벌 OTT 사업자의 선택을 받을 가능성이 높고, 최악의 경우 일본 내수 시장에서 소화할 수 있다는 장점을 가지고 있다. 반면에 태국이나 말레이시아의 경우 성장하고는 있으나 내수 시장의 규모가 크지 않다. 대신에 과거 새마을운동처럼 한국식 모델을 수용해서 자국 콘텐츠를 글로벌 수준으로 발전시키고 싶은 바람만큼은 정부와 관계 기관, 사업자 모두 공유하고 있다는 장점을 가지고 있다. 이 지점에서 협업의 가능성이 있다.

다행히도 글로벌시장, 특히 북미 시장은 아시아 콘텐츠에 대한 수용도가 개선되고 있다는 징후가 뚜렷하다. 방송 콘텐츠에 특화된 에미상 Emmy Awards의 수상 내역이 대표적이다. 에미상은 수상이란 과정을 통해서 시장의 변화를 민감하게 반영했다. 지상파 방송 사업자 주도시장에서 HBO 등 유료 방송 사업자의 득세를 확증했고, 최근에는 OTT가 방송 콘텐츠 시장의 주류임을 명백히 보여주기도 했다. 이런 변화 속에서 최근 몇 년 동안 에미상 수상자들의 면면을 보면 흥미로운 대목이 눈에 띈다. 바로 아시아 문화에 대한 수용이다. 2024년 에미상에서 18개 부문을 수상한 〈쇼군 Shōgun〉은 일본의 17~18세기를 다루었고, 수상에는 실패한 박찬욱 감독의 〈동조자 The Sympathizer〉는 베트남 전쟁 후 미국으로 건너간 북베트남 스파이의 이야기를 담았다. 이 변화는 북미 시청자들이 이제 아시아 문화를 단순한 '이국적 배경'으로 보는 것이 아니라, 정통적인 이야기를 즐길 수 있는 대중적인 콘텐츠로 받아들이기 시작했다는 신호로 받아들일 수 있다. 2022년 에미상을 수상한 〈오징어 게임〉도 그러했다. 한국어로 제작된 이 드라마는 북미를 포함한 전 세계에서 엄청난 인기를 얻었다. 북미 시청자들도 과거 대비 영어 자막이나 더빙에 대한 거부감이 크게 줄어든 탓이다. 이는 시청자들이 이제는 비영어권 콘텐츠에 대해 더 개방적으로 변했음을 나타낸다. 티비 인사이더^{TV Insider}는 〈오징어 게임〉이 특히 자국 언어를 사용하면서도 세계적인 성공을 거둔 사례라며 자막이 시청 경험을 방해하지 않는다는 인식의 변화를 이끌었다고 평가하기도 했다.

〈쇼군〉 역시 마찬가지로 일본어와 영어가 혼합된 대본을 사용했으며, 일본의 역사와 문화를 보다 깊이 있게 다루면서도 북미 시청자들에게 큰 호응을 얻었다. 물론 1980년에 제작된 〈쇼군〉 역시 당시 24%의 시청률을 기록할 정도로 북미 시장에서 큰 반향을 불러일으켰다. 그러나 〈쇼군〉(1980)과 〈쇼군〉(2024)은 같은 소재를 쓰면서도 접근하는 방식 자체가 완전히 달랐다. 〈쇼군〉(1980)은 대부분 영어를 사용했다. 주인공 존 블랙손이 처음 일본에 도착해서 겪는 언어장벽과 문화적 소외감을 시청자들도 느낄 수 있도록 일본어 대화에 자막도 제공하지 않았다. 반면에 〈쇼군〉(2024)은 일본어 비중이 70%가 될 정도로 높아졌고, 이를 통해 원작 소설의 배경과 역사적 맥락을 그대로 전달하고자 했다. 콘텐츠 자체는 동일하더라도 시청자들이 느끼는 접근성에서 큰 차이가 있었다는 의미이다. 이는 북미 시장이 비서구적 이야기와 언어를 포함한 콘텐츠에 대한 거부감이 크게 줄어들었음을 보여준다. 과거에는 비영어권 작품이나 자막 사용이 불편하게 여겨질 수 있었지만, 스트리밍 서비스의 확산과 글로벌 콘텐츠의 인기로 인해 시청자들은 다양한 문화적 배경의 작품을 더 수용하게 되었다.

물론 〈쇼군〉(2024)은 엄밀한 의미에서 일본 작품은 아니다. 일본 역사를 배경으로 했지만, 할리우드 제작사인 FX 네트워크와 20세기 텔레비전20th Television이 주도해서 제작했다. 이는 북미 제작사들이 아시아 문화적 요소를 적극적으로 수용하고, 이를 대중적으로 풀어내는 방식이 더욱 진화했음을 보여준다. 일본 제작사와 공동제작을 하기보다는 로케이션이나 배우 등 요소를 수용하는 형태로 제작되었다는 아쉬움은 남지만, 역설적으로 주 언어가 일본어인 드라마가 에미상 수상을 했다는 것 자체가 수용성의 변화를 상징적으로 드러낸 것이다. 일본 《니혼게이자이日本経済》 신문[149]은 "넷플릭스 오리지널 〈오징어게임〉이 순 한국어로 제작되었음에도 불구하고 미국 및 전 세계적으로 흥행에 성공한 덕분에 〈쇼군〉의 성공이 가능했다"라고 분석했다.

이제 북미 시청자들은 자막이나 더빙과 같은 언어적 장벽에 덜 민감하며, 문화적 차이를 흥미로운 경험으로 받아들이는 경향이 강해지고 있다. 이러한 흐름은 앞으로 아시아 콘텐츠가 북미 시장에서 더 많은 기회를 얻을 수 있는 중요한 기반을 제공한다. 한국의 〈오징어 게임〉이나 일본의 〈쇼군〉처럼, 아시아 국가들의 문화적 배경을 중심으로 한 작품들이 더 이상 '이질적'이거나 '이국적'으로만 인식되지 않고, 글로벌시장에서 적극적으로 수용될 수 있는 시대가 된 것이다. 이 변화는 한국과 같은 국가에게 특히 큰 기회를 제공한다. 이미 우수한 제작 역량을 보유한 한국은 이제 아시아의 다른 문화적 요소들과 결합해 새로운 글로벌 히트작을 만들어 낼 가능성이 크다. 아시아 문화는 이제 단순한 배경이나 장식적 요소가 아니라, 그 자체로 강력한 이야기를 전달할 수 있는 핵심 요소로 인정받고 있으며, 이는 북미와 같은 주요 시장에서도 점점 더 수용되고 있다.

현재 태국, 말레이시아, 인도네시아의 밤거리를 배회하는 한국 콘텐츠 사업자들이 많은 건 분명하다. 이들 대부분은 한국에서 상영된 작품을 들고 현지에서 리메이크 기회를 엿보고 있다. 〈수상한 그녀〉는 인도네시아, 베트남, 태국에서 모두 리메이크되었다. 또 〈풀하우스〉나 〈커피프린스 1호점〉은 물론 OCN 오리지널이었던 〈블랙Black〉 등도 리메이크 된 사례가 있다. 한국 콘텐츠에 대한 대중적 인기 덕분인지, 대부분의 리메이크도 성공을 거두었다. 이런 이유로 한국에서 만든 콘텐츠를 들고 동남아 각지에서 리메이크할 가능성을 찾아보기 위해서 이들 국가를 찾고 있다. 다만 이런 시도는 로컬 지향적이다. 한국 콘텐츠의 수익성 제고를 위한 수단일 뿐, 수요 부족으로 힘들어하는 한국 콘텐츠 사업이 나아갈 방향성은 아니다. 궁극적으로는 수요가 큰 북미 아시안 시장을 겨냥해야 하고, 이를 위한 협력의 돌파구를 적극적으로 찾아야 한다. 일본과는 다른 맥락에서 동남아시아 국가 중 특히 태국과 우리가 주고받을 것이 있을지 살펴보자.

넷플릭스에 오리지널 콘텐츠를 제공하는 동남아시아 국가는 인도네시아, 태국, 말레이시아 정도다. 넷플릭스 가입자 규모를 보면 인도네시아가 400만 명 정도, 필리핀이 250만 명 정도이고 이어서 태국이 230만 명, 말레이시아가 200만 명 정도를 차지하고 있다. 가입자 규모가 큰 만큼 넷플릭스 오리지널의 수도 인도네시아가 가장 많고, 이어서 태국 순이다. 그러나 콘텐츠의 글로벌 흥행을 보면 상대적으로 태국이 앞선다. 20여 편에 달하는 넷플릭스 인도네시아 콘텐츠는 대부분 글로벌시장에서 주목받지 못했다. 반면에 태국의 넷플릭스 오리지널 콘텐츠는 상대적으로 글로벌 인지도를 확보했다. 특히 2018년 방영된 이후 시즌 2까지 이어졌던 〈그녀의 이름은 난노 Girl from Nowhere〉의 경우 시즌 2가 넷플릭스에 공개되어 동남아시아를 넘어서 브라질 등 여러 국가에서 TOP 10에 진입했었다. 인도네시아의 오리지널 콘텐츠 중에는 〈밤이 온다 The Night Comes for us〉가 그나마 글로벌 인기를 끌었으나 〈그녀의 이름은 난노〉에 비할 정도가 아니었다.

OTT 이용 행태에 있어서도 두 국가는 분명한 차이를 보인다. 인구 2억 5,000만 명에 달하는 인도네시아는 로컬 OTT 서비스인 비디오 Vidio가 압도적인 점유율을 기록하고 있다. 유무료 서비스를 제공하고 있을 뿐만 아니라 스포츠와 로컬 콘텐츠로 무장하고 있다. 정부 기관도 로컬 콘텐츠와 로컬 플랫폼 보호 정책을 펴고 있다. 반면에 태국은 글로벌 OTT가 대세인 시장이고, 이 때문에 정부도 콘텐츠의 해외 진출에 가장 적극적인 동남아시아 국가다. 태국의 OTT 시장은 로컬 플레이어와 글로벌 기업 간의 치열한 경쟁이 벌어지는 격전장이지만,

가입자 규모 면에서는 글로벌 OTT의 우세다. 태국 드라마와 예능으로 무장한 TrueID와 AIS PLAY가 있으며, 이들은 주로 태국 드라마와 예능 프로그램을 제공하고 있다. 그러나 2022년 기준 넷플릭스가 약 230만 명의 가입자를 확보하고 있고, 디즈니플러스도 동남아시아 전체에서 약 470만 명의 가입자를 확보했을 정도로 글로벌 OTT가 로컬 사업자를 능가하고 있다. 디즈니플러스가 로컬 사업자보다도 저렴한 가격으로 시장을 파고든 이유도 있지만, 글로벌 콘텐츠에 대한 선호도 한몫했다.

콘텐츠의 동남아시아 시장 내 파급력에서도 두 국가는 상이한 특성을 가진다. 태국 콘텐츠는 동남아시아에서 로맨틱 드라마, BL 장르, 그리고 공포 영화에서 두드러진 영향력을 발휘하고 있고, 동남아시아 전역에서 소비되는 특성을 가진다. 동남아시아권에서 태국 드라마와 예능의 리메이크는 흔할 정도로 태국 드라마와 영화의 인기는 매우 높은 수준이다. 반면에 인도네시아는 종교적, 문화적 요소가 강하게 반영된 콘텐츠로 말레이시아, 브루나이 같은 이슬람 문화권에서 주로 인기를 끌고 있으며, 액션, 드라마 장르에서 강세를 보인다.

태국 정부와 태국 콘텐츠 업계도 글로벌 진출에 대한 강한 의지를 가지고 있다는 점 역시 간과해서는 안 되는 부분이다. 태국 정부는 2021년 '크리에이티브 이코노미' 정책[150]을 통해 콘텐츠 산업을 5대 중점 육성 산업 중 하나로 선정했고, 해외 제작진에게 최대 20%의 제작비 환급을 제공하는 등 다양한 지원책을 시행하고 있다. 이 맥락에서 태국은 글로벌시장 진출 전략을 수립하는 데 있어 한국과 일본의 성공 사례를 면밀하게 검토했다. 한국이 비교적 짧은 기간 내에 글로벌시장에서 큰 성과를 거두었기 때문에 일본보다는 한국에 관심이 더 많은 편이다. 태국 미디어 전문가들은 한국 드라마의 높은 제작 품질, 탄탄한 스토리라인, 세련된 영상미 등을 높이 평가하고 있다.

북미의 아시안 시장을 겨냥한 한국의 파트너로는 태국이 인도네시아보다 적합해 보인다. 인도네시아는 내수 시장이 크다는 장점도 있지만, 아직은 로컬 지향적이고, 그 양식도 종교에 기반하고 있다는 점에서 글로벌 파트너로서는 한계가 있다. 반면에 태국은 한국 콘텐츠와의 협력 경험이 풍부하고, 한국식 콘텐츠 제작 방식을 잘 이해하고 있으며, 이를 태국 문화와 결합하려는 의지 또한 매우 높다. 태국의 다양한 장르(특히 로맨스, 코미디, BL 장르)는 이미 동남아시아를 넘어 글로벌시장에서 인기가 있기 때문에 넷플릭스나 디즈니플러스 등의 구매 가능성이 높다는 장점도 있다. 총 편수로만 보면 인도네시아의 오리지널 콘텐츠 규모가 크지만, 이들 콘텐츠는 글로벌이 아닌 동남아시아를 겨냥한 구매 행위라는 점에서 한계가 분명하다.

분명한 것은 내수 시장 혹은 권역 시장이 아니라 글로벌시장이 타깃이어야 한다는 점이다. 한국의 제작 시스템을 활용해서 태국 배우 등을 활용하는 방식은 일단 고려 대상에서 제외한다. 현 시점에서 태국 배우 등의 글로벌 인지도가 낮아서 투자비가 적더라도 말이다. 그보다는 작가, 배우, 연출 등 한국의 제작 역량을 기반으로 해서 태국의 풍부한 역사와 전통문화, 아름다운 자연경관, 불교문화를 바탕으로 한 독특한 정서 등을 결합하는 방안이 현실적이다. 이 과정에서 태국은 한국 제작 시스템을 수용할 수 있어서, 장기적으로 자국 콘텐츠 제작 역량을 높일 수 있다. 반면에 한국은 새로운 문화적 요소를 통해 북미 아시안 시장에 한 발 더 다가갈 수 있다.

결론적으로, 한국과 태국의 공동제작은 아시아 콘텐츠의 새로운 가능성을 열어줄 수 있는 흥미로운 시도가 될 수 있으며, 이를 현실화하기 위해서는 양국 정부와 업계의 지속적인 노력과 투자, 그리고 상호 이해와 협력이 필수적이다.

한국 방송 미디어 산업의 위기와 정책 제언

- 조영훈

(SK브로드밴드 커뮤니케이션 담당·한국미디어정책학회 및

한국방송학회 부회장)

"세상의 일이란 운명의 여신과 신에 의해 주관되기 때문에

인간들은 실천적 이성으로도 이를 바로잡을 수 없고

사실상 구제책이 없다는 견해를 많은 사람들이 가져왔고

지금도 갖고 있음을 내가 모르는 바가 아니다. (중략)

그럼에도 불구하고 인간의 자유의지를 박탈하지 않기 위해

운명의 여신은 우리 행동의 절반에 대해서만

결정권자의 역할을 하며 나머지 절반 혹은 거의 그 정도는

우리가 통제하도록 사실상 허용하고 있다는 것이

진실일 거라고 나는 판단한다."

- 니콜로 마키아벨리의《군주론》중에서

앞에서 넷플릭스라는 글로벌 OTT 플랫폼이 우리나라의 방송 미디어와 영상 콘텐츠 산업에 미친 영향에 대한 분석과 통찰을 살펴보았다. 2016년부터 넷플릭스는 국내 방송 미디어 시장이 글로벌 무한 경쟁 시장에 포섭되는 과정에서 결정적 역할을 했고, 우리 콘텐츠는 넷플릭스를 통해 전 세계 시장으로 확산되었다. 그러나 그 과실은 우리의 몫이 아니었다. 더구나 넷플릭스와 경쟁 관계인 국내 방송 플랫폼은 시청자들의 눈과 귀의 체류 시간을 두고 정면 승부를 벌였으나, 시장 크기에 따른 규모의 경제, 자본력과 기술력에서 넷플릭스에 대한 본원적 경쟁력 열위와 국내 사업자에게만 적용되는 비대칭적 규제로 인해 승패는 곧 갈리고 말았다.

이것이 지금 우리나라 방송 미디어 산업이 처한 현실이다. 그렇다면 이런 운명을 받아들여야 하는가? 아니라면 어떻게 극복해야 하는가? 이 글은 이런 질문에서 시작한다. 마키아벨리는 우리 행동의 절반은 운명의 여신과 신이 결정하지만, 나머지 절반에 대해서는 우리 스스로가 결정하고 통제할 수 있다고 주장했다. 주어진 운명을 헤쳐나가는 힘이 우리의 역량이다. 국내 미디어 기업들의 역량과 정부 정책 및 제도라는 역량, 이 두 가지의 합이 우리 방송 미디어 산업의 역량이다. 근본적으로 중심축은 시장과 기업에 있다. 하지만 정책과 제도는 시장과 기업이 가지고 있는 역량을 뛰어넘어 발휘하게 할 수도 있고 거꾸로 억누를 수도 있다.

　다른 한편으로, 지금의 국내 방송 미디어 산업이 겪고 있는 위기는 콘텐츠와 플랫폼 또는 시장과 정책 등 어느 한 영역에서만 원인을 찾을 수 없는 복합적 문제이다. 플랫폼과 콘텐츠, 그리고 두 영역 간의 상호작용과 가치사슬 관계를 모두 들여다보아야 한다. 시장과 산업은 가치사슬 관계를 만들면서 행동하는 기업들의 전략적 상호작용의 결과이다. 이러한 기업들의 전략적 상호작용에는 일정한 게임 룰이 작동한다. 전혀 다른 원리로 작동하는 게임 룰도 있는데 그것은 바로 정부 정책과 제도다. 이러한 두 가지 게임의 룰은 상황에 따라 같은 방향으로 또는 반대의 방향으로 작동하기도 한다. 그리고 이러한 시장과 정부 영역에서의 전략적 상호작용들이 모여 시장의 경쟁구조를 결정짓고, 산업의 성과를 만들어 낸다.

　이러한 관점을 견지하면서 글을 진행하고자 한다. 순서는 다음과 같다. 우선 국내 방송 미디어 산업이 처한 위기의 원인을 규명해 본다. 다음으로 위기를 극복하기 위한 방향성을 찾기 위해 고려해야 할 요인들을 살펴보고, 이를 토대로 실천적인 정책 과제들에 대해 제언하고자 한다. 결론 부분에서 언급하겠지만 그 정책 제언이라 함은 미디어 정책의 범위를 더 넓게 확장해보자는 것이고 이를 실현하기 위해 보다 적극적으로 정부와 국회가 제도화된 리더십을 발휘해야 한다는 것이다.

01

방송 미디어 산업의
위기와 원인

"모든 것이 산산히 부서지고, 중심은 힘을 잃어
그저 혼돈만이 세상에 풀어 헤쳐진다."
- W.B. 에이츠, 《재림》

우리나라의 방송 미디어와 콘텐츠 산업이 절체절명의 위기에 처했다
는 지적이 많다. 그러나 전 세계적으로 인정받은 한국 콘텐츠를 제작
공급하는 영상 콘텐츠 산업이 위기에 처했다는 주장은 선뜻 공감하기
어려울 수도 있다. 겉으로만 봐서는 실체를 파악하기 어려운 법이다.
그러니 위기의 징후들과 그 원인을 규명하는 것이 우선이다. 그래야
위기에서 벗어나든, 위기를 기회 삼아 재도약할 수 있다. 이러한 위기

의 원인은 내부로부터 혁신하고자 하는 노력이 부족한 것일 수도 있고, 밖으로부터 오는 충격에 의한 것일 수도 있으며, 둘 다일 수도 있다. 마키아벨리가 부르는 방식으로 하면, 내부의 혁신은 역량이라 할 수 있고, 외부의 충격은 운명이라 할 수 있다. 내부 혁신의 부족은 시장 플레이어의 역량이 부족하거나 노력을 게을리한 것일 수도 있고, 제도와 규제가 혁신을 가로막은 것일 수도 있다. 우선 우리나라의 미디어 산업이 처한 위기의 징후, 그리고 위기의 원인을 규명하는 일부터 시작해보자. 우리가 처한 현실이 불편하더라도 제대로 된 처방을 내리기 위해서는 제대로 된 진단이 필요하다.

위기의 6가지 징후

우리나라 방송 미디어와 콘텐츠 산업은 그 어느 때보다 심각한 위기에 처했다. 다소 과장된 표현일 수도 있으나, 디스토피아적 위기라거나 지속가능성의 위기라고도 한다. 이는 글로벌 OTT의 침공과 그들의 미디어 재원 침탈에서 기인한 구조적이고 경향적인 위기라고 가설을 세워 본다. 위기의 6가지 징후들을 살펴보자.

첫째, 유료 방송 플랫폼을 통해 방송 콘텐츠를 시청하는 가입자가 글로벌 OTT로 인해 줄기 시작하면서 2021년부터 소위 코드 커팅 Cord Cutting [151] 현상이 시작되었다. 유료 방송 사업 매출의 절반을 담당하는 월 기본수신료 매출이 줄어들 수 있다는 의미다. 또한 IPTV 성장의 한 축을 담당하던 VOD 매출 역시 급감하며 2018년 코드 쉐이빙 Cord

224

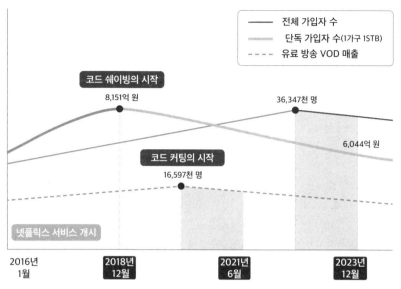

코드 쉐이빙의 시작

8,151억 원

36,347천 명

6,044억 원

코드 커팅의 시작

16,597천 명

넷플릭스 서비스 개시

2016년
1월

2018년
12월

2021년
6월

2023년
12월

가입자, Q의 감소 P x Q = 수익 감소
수신료는 유료 방송 수익 기반의 51.6%

Shaving **152**이 시작되었다. 넷플릭스의 한국 서비스가 시작된 지 2~3년 만에 유료 방송 VOD 소비가 줄어든 것이다.

둘째, 홈쇼핑 사업자의 매출과 영업이익이 감소세로 전환되었다. 홈쇼핑 송출 수수료는 유료 방송 플랫폼 사업자 매출의 1/3을 담당해 왔다. 홈쇼핑 산업은 우리 국민들이 미국의 1/10도 안 되는 낮은 가격으로 유료 방송을 시청할 수 있게 해주었고, TV를 통한 쇼핑 기회를 제공하면서 제조업과 서비스 산업의 성장을 지원하는 순기능을 해 온 것이 사실이다. 이런 홈쇼핑 산업이 위기에 처했다. 쿠팡, 알리, 테무와 같은 온라인 쇼핑몰의 약진으로 커머스 시장의 구조 변화와 더불어 유료 방송 가입자 및 TV 시청이 감소하고 있기 때문이다. 문제는

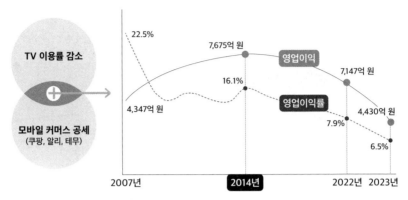

TV 이용률 감소

＋

모바일 커머스 공세
(쿠팡, 알리, 테무)

22.5%

7,675억 원

영업이익

7,147억 원

16.1%

영업이익률

4,347억 원

7.9%

4,430억 원

6.5%

2007년　　　　　　　　2014년　　　　　　2022년　2023년

TV홈쇼핑은 유료 방송 수익 기반의 33.8%

감소하는 속도이다. 시청자의 행태를 고려할 때 미디어 생태계에 유입되던 재원의 축소로 연결될 가능성이 매우 높다.

셋째, 방송사의 구조조정이 플랫폼 영역과 콘텐츠 영역에서 큰 폭으로 진행되고 있다. 이유는 조금씩 다르지만 미디어 시장 재원 축소로 인한 하위 산업 및 기업 단위에서의 경영 위기다. 즉 시장의 위기가 하위 산업에서 개별 기업의 위기로 연결되기 시작했다는 것이다. 지상파 방송사뿐만 아니라 CJ ENM, JTBC, LG 헬로비전, SkyLife 등 플랫폼과 콘텐츠 전 영역에서 인력을 감축하는 비상 경영을 단행했다. 비상 경영과 구조조정은 미디어 기업의 매출과 이익이 줄어들고 그 추세가 구조적으로 고착화되어 가고 있는 상황을 타개하기 위한 불가피한 선택이다.

넷째, 콘텐츠 영역도 다르지 않다. 한동안 넷플릭스의 한국 콘텐츠 IP 독점을 위한 매절 계약은 그나마 견딜 만했다. 이제는 콘텐츠 시장 수요 독점적 지위가 강화되면서 시장의 조건들이 변하고 있다. 이윤 극대화를 위해 공급 독점자가 공급량을 좌우하고 가격을 올리듯이 수요 독점자는 수요량을 조절하면서 거꾸로 제작 가격을 내릴 수 있다. 그로 인해 제작 스튜디오는 퇴출되거나 협상력이 약화되면서 한때 고공 행진하던 주가가 떨어졌다.

다섯째, 콘텐츠 산업의 꽃이자 뿌리인 영화를 보자. 한국의 영화는 눈부신 성과를 보였다. 그러나 영화 〈기생충〉의 아카데미 작품상 수상은 한국 영화의 상징적 피크였다. 최근 3년간 3대 국제영화제 출품작이 단 하나도 없었다. 코로나로 인한 영화 관람의 수요 감소도 한몫했지만, 무언가 다른 원인이 있다. 제작된 영화들이 창고에 쌓여 상영관을 찾고 있으나 이를 위한 펀딩이 잘 되지 않는다. 앞으로는 더 난망할 것이다. 우리 영화를 주도해 온 제작사들이 기획한 영화의 수가 크게 줄고 있다. 향후 2~3년 후 한국 영화의 개봉작 수는 현저히 줄 것으로 예상된다.

끝으로, 드라마 제작 시장을 보자. 드라마가 영화보다 덜 위험하다는 말은 옛말이다. 넷플릭스의 수요 독점 시장으로 변화하는 과정에서 드라마 제작비는 급상승했고, 그 결과 제작 편수는 급감했다. 배역 시장은 성공을 담보할 가능성이 높은 소수의 주연급 배우들만이 생존하는 무대가 되면서 양극화되었고, 소수의 주연급 배우들로 돌려 막는 승자독식 시장이 되었다. 우리나라 배역 시장의 소득불평등은 전세계 최고 불평등 국가보다 심한 지경이 되었다.

국내 방송 미디어 시장의 재무적 성과와 경쟁 상황 평가

2024년 6월 방송통신위원회가 발표한 보도자료는 미디어 생태계에서 방송 사업자들이 거둔 재무적 성과Financial Performance가 얼마나 극적으로 악화되고 있는지를 보여주고 있다. 2023년 방송 사업 매출은 전년 대비 4.7%, 방송 광고 매출은 전년 대비 19% 감소하였다. 문제는 방송 사업 매출이 감소하는 모양새이다. 방송 사업 매출은 지난 10년간 지속적으로 증가해 왔으나, 처음으로 감소했다.

지상파 방송사 매출 감소가 10.2%로 가장 크고, IPTV를 제외한 홈쇼핑, 일반PP, CP 모두 감소하였다. 그중 착시를 일으키는 내용도 있다. "IPTV를 제외하고 모든 사업자가 매출이 감소했다"라는 문구이다. IPTV 매출 증가율이 전년 대비 2% 상승했기 때문인데, 문제는 증가율이 급감하고 있다는 점이다. IPTV 역시 마이너스로 돌아설 가능성이 높다.

그에 앞서 3월 보도된 2023년도 방송 시장 경쟁 상황 평가 결과는 미디어 생태계의 시장 경쟁 상황Market Competition 변화를 설명하고 있다. 방송 시장의 경쟁이 대부분의 시장에서 활발하게 진행된 것으로 평가했다. 그러나 주목할 부분은 온라인 동영상 서비스인 OTT 영향력 확대에 따라 방송 시장의 성장세가 약화되고 있다는 점이다. 글로벌 OTT의 영향력 확대로 유료 방송 가입자 수는 전년 대비 0.4% 감소하였다. 그러나 호텔, 병원 등을 제외한 일반가구를 의미하는 IPTV

단독 가입자 증가율은 이미 2021년에 감소하기 시작했다.

방송통신위원회도 명확히 알고 있다. 국내 방송 시장의 위축은 온라인 동영상 서비스의 영향력 확대에 기인한 것으로 적시하고 있다. 하지만 미디어 콘텐츠 시장 상황은 초거대 글로벌 플레이어인 유튜브와 넷플릭스에 의해 주도되고 있다는 점이 주지의 사실인데, 이런 점에 대한 평가가 빠져있는 경쟁 상황 평가의 결과로 무슨 정책적 시사점과 대안을 찾을 수 있는지 알 수가 없다.

위기의 근본 원인은 글로벌 미디어 경쟁 체제로의 편입

일단 지금의 방송 미디어와 콘텐츠 산업의 위기는 외부의 충격, 즉 글로벌 빅테크의 국내시장 공세로 인한 것으로 보아야 한다. 지금부터는 레가시 미디어와 글로벌 빅테크의 관계, 그리고 현재까지 이들간의 비즈니스 모델과 재원 확보 경쟁의 잠정적 결과에 대해 수치를 중심으로 살펴보자.

글로벌 빅테크와 국내 미디어 기업의 수익 모델은 정확히 일치하고, 둘은 완벽한 대체 또는 경쟁 관계에 있다. 광고와 구독이라는 2개의 수익 모델을 설정하고 있다는 점에서 업의 본질이 동일하다. 그러나 문제는 기업과 개인의 광고, 구독에 지출할 수 있는 재원은 한정되어 있다는 점이다.

글로벌 미디어 빅테크를 중심으로 전 세계 미디어 산업과 시장이 재편되면서 이들이 보유한 거대 자본, 규모의 경제를 국내 미디어 기업이 당해내지 못하고 있는 것이 현실이다. 국내 미디어 기업에게 왜 유튜브와 넷플릭스처럼 못 하냐고 질문하는 것은 우문이다. 이는 네이버와 카카오에게 왜 구글, 아마존처럼 못 하냐고 질문하는 것과 같다. 본래부터 글로벌 시장을 대상으로 비즈니스를 시작한 글로벌 미디어 빅테크와 로컬 사업자인 국내 미디어 사업자는 경쟁이 될 수 없다. 국내 사업자들을 해외로 진출하라고 지원하며 떠미는 것은 헛된 기대일 수도 있다. 국내시장에서 우리 방송사들이 경쟁에 밀리지 않는 것에서 출발해야 한다.

국내 시청자 이용 행태 및 시장 경쟁구조의 근본적 변화

글로벌 미디어 빅테크로 인해 국내 미디어 시장의 경쟁과 구조, 시청자들의 이용 행태가 크게 변하고 있다. 광고 기반 OTT 시장에서 유튜브 점유율은 78%에 달하며, 구독 기반 OTT 시장에서 넷플릭스의 점유율은 50%에 달한다. 우리나라 국민의 유튜브 이용 시간은 월 평균 40시간으로 전 세계 평균 23시간의 2배에 달한다. 넷플릭스 이용자는 2019년 286만 명에서 2023년 1,164만 명으로 3배 이상 증가했다.

이러한 시청 행태의 변화는 시장의 경쟁구조에도 변화를 야기하고 있다. 경쟁구조를 수평 시장과 수직 시장으로 나누어 살펴보자. 우선 국내 미디어 시장에서 미디어 플랫폼 간의 수평 시장 경쟁구조는 국내 미디어 사업자와 글로벌 OTT 사업자 간 경쟁구조로 변했다. 더 연구가 필요하지만, 국내 미디어 시장은 이미 글로벌 OTT사업자의 과점 시장으로 변화하고 있고, 정부도 OTT 영향으로 유료 방송 시장 성장동력이 둔화되고 있다고 판단하고 있는 듯하다. 학계나 정부에서 연구해야 할 가설은 "미디어 플랫폼 시장은 유튜브와 넷플릭스의 과점 시장으로 진행되고 있다"라는 것이다. 이러한 경쟁구조의 변화에 대한 정확한 사실 확인을 위해 정부의 경쟁 상황 평가에 즉시 반영되어야 하고 그에 기반해야 제대로 된 미디어 정책이 나올 수 있다.

수직 시장의 경쟁구조를 보자. 콘텐츠라는 상류 시장과 플랫폼이라는 하류 시장을 어느 한쪽의 기업이 수직계열화하여 효율성과 경쟁력을 강화하고 시장점유율을 높이려고 시도한다. 이미 넷플릭스의 수요독점적 지위가 강화된 상태에서 더 큰 문제는 그다음이다. 한국 콘텐츠에 대한 인기가 떨어질 때 넷플릭스가 언제든 한국 시장을 떠날 수 있다는 것이다.

글로벌 OTT로 인한 심각한 국내 미디어 재원의 잠식

시청자의 눈과 귀의 체류시간이 레가시 미디어에서 온라인 플랫폼으로 이동하면서 광고 시장의 매출 구조도 변화를 가져왔다. 온라인 광고는 2018년 이후 연평균 9.6%씩 성장하며 2023년 말 기준 9조 원의 규모로 성장한 반면, 방송과 신문의 광고 매출은 연평균 마이너스 3.4%씩 역성장하였고, 2023년 기준으로 방송은 3조 3,076억 원, 신문

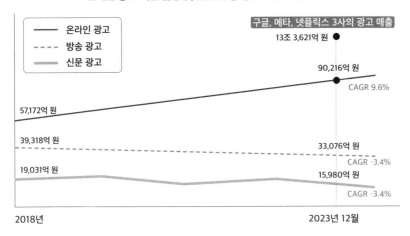

온라인 광고 매출 급성장, 신문/방송 광고 매출 지속 하락

온라인 광고
방송 광고
신문 광고

구글, 메타, 넷플릭스 3사의 광고 매출
13조 3,621억 원

90,216억 원
CAGR 9.6%

57,172억 원

39,318억 원

33,076억 원
CAGR -3.4%

19,031억 원

15,980억 원
CAGR -3.4%

2018년

2023년 12월

은 1조 5,980억 원으로 축소되었다. 그러나 주목할 부분은 레가시 방송과 신문에서 온라인 플랫폼으로의 광고 매출 이동이 아니다. 우리는 13조 3,600억 원 규모의 광고 매출에 주목해야 한다.

최근 한 연구에서 구글, 메타, 넷플릭스가 국내에서 벌어들인 광고 매출의 규모를 추정했는데, 광고 매출 합이 최대 13조 3,600억 원에 달한다. 국내 레가시 방송과 신문의 광고 매출액이 4조 9,000억 규모인데 이보다 2.7배에 달하는 규모다.

구독료 매출을 보자. 유튜브 프리미엄과 넷플릭스의 구독료를 합한 규모가 2023년 기준 3조 2,000억 원으로 추정되었다. 이는 IPTV 3사의 방송매출액인 2조 8,700억 원을 넘어선 규모다. 국내 토종 OTT의 매출이 6,000억 원 규모이고, 1조 원의 적자 규모를 생각할 때 구독료 영역에서도 글로벌 OTT가 압도하고 있는 것이다. 또한 구글의 국내 매출에서 미디어 재원에 해당하는 광고와 구독성 매출의 합이 전체 구글 매출 12조 1,000억 원의 69%에 해당하는 8조 3,000억 원 규모로 추정했다. 구글 한 개 기업의 매출이 국내 유료 방송의 방송 사업 매출 규모인 7조 2,000억 원보다 많다. 넷플릭스의 국내 매출은 8,233억 원으로 발표되었다. 그러나 상기 연구 결과에 의하면 1조 8,857억 원으로 추정된다. 이는 MBC와 SBS 두 방송사의 매출 합계보다 더 크다.

IPTV에 대한 오해와 진실

여기서는 2009년 도입된 이후로 국내 방송 플랫폼으로 핵심적 역할을 수행하고 있는 IPTV에 관하여 살펴보고자 한다. 그림에서 보듯이,

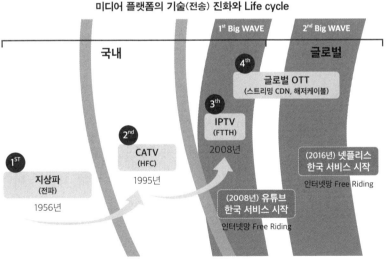

*참고: Google, Youtube 인수(2006년), 넷플릭스 Streaming 시작[미국](2007년)

국내 방송 플랫폼은 지상파, 케이블TV에서 IPTV로 진화했다. 방송 플랫폼은 기본적으로 방송신호를 시청자들에게 전달하는 기술의 혁신이 발생했을 때 서비스가 진화하였다. 무선 주파수를 사용하던 지상파에서, 광·동축 혼합케이블(HFC)을 이용한 다채널 매체로 진화한 케이블TV로, 초고속인터넷망에 기반하여 양방향까지도 가능해진 IPTV로 진화하였다.

2008년 시작된 IPTV는 독과점 지위에 오른 듯 했다. 그러나 2009년 구글의 유튜브 한국 서비스가 시작되면서 광고 수익 기반의 OTT와 경쟁하게 되었었으며, 2016년 넷플릭스 한국 서비스가 시작되면서 VOD 수요가 대체되었으며, 구독료 시장에서 경쟁을 하게 되었다. 그러니까 IPTV는 처음부터 글로벌 OTT와 국경 없는 경쟁을 시작했다고 볼 수 있다.

그렇다면 IPTV 사업의 재무적 성과는 어떨까? 케이블TV 사업 및 홈쇼핑 사업의 매출과 영업이익을 IPTV 사업과 비교하여 살펴보자. 누적 매출을 살펴보면 케이블TV 사업은 2005년부터 2023년까지 36.3조 원, 영업이익 6.6조 원 수준이다. 홈쇼핑 사업은 2007년부터 2023년까지 83조 원, 영업이익 9.9조 원 수준이다. IPTV는 2009년부터 2023년까지 35.9조 원, 영업손실 2.2조 원 수준이다. 대표적 미디어 플랫폼인 IPTV의 재무적 성과가 미흡한 주된 이유는 흔히 지적되듯 독과점 지위도 없고, 지배적 사업자도 아니었기 때문이다. 역설적이게도 초기부터 경쟁을 해 온 IPTV 사업에겐 시간이 더 필요하다.

미디어 콘텐츠 산업에 큰 재원 역할을 했던 IPTV 플랫폼

IPTV는 국내 방송 미디어의 핵심 플랫폼이다. 생태계의 관점에서 이용자와 콘텐츠를 중개하며, 이용자와 홈쇼핑을 중개한다. 인프라 투자를 통해 커버리지[153]를 확대하고, 이용자를 증대시켜 지상파 방송과 방송 채널 사업자에게 커버리지를 제공하고, 이를 활용해 콘텐츠 사업자는 광고 수익을 극대화한다.

특히 유료 방송 플랫폼은 콘텐츠를 제공받는 대가로 콘텐츠 진영에 재원을 공급한다. 2005년부터 2023년까지 유료 방송 플랫폼이 콘텐츠 대가로 지불한 규모는 약 22조 7,400억 원 규모이다. 우리나라 콘

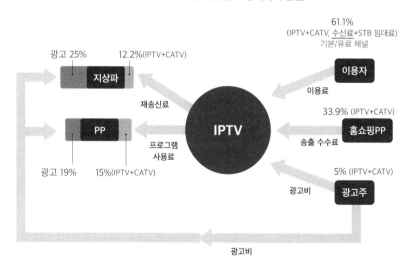

방송 시장에서 IPTV는 플랫폼… 생태계의 중심

*전체 매출 대비 광고 비중: 지상파 25%, PP 19%
→ 지상파 • PP의 광고 매출도 IPTV+CATV 가입자 기반으로 얻는 매출

텐츠 산업의 역량은 이러한 생태계를 기반으로 오랜 기간 성장해 온 것이지 불과 몇 년 사이의 넷플릭스가 투자한 재원으로 성장한 것이 아니다. 최근 넷플릭스의 국내 콘텐츠에 대한 투자 규모는 2023년부터 2026년까지 약 3.5조 원 수준으로 알려져 있다.

02

위기 극복의 방향성을 찾기 위해 고려해야 할 요인들

"경쟁사회에서 선택의 자유는 만약 어떤 사람이 우리의 소망을 충족시켜 주길 거절한다면 (중략) 다른 경쟁자에게 갈 수 있다는 사실에 근거하고 있다. 그러나, 독점자와 대면하고 있다면, 우리는 그의 자비를 바랄 수밖에 없다."

- 프리드리히 하이에크, 《노예의 길》

"자본주의의 매개체인 시장은 디지털 거래 플랫폼으로 대체되었다. 디지털 거래 플랫폼은 마치 시장처럼 보이지만 실상 그렇지 않다. 차라리 봉건시대의 영지라 이해하는 편이 낫다. 자본주의의 엔진인 이윤은 봉건시대의 할아버지라 할 수 있는 지대rent에게 자리를 내주었다. 특히 플랫폼과 클라우드에 더욱 폭넓게 접속하려면 내야 하는 어떤 유형의 지대가 있다. 나는 그것을 클라우드 지대라 부른다."

- 야니스 바루파키스, 《테크노퓨달리즘》

앞서 보았듯, 우리나라 미디어 산업의 위기는 글로벌 플레이어에 의한 재원 잠식으로 표출되고 있다. 그런 재원 잠식은 글로벌 미디어 경쟁체제에 편입되면서 내부 시장에서의 혁신이 부족했거나 제도적 제약을 적시에 제거하지 못했기 때문이다.

정책의 관점에서 볼 때, 글로벌 미디어 빅테크가 우리 시장을 자신의 소비시장과 생산요소시장으로 포섭시키는 과정에서 시장지배력과 사회적 영향력을 확대하는 사이 정부와 국회는 어떠한 견제 장치도 만들지 못했다. 그 결과 글로벌 빅테크들은 아무런 제약 없이 이윤을 극대화하고, 국내 미디어 기업의 재원을 잠식할 수 있었다. 주장하고자 하는 것은 글로벌 미디어 빅테크를 배척하자는 것이 아니다. 우리의 미디어 시장에서 기존 플레이어들과 경쟁함에 있어 경쟁자들을 공정하게 대하고, 국민들에게는 보다 책임감 있게 대하라는 것이다. 그러나 빅테크들이 자발적으로 그렇게 할 수는 없다. 그들을 공정하고 책임감 있게 만드는 것은 정부의 몫이고, 위기 극복의 시작점이다.

글로벌 빅테크에게 있어서 우리의 시장이란?

이러한 위기는 방송의 저널리즘보다 신문의 저널리즘이 먼저 인지하기 시작했다. 신문 언론은 미디어 빅테크들이 우리나라의 시장을 어떻게 바라보았는지를 다음과 같은 몇 가지 키워드로 설명한다. 첫째, "규제 공백 틈타… 빅테크 한국에 무혈입성"(매일경제, 2024년 3월 8일), 둘째, "범죄 방조자 플랫폼, 책임도 안진다"(조선일보, 2024년 9월 3일), 셋째, "돈만 벌면 된다는 플랫폼…가짜 뉴스·유해 콘텐츠"(조선일보, 2024년 9월 3일). 이러한 신문 언론의 비판적 논조는 2024년 7월 2일자 조형래 부국장 칼럼 〈유튜브 공화국〉[154]에서 "사용자·시간 압도적 1위…(중략) 시장 독점 갈수록 심화, 국내 기업 역차별 불만도, 거대 플랫폼 폐쇄 막을 최소한의 방어막은 있어야"라고 하면서 "이대로면 빅테크가 한국의 대통령을 뽑을 날도 멀지 않았다"라고 지적했다.

글로벌 미디어 빅테크의 공세 : 5가지 사례

◆ 유튜브 프리미엄의 가격 인상

2023년 12월, 구글은 유튜브 프리미엄의 가격을 월 10,450원에서 14,900원으로 42.6% 인상했다. 유튜브의 국내 매출을 추산해 보면 연간 9,488억 원에서 1조 3,469억 원으로 증가한다. 가격인상을 통해 수요가 줄더라도 초과 이윤을 택한 것이다. 시장지배력으로 인해 가능한 가격 설정자Price Setter로서의 선택이다. 흥미로운 것은 가격이 인상된 후에도 수요가 줄지 않았다는 점이다. 유튜브 MAU를 살펴보면 2023년 12월 680만 명에서 2024년 4월 720만 명으로 늘었다. 미시경제학의 예외가 발생했다.

◆ 넷플릭스와 유튜브의 인터넷망 무임승차

일부 빅테크는 통신사의 인터넷망에 무임승차하고 있다. 구글의 전세계 트래픽 점유율은 21% 수준이며 우리나라는 이보다 높은 28.6% 수준이다. 무임승차가 가능한 이유는 빅테크가 통신사 대비 협상력Bargaining Power 우위와 규제의 비대칭성에 기인한다. 반면, 국내 OTT들은 인터넷망에 대한 정당한 대가를 지불하고 있다.

◆ 뉴스 검색 및 AI 학습에 뉴스 콘텐츠 무임승차

인터넷망의 무임승차가 물리적인 인프라에 대한 것이라면, 뉴스 콘텐츠의 무임승차는 지적재산에 관한 것이다. 호주는 빅테크에 의한 뉴스 콘텐츠 무단 사용을 막기 위해 뉴스협상법을 제정·시행 중이다. AI 학습에 있어서도 동일한 이슈가 제기되고 있다. 2023년 한국신문협회는 언론사의 사전동의 없이 활용되는 생성형 AI 뉴스는 저작권 침해라고 밝힌 바 있다. 뉴스 콘텐츠에 대한 정당한 대가가 지불되지 않을 경우 사회적으로 필요한 수준의 뉴스 콘텐츠가 생산되지 못한다. 저널리즘에서의 공유지의 비극이며 이 역시 시장의 실패다.

◆ 유튜브 프리미엄의 유튜브뮤직 끼워 팔기

2023년 2월 공정거래위원회는 유튜브 프리미엄의 유튜브 뮤직 끼워 팔기에 대한 조사를 시작했다. 그러는 사이 2023년 말에 국내 음원 앱 1위인 멜론은 유튜브 뮤직에 추월당했다. 2024년 5월에 공정거래위원회는 카카오 및 카카오엔터테인먼트와 SM엔터테인먼트와의 기업결합을 조건부로 승인했는데, 이들 플랫폼 간의 합병으로 인해 음원 앱 시장에 경쟁을 제한할 우려가 있다고 보고, 향후 3년간 카카오는 경쟁 음원 플랫폼에 공급 거절, 자사 우대 등의 행위를 하지 못하도록 한 것이다. 그러나 멜론은 이미 음원 앱 시장의 1위를 내주었고, 유튜브 프리미엄의 유튜브 뮤직 끼워팔기에 대한 조사 결과는 나오지 않았다.

◆ 알리, 테무의 불량, 초가 제품 유통

방송 미디어와 관련 없어 보이는 전자상거래 플랫폼을 문제 삼는 것은 논지에서 벗어나 보인다. 그러나 우리나라 유료 방송 수익의 30%는 홈쇼핑 산업에서 발생하며 온라인 전자상거래와 직접적인 경쟁 관계에 있다. 2024년 5월경 알리와 테무 등 중국의 전자상거래 플랫폼을 통해 발암물질이 포함된 제품이 국내에 유통되었고, 그로 인해 국민의 건강을 위협하고, 초저가 상품 유통으로 국내 중소기업들의 피해에 대한 우려가 제기되었다. 정부는 KC인증 없는 직구 금지 대책을 발표했다가 3일 만에 정책을 철회했다. 문제는 이들을 중개한 플랫폼이며, 유럽 등 선진국은 플랫폼을 대상으로 한 규제를 통해 알리와 테무의 문제해결에 접근하고 있다.

다음의 그림은 구글의 시장지배력을 보여준다. 이는 어디까지나 가설이다. 우선 생산요소시장에서 구글은 신문방송사의 뉴스 콘텐츠와 통신사의 인터넷망을 활용하여 서비스를 생산한다. 앞서 본 사례에서처럼 이런 필수 생산요소를 무임승차하고 있다면 이들에 대한 우월적 협상력을 보유하고 있다는 의미이다. 이용자 시장에서는 유튜브 프리

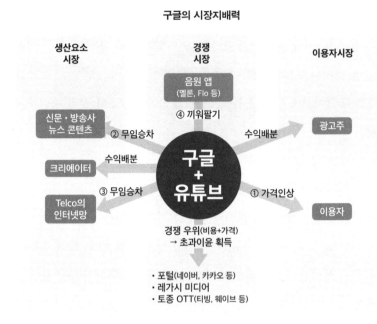

구글의 시장지배력

생산요소
시장

경쟁
시장

이용자시장

음원 앱
(멜론, Flo 등)

④ 끼워팔기

신문·방송사
뉴스 콘텐츠

② 무임승차

수익배분

광고주

구글
+
유튜브

크리에이터

수익배분

③ 무임승차

Telco의
인터넷망

① 가격인상

이용자

경쟁 우위(비용+가격)
→ 초과이윤 획득

· 포털(네이버, 카카오 등)
· 레가시 미디어
· 토종 OTT(티빙, 웨이브 등)

미엄의 가격인상에서 보듯이 가격설정자로서의 지배력을 보유하고
있다. 이러한 생산요소시장, 이용자 시장에서의 우월적 지위를 이용
해 초과이윤을 수취하고 있다.

국내 방송 미디어 산업의 위기를 극복하기 위한 그 동안의 정책적 노력

그동안 정부는 미디어 산업의 위기 극복과 지속 성장을 위한 정책을
마련하고자 많은 노력을 경주해 왔다. 미디어 산업의 성장에 정부의
제도와 지원이 큰 역할을 했다는 것은 분명하다. 다만, 미디어 산업이
글로벌 체계로 편입되기 시작한 이후 그 대응이 적절했느냐에 대해선
의문의 여지가 있다. 2013년 이후 정부는 미디어 산업의 육성을 위한

시기	구분	주무부처
2013. 12. 10.	방송산업 발전 종합계획	미래창조과학부, 방통위, 문제부 부처 합동
2014. 7. 1.	PP산업 발전 전략	미래창조과학부, 방통위
2016. 12. 27.	유료 방송 발전방안	미래창조과학부
2020. 6. 19.	디지털미디어 생태계 발전 방안	과기정통부
2021. 7. 27.	유료 방송 제도 개선 방안	과기정통부

지원과 규제완화 대책을 지속적으로 발표해 왔다.

그리고 최근인 2024년 3월에는 미디어 규제완화 및 국내 OTT 육성을 위한 대책을 발표했다. 총리실 주관으로 민관합동의 미디어·콘텐츠산업융합발전위원회를 통해 수립되었으며, 시장의 요구와 전문가들의 의견을 수렴하려 하였다는 점에서 이전의 대책과 다르다. 그러나 되돌아보면 정부 부처의 지원 정책과 제도 개선 노력이 현실에 적용된 것이 많지 않고, 그 사이 국내 미디어 산업은 빅테크의 놀이터가 되었다. 방송산업의 발전을 가로막는 거미줄 규제를 걷어내야 하는데 방송 관련 법령의 개정이 여러 이유로 힘들었다는 점이다. 오죽하면 헌법 개정보다 어려운 것이 방송법 개정이라는 말이 있을 정도이니 말이다.

미디어 산업의 시도와 좌절에 관한 4가지 사례

규제는 어떤 특정 상황에서 사회·경제적 필요에 의해 만들어진다. 그러나, 그 상황이 변하면 규제는 필요 없어지거나 변화를 저해하는 방해물이 된다. 방송 미디어 규제완화도 마찬가지이다. 적시에 실현되지 못해 시장에서 기회를 상실한 사례가 다수 발견된다. 2009년 이후 IPTV라는 혁신적 방송 플랫폼이 전송기술의 진화와 정부의 선도적 정책을 통해 도입되었다. 오늘날 한국 콘텐츠가 성장할 수 있는 토양이 마련된 것이다. 그러나, 몇 가지 중요한 티핑 포인트에서 우리 미디어 산업은 기회를 상실했다. 몇 가지 사례들을 중심으로 살펴보자.

◆ IPTV의 도입을 통한 유료 방송 요금 정상화 기회의 상실(2009년)

2009년 IPTV 도입을 통해 방송 미디어 산업이 훨씬 크게 도약할 기회가 있었으나 일련의 핵심적 규제 제도로 인해 기회를 상실한 사례이다. 여기서 통신서비스의 세대 진화와 방송서비스의 세대 진화의 차이를 비교할 필요가 있다.

통신서비스의 진화는 전송 기술의 혁신에 기인한다. 1세대에서 5세대로 진화하면서 전송 데이터량이 크게 증가했고, 다양한 부가서비스를 통해 이용자의 가격 지불의사도 증가했다. 시장의 파이가 커지고 국민들은 고도화된 다양한 서비스를 이용할 수 있었다. 통신서비스의 진화 주체는 동일한 통신사업자들이었다.

방송서비스의 진화 역시 전송 기술의 혁신에 기인했다. 다른 점은 세대가 진화하면서 서비스가 개선되었으나, 규제나 시장 상황으로 인해 이용자의 가격 지불의사를 올리지 못했다는 점이다. 또한 방송서비스의 진화 주체가 다른 사업자로 대체되었고, 세대 교체 시기에 기존 사업자와 신규 사업자가 심한 경쟁을 치렀다.

우리나라 유료 방송의 낮은 요금 수준은 전체 방송 미디어 산업의 발전을 저해하고 있는 구조적 요인으로 지적되어 왔다. 이를 극복할 마지막 기회가 2009년에 있었다. IPTV로 세대가 진화하면서 이용자의 지불의사를 높여 시장의 파이를 키울 수 있는 절호의 기회였다.

그러나 다음과 같은 2가지 규제가 이를 가로막았다. 우선 요금 규제이다. 그 당시 IPTV의 요금을 어떻게 규제할지 논의가 진행되다 결국 정액승인제가 도입되었다. 사실상 정부가 요금의 수준을 결정하는 방식이다. 다른 하나는 콘텐츠 차별화를 통해 기존 케이블TV와의 경쟁에서 우위를 확보할 수도 있었다. 그러나 당시 케이블TV 진영이 콘텐츠 경쟁력 우위에 있었던 반면, 통신사가 중심인 IPTV는 직접 사용 채널이 금지되고, 콘텐츠 영역으로의 진출도 쉽지 않은 상황이 전개되었다. 저가 요금 구조의 케이블TV와의 가격경쟁에 노출되고 통신 서비스와의 결합상품 가격경쟁을 통해 유료 방송 수신료의 저가 구조가 지금까지도 지속되는 결과가 초래된 것이다.

◆ CJ의 온미디어 MPP 합병(2010년)

2009년에 CJ는 온미디어라는 MPP를 합병한다. 당시 PP시장에서 한 사업자가 유료 방송 시장 매출액의 33%를 초과할 수 없는 방송법의 규제가 있었으나 다행히 33%를 초과하지 않아 당시로서는 거대 MPP가 출현하였다. 그러나 문제는 그다음이었다. 합병을 통해 덩치를 키우고 콘텐츠에 대한 투자를 늘리려던 CJ는 33%라는 장벽에 부딪혔다. 드라마나 예능 등 추가적인 투자를 늘리게 되면 바로 동시에 33%를 넘어서는 것이 눈앞에 보였다. 즉, 콘텐츠 투자가 법령을 위반하는 아이러니한 상황이 발생하게 된 것이었다. 결국 CJ는 온미디어와의 합병을 통한 시너지 그 자체로만 머물게 된 것이다.

◆ SK브로드밴드의 CJ헬로비전 합병(2016년)

2016년에 시장의 판도를 바꿀 큰 인수합병이 시도되었다. 바로 IPTV 시장의 2위 사업자인 SK브로드밴드가 케이블TV 2위 사업자인 CJ헬로비전을 합병하려는 시도였다. SK브로드밴드는 압도적 1위를 굳히는 KT를 단기간에 추격하고, 콘텐츠 펀드(3,200억원 규모)를 통해 콘텐츠 영역에도 진출하려고 시도했으나 실패했다. 당시 경쟁 사업자와 지상파 방송사의 반대로 인해 공정거래위원회의 불허 결정이 나오면서 유료 방송 시장의 구조 개편과 플랫폼의 콘텐츠 투자 확대를 통해 방송 미디어 산업이 한 단계 도약할 수 있는 기회가 상실되었다.

◆ KT의 딜라이브 합병(2018년)

KT 역시 경쟁 사업자의 인수합병을 통한 규모의 경제 실현을 예상하고 케이블TV 사업자인 딜라이브 인수합병을 추진하였다. 그러나 규제가 장벽으로 작용했다. 특정 유료 방송 사업자는 전체 유료 방송 가입자의 1/3을 넘어서는 안 된다는 규제 때문이었다. 결국 인수합병은 이런 시장점유율 규제를 풀어야 가능한데, 규제완화의 논의가 지지부진하고, 양 사업자 간 협상 과정에서 시너지 효과에 대한 의구심이 생기면서 성사되지 못했다.

　위에서 언급한 4가지 시도는 우리나라의 방송 미디어와 영상 콘텐츠가 글로벌 무한 경쟁체제에 편입되어 가던 시기에 발생하였다. 시장의 플레이어들은 생존과 성장을 위한 많은 시도를 하고 있었다. 그러나 당시의 정책과 제도가 뒷받침되지 못했다. 이러는 사이 유튜브와 넷플릭스는 한국 시장을 그들이 주도하는 시장으로 만들어가고 있었다.

03

방송 미디어 정책의 확장, 그리고 실천적 리더십

"정치란 열정과 균형감각 둘 다를 가지고

단단한 널빤지를 강하게 그리고, 서서히 뚫는 작업입니다."

- 막스 베버,《직업으로서의 정치》

"FCC는 시장에서 지배적 지위를 남용하는 기업이 개인의 자유를 위협하는 문제를 해결하는 중요한 역할을 담당하고 있습니다. (중략) 이러한 거대 기업들은 단순히 시장지배력을 행사하는데 그치지 않고 지배적 지위를 남용하고 있습니다. 이들의 비즈니스 모델은 많은 경우 정부에 의해 왜곡된 환경을 이용하여 경쟁자를 압도하고 있습니다. 권력과 책임 사이에서 이보다 더 큰 격차가 존재하는 산업을 상상하기 어렵습니다."

지금부터는 대안을 찾아야 한다. 미디어 산업의 재원을 잠식하고 시장지배력과 사회적 영향력을 키워가고 있는 글로벌 OTT에 대한 규제와 레가시 미디어 사업자에 대한 정책과 규제는 어떤 방향이어야 하는가? 결론적으로, 과거와 달리 정부의 단순한 규제완화와 산업의 진흥이라는 프레임을 넘어서야 한다. 국내 미디어 시장에서 플레이어들이 원하는 것은 무엇이고, 글로벌 플레이어들이 국내 미디어 시장에 미친 영향을 고려한 확장적 미디어 정책 프레임을 가져가야 한다. 미디어 시장의 경쟁상황 평가에 글로벌 OTT를 포함시키고, 미디어 시장의 공정경쟁을 촉진하기 위해 레가시 미디어에 대한 규제의 혁파와 글로벌 OTT에 대한 적절한 규제를 도입하여야 한다. 글로벌 OTT 들이 우리 사회에 미치는 영향력을 감안하여 국민들을 보호하고 영향력에 상응하는 공적, 사회적 책임을 부과해야 한다. 글로벌 미디어 빅테크들로 하여금 국내시장에서 경쟁자들을 공정하게 대하고, 우리 국민들에겐 사회적 책임을 다하도록 최소한의 룰을 만들어야 한다.

레가시 방송 미디어와 글로벌 OTT에 대한 규제 수준

레가시 미디어라 함은 기존의 국내시장을 대상으로 하는 방송 사업자를 의미한다. 글로벌 OTT는 전 세계를 시장으로 하고 있다. 기본적으로 체급이 다르다. 그런데 방송 사업자는 방송 고유의 특성으로 인해 강력한 규제를 받는 반면, 글로벌 OTT는 아무런 규제 없이 사업을 영위하고 있다. 하지만, 그 둘은 사업의 본질적 측면에서 업의 본질이 동일하다. 즉, 사업의 지리적 영역에 차이가 있을 뿐, 국내에서의 비즈니스 모델은 동일하며 경쟁적 대체 관계에 있다.

레가시 미디어는 학문적으로 크게 2가지 근거로 강력한 규제를 받아 왔다. 우리말로 번역하면 조금 생경한 느낌이 들 수도 있는데, 첫째는 공연성publicity이다. 이는 방송 미디어가 일반 대중에게 어떠한 사실이나 내용을 알림으로써 사회적, 정치적 영향력을 형성하는 기능을 지칭하는 말이다. 둘째는 편성권editorial responsibility이다. 콘텐츠의 종류, 내용, 시간 등을 정할 수 있는 권한으로, 어떤 콘텐츠를 전달하느냐에 대한 의사 결정권이자, 시장에 대한 지배력을 나타낸다.

이러한 관점에서 보면 글로벌 OTT는 전통 미디어에 비해 훨씬 더 큰 사회적, 정치적 영향력을 행사하고, 콘텐츠에 대해서도 훨씬 더 큰 시장지배력을 확보해 가고 있다. 그렇다면 이들에게는 어떠한 사회적 책무가 부여되고 그에 상응하는 규제의 적용을 받고 있을까? 사실상 아무런 책무와 규제가 없는 무풍지대이다. 트럼프 2기의 FCC 의장을 맡게 될 브렌단 카의 지적처럼 권력과 책임 간의 차이가 이처럼 큰 산업은 상상하기 어렵다.

지금 시장이 원하는 규제 개선

지금 우리 방송 미디어 시장에서 국내 사업자들이 원하고, 필요로 하는 규제 개선은 어떤 것들인지 살펴보겠다. 글로벌 OTT와 대등하게 경쟁하고, 시장·고객의 니즈를 반영하고, 방송 미디어 산업을 지속 가능하게 할 재원을 확보하기 위한 방안들이다.

우선, 지상파와 PP 산업의 관점에서 가장 시급한 것은 방송 광고 규제의 완화이다. 방송 산업의 재원 중에서 가장 빠른 속도로 잠식당하고 있는 분야가 광고 재원이다. 2024년 3월 총리실 산하 미디어·콘텐츠산업융합발전위원회는 방송 광고의 규제 방식을 네가티브 규제로 전환하였다. 명시적 금지사항을 제외하고는 모두 허용하는 방식으로의 전환이다. 광고 유형도 7개에서 3개로 단순화하였다. 1973년 만들어진 7개 광고 유형을 단순화하는 데 51년이 걸렸다. 품목별 광고 금지나 제한하는 내용도 규제를 완화하겠다고 발표하였다. 그러나 문제는 정책을 발표한 이후 무엇이 어떻게 완화되었다는 결과가 나오지 않고 있다는 점이다.

다음으로, 방송 프로그램 심의 규제의 완화이다. 방송법에 규정되어 있는 18개의 심의 규정은 추상적이고 시대에 맞지 않으며 콘텐츠 제작의 자율성과 창의성을 제한한다는 지적이 많다. 반면, 글로벌 OTT는 소재와 표현에 아무런 제약이 없이 콘텐츠를 제작 수급하고 있다.

유료 방송 플랫폼 영역에서는 요금과 약관 규제가 큰 제약으로 작동하고 있다. 방송서비스의 요금은 신고제로 완화되었으나, 방송서비스가 통신서비스와 결합상품으로 제공되고 있는 현실에서 방송서비스 요금이 결합상품으로 제공될 때는 승인제로 운영되고 있다. 또한 이용약관은 소비자를 위해 운영되는 규제임에도 가격, 채널편성, 부가서비스 등에 대한 내용을 담고 있어 정부가 사실상 방송 사업자의 세부적 사업 내용까지 들여다보고 조정하는 권한을 행사하고 있다. 이와 같은 보이지 않는 규제, 그림자 규제가 국내 방송 사업자의 기민한 시장 대응을 가로막고 있다. 반면, 유튜브와 넷플릭스는 아무런 요금 규제와 이용약관 규제를 받지 않고 있다.

홈쇼핑 영역에서의 규제 개선도 급선무이다. 홈쇼핑 산업은 우리나라 유료 방송의 저가 수신료 구조로 인한 시청자들의 기여분 감소를 대신하여 발전한 우리나라 고유의 방송 사업 재원이다. 홈쇼핑 사업자들이 재원을 확충할 수 있도록 규제완화를 서둘러야 한다. 중소기업 상품판매 비율도 완화해주거나, 폐지해야 한다. 데이터홈쇼핑 사업자들에겐 라이브 방송을 허용하고, 화면 비율과 같은 규제도 폐지해야 한다.

끝으로 공통영역이다. 우선 기존 방송 사업자들이 분담하고 있는 방송통신발전기금의 대상 사업자를 글로벌 OTT로 확대해야 한다. 이는 글로벌 OTT가 국내시장에서 받는 수혜에 비례해서 그에 상응하는 책무를 부여한다는 점에서도 타당하다. 또한 방송통신 네트워크 자원에 대한 무임승차를 종식해야 한다. 이를 통해 그들만이 누리고 있는 불공정한 비용우위Cost Advantage를 제거해야 한다.

로벌 미디어 빅테크에 대한 규제 강화: 권력에 비례한 책임

글로벌 빅테크, 글로벌 미디어 빅테크, 글로벌 OTT, 글로벌 미디어 플랫폼 등 다르게 표현할 수 있으나 실체는 동일하다. 전 세계적으로 이러한 글로벌 플레이어가 미치는 막대한 사회적, 경제적 영향력을 견제하고, 이용자 보호를 위해 제도를 정비하고 있다. 유럽은 물론, 호주와 영국 등 주요 선진국들이 그렇고, 빅테크 본산인 미국에서는 제도화 추진과 더불어 기존 법 제도를 활용하여 빅테크에 대한 반독점 조사 등을 통해 규제를 강화해 나가고 있다.

이러한 트렌드는 빅테크로 인한 사회경제적 문제의 해결뿐만 아니라 이들이 기존의 국내 방송 사업자들과 가지는 경쟁적 대체 관계를 고려할 때 미디어 산업과 시장에서의 공정경쟁, 이용자 보호를 촉진한다는 측면에서 미디어 정책의 확장으로 이해할 수 있다.

그림은 세계 각국에서 벌어지고 있는 빅테크에 대한 규제 현황이다. 콘텐츠, 서비스, 시장, 네트워크 등 디지털 생태계의 전반에 걸쳐서 글로벌 빅테크의 디지털 플랫폼으로 인해 발생하는 문제점들을 해결하기 위해 각국 정부가 정책적, 제도적 대응을 하고 있다.

디지털 서비스법과 디지털 시장법의 목적

가장 대표적인 사례가 우리에게 많이 알려진 EU의 디지털 서비스법

EU, 미국 등 주요국 정책 동향

콘텐츠

호주: 뉴스협상법

빅테크에게 뉴스미디어 사업자와 저작권료 협상 의무 부과, 협의 실패 시 감독기관 중재

미국: 저널리즘 보호법

온라인 플랫폼에게 뉴스 콘텐츠 대가로 광고 수익의 일부를 뉴스 제공자에게 배분토록 규정

EU, 미국: AI 학습 콘텐츠 저작권 뉴스 콘텐츠 사업자-빅테크 간 소송 또는 자율 협상

미국《뉴스코프윌스트리트저널》, 영국《더 타임스》 등 보유(오픈AI, 구글), 《Financial Times(오픈 AI)》 등과 저작권 계약

서비스

EU: DSA(Digital Services Act)

온라인 플랫폼의 책임 강화, 소비자 보호 확대를 위해 도입(총 18개사 VLOP 지정)

EU: GDPR(General Data Protection Regulation)

EU 내에서 이루어지는 거래와 관련하여 EU 시민의 데이터와 개인정보를 보호하도록 규정

영국: OSB(Online Safety Billd)

온라인 미디어 이용자의 안정성을 높이고, 규제기관Ofcom의 권한 강화를 규정

시장

EU: DMA(Digital Markets Act)

시장지배력을 가진 대규모 온라인 플랫폼 사업자 규율을 통해 공정경쟁이 가능한 시장 환경 조성

영국: DMCC(Digital Marketers, competition, and Consumers Bill)

공정경쟁과 이용자 보호를 위해 전략적 시장지위사업자(SMS)가 지켜야 하는 행위 요건을 사전에 지정

캐나다: CRTC 2024-121(Canadian Radil-television and Telecommunications)

빅테크(넷플릭스 등)에 방송발전기금 부과(2024. 9. 1부터 캐나다 내 수익의 5%)

네트워크

DNA(Digital Networks Act)

통신사의 투자 효율성 재고 유도, M&A 촉진 및 대형화 유도, 글로벌 CP와 대등한 망 대가 협상력 지원(중재 프로세스 도입)

미국: 보편적서비스 기금 분담 확대

기금 조달 구조 재편 과정에서 Big Tech 기업을 분담 사업자에 포함하는 방안 마련 중

(DSA)과 디지털 시장법(DMA)이다. 이 두 가지 법이 제정된 이유는 기본적으로 "사후약방문은 아무런 소용이 없다"라는 것이 가장 크다. 생각해보자. 주전자에 담긴 물과 소양강댐에 담긴 물을 비교했을 때, 주전자에 담긴 물이 넘쳤다면 닦아 내고 다시 물을 채우면 되지만, 만약 소양강댐이 무너진다면 용수와 전기 공급이 끊어지는 것은 물론 많은 인명과 재산 피해도 발생할 수 있다. 설사 댐을 다시 복구하더라도 그로 인한 피해는 다시 복원되기 어렵다. 즉 디지털 서비스법과 디지털 시장법의 목적은 정치·사회·경제적으로 회복이 불가능한 피해를 최대한 막아보겠다는 것이다.

디지털 서비스법과 디지털 시장법의 주요 내용

두 법은 매우 비슷하다. 우선 2024년 2월에 시행된 디지털 서비스법은 '소비자 보호' 및 '디지털 서비스 제공의 최상 조건을 보장'함으로써 디지털 서비스의 혁신을 도모하는 것을 목적으로 한다. 주요 특징은 5가지이다. 첫째, 우선 법이 지키고자 하는 공익이 공동체의 기본적인 질서에 관한 내용이라는 점이다. 불법 유해 콘텐츠 유포 방지, 소비자 기본권 보호, 신체적·정신적 건강 보호, 청소년 보호, 민주적 시민담론 형성 등이 그것이다. 둘째, 예방적 사후 규제라는 점이다. 거대 플랫폼이 발생시키는 사회·경제·정치적 문제들로 인한 피해는 막대하고, 그 책임은 디지털 플랫폼에 있음을 명확히 하고 있다. 셋째, 대규모 플랫폼 사업자만을 대상으로 하고 있다. VLOP Very Large Online Platform를 사전에 지정하며, 현재 총 21개 사업자가 디지털 서비스법의 적용을 받고 있다. 넷째, VLOP로 하여금 플랫폼의 체계적 위험Systemic Risk을 파악하여 보고토록 하고, 규제 기관 또는 연구 기관의 추가적인 데이터 접근을 허용할 것을 강제한다. 체계적 위험이란 자사 서비스와 시스템의 설계, 알고리즘 및 이를 통해 발생할 수 있는 이용자 및 사회에 미치는 영향을 의미한다. 다섯째, 강력한 처벌로 집행력을 확보하고 있다. 위반 시 전 세계 연간 매출액의 최대 6%를 과징금으로 부과할 수 있다.

동시에 시행된 디지털 시장법은 대규모 온라인 플랫폼 사업자에 대한 의무 사항을 규정하여 공정한 경쟁이 가능한 디지털 시장 형성을 목적으로 한다. 주요 특징은 4가지다. 첫째, 독점사업자의 경쟁자들이 시장에 진입할 수 있도록 하고, 독점사업자가 인접 시장으로 시장지배력을 확대하지 못하도록 규제하는 것이다. 둘째, DSA와 마찬가지로 예방적 사후규제이다. 셋째, 일정 규모 이상의 사업자를 독점사업자(Gatekeeper)로 사전에 지정하며 현재 총 6개(Alphabet, Apple, Amazon, Meta, Microsoft, ByteDance(Tiktok)) 사업자가 지정되어 있다. 넷째, 강한 처벌로 집행력을 확보한다. 위반 시 전세계 연간 매출액의 최대 10%를 과징금으로 부과할 수 있다.

미국과 영국의 동향

빅테크의 본고장 미국은 콘텐츠 레이어와 네트워크 레이어에서 빅테크를 규제하는 법의 제정을 추진하고 있다. 다만 디지털 서비스법

및 디지털 시장법과 같은 법을 만드는 동향은 포착되지 않는다. 그러나 기존의 법 제도를 통해 빅테크를 매우 강력하게 규제하고 있다는 점은 주목할 만하다. 최근 미 법무부는 반독점 소송을 통해 구글 해체 작업을 진행하고 있다. 2020년 10월 미 법무부는 구글이 검색엔진 시장의 약 90%를 차지하는 시장지배력을 구축하는 과정에서 스마트폰 업체(애플 등) 등에 수십억 달러를 지급한 것에 대해 반독점 위반으로 제소한 바 있다. 2024년 8월에 연방법원은 구글의 행위가 반독점법을 위반한 것으로 판결하였다. 경쟁자인 애플에 대해서도 독점력을 유지하기 위한 비용을 지불했는데 그 규모가 애플 영업이익의 18% 수준에 달하는 것으로 나타났다.

영국은 EU에서 탈퇴한 이후 디지털 서비스법과 디지털 시장법을 대체할 입법을 추진했다. 디지털 서비스법을 대체하는 법이 온라인 안전법OSB이며, 디지털 시장법을 대체하는 법이 디지털 시장, 경쟁 및 소비자법DMCC이다. 온라인 안전법은 2025년 하반기 시행 예정인데 온라인상에서 벌어지는 각종 유해 문제(디지털 성폭력 등)를 해결하고, 미디어 이용자의 안전을 보장하기 위한 법이다. 디지털 시장, 경쟁 및 소비자법은 플랫폼의 불공정 행위에 대응하기 위해 전략적 시장지위 Strategic Market Status를 가진 플랫폼을 사전에 지정하고, 이들이 지켜야 할 규칙을 정해 놓고 있다. 만약, 불공정 행위가 시정되기 어려운 경우 사업의 구조적, 기능적 분리도 적용할 수 있는 권한을 부여하였다. 위반 시 전 세계 연간 매출액의 10%를 과징금으로 부여할 수 있다.

결어: 확장적 미디어 정책과 제도화된 리더십의 실천이 필요

국내 방송 미디어 산업은 더 이상 지리적 장벽이 없는 글로벌 무한 경쟁의 가치사슬에 포섭되어 있다. 국내 플랫폼은 글로벌 OTT와 가입자 확보를 위한 치열한 경쟁 관계에 있지만, 생산요소 시장을 이미 글로벌 OTT가 과점하고 있다. 이 과정에서 국내 방송 미디어 산업의 주요 재원인 광고와 구독료가 글로벌 OTT에게 잠식되는 위기에 처했다. 그러나 마키아벨리가 군주에게 했던 조언을 상기하자. 우리의 운명을 장악한 여신은 적어도 절반은 우리의 자유의지를 믿고 역량을 발휘하여 스스로의 운명을 거스르고 이겨 나갈 기회를 줄 것이다. 미디어 산업에서 우리의 역량은 무엇인가? 그것은 시장이 만드는 혁신과 정부가 만드는 제도이다. 시장과 정부가 만들어 갈 혁신과 제도는 미디어 산업의 역량이 되어 외부로부터의 충격, 즉 글로벌 OTT와의 무한경쟁이라는 운명의 고난을 헤쳐 나갈 수 있게 해 줄 것이다. 그 중심축은 시장의 혁신이다. 그러나 정부의 제도는 시장의 혁신을 조장할 수도 있고, 억누를 수도 있다. 과거 방송 미디어 산업의 성장기에는 정보의 정책과 제도가 시장의 혁신을 촉진하기도 제약하기도 했다. 그러나 지금은 어떠한가? 이대로는 고사를 재촉할 뿐이다.

따라서 우선 정부가 방송 미디어 산업이 실질적으로 필요로 하는 법과 제도를 시급히 개선해야 한다. 그 방향은 동등한 규제이다. 경쟁과 규제 환경을 같은 잣대로 공정하게 해주어야 레가시 미디어가 혁신하고 글로벌 OTT와 경쟁할 수 있다. 레가시 미디어에 대해서는 무겹게 짓누르고 있는 전통적인 방송 규제를 혁파 수준으로 풀어야 하고, 규제의 무풍지대에 있는 글로벌 OTT에 대해서는 적절하고 합리적 수준의 규제 체계를 전면적으로 도입해야 하는 것이다.

이 두 가지 과제는 어렵고, 복잡한 정치적·경제적 이해관계가 얽혀 있어 강력한 반대에 부딪힐 것이다. 특히 글로벌 빅테크는 이러한 정치적 과정에 대응하는 많은 자원과 능력, 그리고 경험을 보유하고 있다. 제도화는 법률 제정으로 완성되는데 그 과정이 쉽지 않다. 따라서 뛰어난 역량을 발휘해서 운명의 여신이 부여한 절반의 결정권과 자유의지를 통해 단단한 널빤지를 서서히 뚫어갈 강한 리더십이 절실하다. 미디어 산업에서 현대의 군주라 할 수 있는 주체는 법 제도가 리더십을 발휘할 권한을 부여한 소관 정부 부처와 국회 상임위원회이다. 정부 부처와 국회가 우리나라 방송 미디어 산업이 직면한 디스토피아적 위기를 직시하고, 제도적으로 부여된 법적 권한과 책임, 그리고 실천적 리더십을 발휘하여야 비로소 시장의 플레이어들이 글로벌 시장의 무한경쟁이라는 넓고 깊은 바다를 향한 항해를 시작할 수 있을 것이다.

에필로그

항구에 도달하기 위해서 우리는 항해해야 한다.

닻을 내리지 말고 항해해라. 표류하지 말고 항해해라.

To Reach a port, we must sail.

sail, not the at anchor. sail, not drift.

- 프랭클린 D. 루즈벨트 Franklin D. Roosevelt (1882~1945)

2024 SDF $^{Seoul\ Digital\ Forum}$를 참관 중, 한 연사의 발표 내용이 눈에 들어왔다.

"변화의 바람이 불 때 누구는 벽을 쌓고 누구는 풍차를 만든다."

중국 속담으로 소개했지만, 그 출처가 불분명한 문장이다. 데일 카네기의 말이라고 알려졌지만 실제로 데일 카네기의 《명언집》 등에는 소개되지 않은 문장도 있다. "바람이 불지 않을 때 바람개비를 돌리는 방법은 앞으로 달려가는 것이다."

출처가 불분명한 이 두 문장을 합치면 앞뒤가 맞지 않은 것 같으면서도 제법 의미가 있는 말처럼 들린다. 변화의 바람을 피하지 말고 활용할 수 있어야 한다는 것이고, 설사 바람이 불지 않으면 달려서라도 변화하라는 것. 기회를 살려보라는 말을 참 그럴 듯하게 말하고 있다.

말과 글은 쉬우나 실행은 어렵다. 방법론이 없어도 말과 글은 가능하지만, 실행은 반드시 실행할 수 있는 방법론과 같이 가야 하기 때문이다. 막막하기만 한 현실에서 그 방법론을 찾기가 쉽지 않다. 실상 이 글도 미디어 사업 한 끄트머리에서나마 일을 하고 있는 입장에서 막막한 현실을 극복할 만한 것들이 보이지 않아서이기도 하다. 왜 이런 일이 일어났는지를 하나둘씩 복기하고 반추하다 보면 실마리가 보이지 않을까 싶어 시작한 일이기도 하다.

어쩌면 반작용에 가까운 것인지도 모르겠다. 2024년 하반기부터 언론이나 학계에서 미디어 사업 위기론을 이야기하기 시작했다. 콘텐츠 전진 기지로서 지상파 위기론이나 제작비 인상으로 인해 제작 사업 붕괴론이 언급되었다. 기울어진 운동장을 바로잡아야 한다며 몇 년 동안 이야기했으나 제대로 입법도 하지 못한 규제 형평성론도 등장했다. 넷플릭스로 인한 현재의 위기는 사실상 지상파를 비롯한 국내 콘텐츠 사업의 내재적 문제에 기인한 것이라거나, 글로벌시장을 파고들 콘텐츠의 제작비는 상승할 수밖에 없다는 주장이 씨알도 먹히지 않을 분위기였다. 전 세계 콘텐츠 사업자가 동일한 고민을 하면서도 뒤가 아닌 앞을 보는 상황인데도 불구하고, 우리는 공정하고 합리적인 분배 그 자체보다는 넷플릭스 '만'을 탓하면서 여전히 우리의 허물을 덮고 있고 외면하고 있는 것은 아닐까 싶었다. 넷플릭스의 국내 도입과 일어난 일은 우리에게 상수다. 상수를 인정해야 그다음 대응이 나온다.

좀처럼 관객 수가 늘지 않으면서 영화 산업의 위기론, 아니 CJ ENM이 영화 시장에서 철수하는 것은 아닐까 하는 우려와 함께, 부산 국제영화제에서 발표한 CJ ENM의 시장 돌파론에 대해서는 냉소를 보냈다. 그 와중에 넷플릭스는 시장의 시선을 의식한 듯, 배우 출연비 상한

선을 고민하겠다고 했고, 3억 원 이상의 배우 출연료가 지급될 경우에는 콘텐츠 선정 시 고려하겠다는 발언까지 나왔다. 지극히 한국적인 해법이다.

그 와중에 〈흑백요리사〉가 대박 흥행을 했고 한강은 노벨 문학상을 받았다. 넷플릭스도 볼 것 없다는 소리가 한 방에 날아갔다. 이제는 K-문학이라는 한류지상주의자들의 찬양이 더 높아졌다. 〈흑백요리사〉는 여전히 비영어권 1위지만, 영어권 1위를 한 것처럼 마냥 흥분했다. 한류의 전진기지인 콘텐츠 제작 현장이 무너지고 있다는 생각은 일도 없었다. 그들은 결과를 향유할 뿐, 결과를 만들어 내는 이들에 대한 존중은 없는 것처럼 보였다. 이 모든 이야기의 전제는 한국 영상 콘텐츠 시장이 살아있고, 살아남아야 하는 것일 텐데, 그들에겐 오늘의 수확만 있을 뿐 다른 한쪽에서 벌어지고 있는 한여름 땡볕 아래 노동에 대해서는 말하지 않는다.

선명한 문신 자국이나 분명한 욕설이 걸러지지 않고 그대로 방영되었다. 똑같은 콘텐츠를 보더라도 방송에서는 순한 맛으로, OTT에서는 매운맛으로 표현되는 법이고, 일단 매운맛에 길들은 사람들은 순한맛에 맛을 느끼지 못하는 것에 답답해했다.

미디어 언저리에서 밥을 먹고사는 사람들에게는 동일 콘텐츠가 매체별로 매운맛과 순한맛일 수밖에 없는 이 명징한 현실에 답답해하고 분통을 터트리지만, 일반인들은 그래도 방송은 순해야 하지 않냐고 말한다. 아이들이 언제든지 볼 수 있는 방송에서 담배 피는 모습은 없거나 블러blur 처리해야 하고, 잔인한 장면은 나오지 말아야 한다고 한다. MBC에서 방영된 〈이토록 친밀한 배신자〉도 방송용으로는 부적합하다는 의견이 있다. 이런 상황이니 미디어별로 규제를 풀어보자는 주장을 한들 규제당국에서 나서서 규제를 풀어주기는 힘들 듯하다. 다만 넷플릭스 등 OTT 류의 표현이 거칠어지면 질수록 우리의 감각도 무뎌져 19세 연령 표시만 하면 그냥저냥 넘어갈 정도는 되었다는 것을 자족이라면 자족할 수 있을 듯 싶다.

뿐만 아니라, 위기론에 대한 해법치고는 방어적이다. 제작비를 낮추고, 넷플릭스와의 규제 형평성을 낮추는 등의 해법은 간절함의 토로일 뿐 시장의 파이를 늘리는 방식은 아니다.

여기서 우리는 담대하지만 중요한 질문과 선택을 해야 한다. 힘들지만 우리 앞에 열린 새로운 시장을 향해 달려갈 것인지, 아니면 현재의 시장에 만족하고 멈출지를 판단해야 한다. 콜롬버스는 대서양을 건너 아메리카에 도달하고 멈추었다. 그 머리속에 있는 지구의 크기는 딱 거기까지였기 때문이다. 우리가 가야 할 곳이 아시아 시장 정도이고, 그 너머는 어쩌다 걸리는 것이라고 한다면 우리는 이 자리에 서야 한다. 그리고 이 자리에 최적화된 생산구조와 비용구조를 마련해야 한다. 현재의 제작비 논의는 바로 이 지점에 있다. 더 이상 확장할수 없기에 비용을 줄여서 손익을 맞추는 것이 맞다. 그러나 비용의 하락은 필연적으로 콘텐츠의 품질 하락으로 이어진다. 누구는 1,000억의 콘텐츠를 만드는데, 100억의 콘텐츠를 만들어서 기웃거릴 수 있는 시장이 아니다. 그 투자 비용에 걸맞게 프리미어리그가 있는 것이고, K-리그가 있는 것이다.

일본이 그랬다. 일반화의 오류를 감수한다면, 대략 일본 민영 방송사의 프라임 타임 평균 제작비는 회당 2,000만 엔에서 3,000만 엔(약 2억 2,000만~3억 3,000만 원) 정도에서 결정된다. TBS의 드라마는 회당 3,000~4,000만 엔까지 투입하는 경우도 있고, NHK가 제작하는 대하 드라마는 회당 약 8,000만 엔 정도의 제작비가 투입되기도 한다. 물론 글로벌 OTT 플랫폼이 등장하면서 제작비 수준이 상승하고 있긴 하다. 2023년도에 넷플릭스에 제공된 TBS의 〈VIVANT〉는 회당 1억 엔 정도가 투입되었다. 앞서 살펴본 것처럼 제작위원회의 목적 함수가 비용 통제이기 때문에 배우의 인건비부터 모든 것을 통제해서 나온 결과다. 그러나 이 정도의 제작비로는 글로벌시장은커녕 아시아 시장에서도 먹히기 힘들다. 60~70년대 아시아 시장에서 화려했던 일본 콘텐츠의 그림자는 이제는 찾아볼 수가 없다. 한국 콘텐츠의 제작비가 너무 올라서, 넷플릭스가 일본 콘텐츠를 기웃거린다는 세간의 소식은 한 귀로 듣고 흘려버리는 편이 낫다. 저 정도의 예산 규모의 일본 콘텐츠로는 일본 국경을 넘기 힘들다. 그보다는 일본 국내시장의 가입자를 늘리기 위해서 오리지널 콘텐츠 비중을 늘렸다고 생각하는 것이 합리적이다. 한국 콘텐츠처럼 한국 시장과 함께 아시아 시장을 같이 잡을 수 있는 콘텐츠는 적어도 아시아 시장에서는 없다. 다만, 아시아 시장용이라는 꼬리표가 남아 있는 이상 더 이상의 콘텐츠 비용을 지불하긴 힘들 것이다.

　아직은 가야 할 시장이 남았다고 본다면 고민의 방향은 달라진다. 근해를 왔다갔다 하는 선박과 동해를 건너는 선박의 규모는 다르다. 태평양을 건너는 선박의 규모는 또 다르다. 태평양을 건너야 하는데, 근해용 선박을 타고 갈 수는 없는 노릇이다. 일본은 태평양을 건널 수 없어 근해용에 걸맞는 제작비 규모를 찾았을 뿐이다. 따라서 제작비를 줄이자는 이야기는 제작사들의 그 고단함과 답답함에도 불구하고 현재의 시장 규모에 맞추겠다는 의미밖에는 되지 못한다.

　제작비는 그 시장의 수준일 뿐이다. 국내 콘텐츠의 제작비는 동남아시아 커버 수준에서 글로벌 커버 수준의 경계선에 있다. 동남아시아 수준은 분명히 넘어섰으나, 아직 글로벌 수준에서는 히트율이 낮은 상품. 아시아 시장 규모를 감안하면 과한 투자비이나 글로벌 수준에서는 모자란 투자인 셈이다. 제작비를 줄이는 순간 우리는 아시아 최적화 사업자가 될 가능성이 훨씬 높다. 이 경계와 한계를 넘어야 우리가 산다. 단순히 동남아시아 전진기지로서가 아니라 글로벌시장의 콘텐츠 허브로서 작동하기 위해서는 글로벌, 특히 북미 시장 소비자의 눈높이에 맞도록 현재보다 제작비 규모가 커져야 한다. 글로벌 대비 1/10이었으니, 1/5 정도 수준 아니 1/3 수준까지는 가야 하지 않을까?

　한번 상승한 제작비는 시장이 망하지 않는 이상 줄지 않는다. 지난

100여 년의 미디어 역사 속에서 할리우드의 콘텐츠 제작비가 줄어든 적은 없었다. 국내시장에서 글로벌시장으로 확장하는 콘텐츠의 제작비가 감소한 시장 역시 없었다. 홍콩 또는 일본처럼 글로벌시장이 쪼그라들었을 때, 결국 국내시장의 규모로 축소되었을 때에야 제작비가 감소했다.

우린 국내로 축소된 시장을 원하지 않는다. 당장은 제작비 상승이 문제일 수 있다는 것을 부정하진 않는다. 국내와 동남아시아 시장만을 상대한다면 현재의 제작비는 과하다. 그러나 글로벌시장을 이야기한다면 아직 미치지 못한다. 〈오징어 게임 2〉가 상징하는 제작비는 그 정도의 제작비를 들여야 세상을 마주할 수 있다는 의미이기도 하다. 다만 아직까지 우리에게는 글로벌 1위를 달성한 〈오징어 게임〉 정도만 그 제작비를 허용할 뿐이라는 것이 한계라면 한계이다. 그래서 우리는 넷플릭스와 세상을 설득해야 한다. 우리의 콘텐츠는 아시아를 넘어서 자막의 불편함이나 더빙의 한계에도 불구하고 글로벌시장에서 먹히는 콘텐츠이며, 그렇기에 이 정도의 제작비는 당연하다고 말이다.

물론 쉽지 않을 것이다. 하향평준화가 아니라 상향평준화가 되기 위해서 다양한 조건 속에서 찾은 해법일 뿐이다. 10년 이내에 지리적 아시아가 아니라 인종적 아시안을 거점 삼아 북미 시장의 주류가 되어야 한다는 당면 과제를 선정하고, 이에 맞추어 개별 전략을 수립하는 것이 낫지 않을까?

힘들지만 지금은 주저앉을 여유는 없다. 살아남아야 하고, 버텨야 하고, 그 와중에서도 글로벌시장을 탐하기 위한 노력을 멈추어서는 안 된다. 북미 시장을 겨냥한다는 명징한 목표 속에 각자의 눈높이에서 우리가 해야 할 일을 정하고 추진해야 한다.

넷플릭스 덕분에 우리의 제작 능력이 세계적 수준이라는 것을 우리의 두 눈으로 확인했다. 이 부분에 대해서는 자신감을 갖자. 전 세계 어느 나라의 사업자도 이 정도의 스토리와 연출력으로 이 정도의 작품을 만들어낼 수 없다는 것을 다시 한번 새기자. 그 속에 많은 스태프들의 헌신과 희생이 있었음도 기억하자. 이렇게 각성한 자신감으로 세계와 부딪혀 보자. 우리에게 있는 것이 자신감이고 없는 것은 자본이라면, 자본을 확보할 수 있는 방법을 찾자.

그래서 내세우는 것이 북미 아시안을 대상으로 하는 아시안 콘텐츠 사업자이다. 이를 위해서 1단계로 일본의 IP 및 자본과 한국의 제작 역량이 결합된 성공 모델을 만들고, 2단계로 태국 같이 자국 콘텐츠 사업을 활성화하는 한편 자국 문화를 세상에 알리고 싶어 하는 국가의 콘텐츠 문화 정서를 우리의 제작 역량으로 보편적 스토리로 만들어내는 작업을 하자. 어설프게 믹스업을 하려고 하지 말고, 그들의 소재와 우리의 제작 역량을 결합시켜 아시안에서 먹힐 수 있는 콘텐츠를 만들자는 것이다. 현재까지 나왔던 대부분의 공동제작은 그 목표가 불투명했다. 이 글은 공동제작을 하는 두 사업자가 쳐다보아야 할 곳이 북미의 아시안을 대상으로 해야 한다는 것을 분명히 했다. 그들은 아시안이면서 미국인이다. 이들을 뚫어내면 미국인들은 자연스럽게 따라온다는 믿음이 있다. 미국 시장에서 니치에서 매스가 된 대부분의 문화 사업이 그러했다. 흑인 문화가 그랬고, 라틴 문화가 그랬다. 이젠 아시안 문화가 그 자리를 차지할 때이다.

이때 분명하게 명심했으면 한다. 공동제작은 상호 수혜의 원칙이어야 한다. 일방적인 수출 모델로는 동료 국가의 신망과 신뢰를 얻을 순 없다. 그들 역시 우리처럼 한국이란 국가에 자국의 콘텐츠를 수출하고 싶어 한다는 것을 명심하자.

이 과정을 통해 예수 탄생 이후After Christ처럼 긴 안목에서 넷플릭스 국내 진출 이후After Netflix에 우리 콘텐츠가 세계인이 가장 사랑하는 콘텐츠가 되어 넷플릭스뿐만 아니라 다른 OTT도 기꺼이 지갑을 여는 그런 상상을 해보며 이 힘든 시절을 이겨나갔으면 한다.

미디어 판에 있는 모든 이들, 다들 힘을 내자. 파이팅!!!

주석

1) https://www.mk.co.kr/news/economy/7169622 1개월 무료 체험 서비스로 시작했다. 5년 동안 지속된 이 체험 서비스는 2021년 4월 7일 오전3시부터 한국에서 종료되었다.

2) https://estimastory.com/2016/02/20/netflix/ 에스티마는 다음커뮤니케 이션글로벌 센터장, 미국 라이코스 CEO를 역임한 임정욱 님의 블로그 이름이다.

3) https://zdnet.co.kr/view/?no=20210408152124 넷플릭스는 가입자 유치를 위해 '30 일 무료 체험 프로모션'을 진행했다. 2019년 멕시코부터 중단된 이 프로모션은 21년 4 월 한국, 그리스, 세르비아를 끝으로 전 세계 모든 나라에서 사라졌다.

4) https://www.khan.co.kr/opinion/column/article/201601102118325

5) https://www.munhwa.com/news/view.html?no=2016012001032312053001 초기 넷플릭스에 대한 이해도가 낮았을 EO의 평가다. 2024년 현재 넷플릭스는 6천여 편 정 도로 운영되고 있지만 국내 OTT나 다른 해외 OTT대비 콘텐츠량이 부족하다는 평가는 받지 않는다. 국내 콘텐츠가 없었다는것이 보다 정확한 평가다.

6) 아마존 인스탄트 비디오는 2011년 시작된 서비스로, 사용자가 개별 콘텐츠를 구매하거 나 대여할 수 있는 비디오 스트리밍 서비스다. 아마존 프라임멤버십 가입자가 아니더라 도 콘텐츠별로 결제하고 영상을 시청할 수 있었다. 반면에 아마존 프라임 비디오는 아 마존 인스탄트 비디오의 프리미엄 버전으로 도입되었다가 2015년 독립 서비스가 되었 다. 아마존 프라임 가입자는 무료로 볼 수 있으나, 프라임에 가입하지 않아도 아마존 프 라임 비디오만 별도로 유료로 구독할 수 있다.

7) https://www.munhwa.com/news/view.html?no=2016082201032312069001

8) https://star.mbn.co.kr/view.php?no=469511&year=2016

9) https://www.joongang.co.kr/article/20247203#home

10) https://www.sedaily.com/NewsView/1L5G5AGMTX

11) 옥수수 서비스는 2019년 웨이브Wavve로 흡수 통합되었다.

12) https://www.mk.co.kr/news/world/7307893

13) https://www.yna.co.kr/view/AKR20170425178100005

14) 2018년 CJ 오쇼핑이 CJ E&M을 흡수합병하며 현재의 CJ ENM이 탄생했다.

15) https://www.mk.co.kr/news/world/7361632

16) https://www.mbn.co.kr/news/society/2973883

17) https://www.hankyung.com/article/2016122760861

18) https://star.mbn.co.kr/view.php?no=807984&year=2016

19) https://www.munhwa.com/news/view.html?no=20160811MW143214224661

20) https://star.mbn.co.kr/view.php?no=584217&year=2016

21) https://www.joongang.co.kr/article/20900546#home

22) https://www.joongang.co.kr/article/21225879#home

23) https://www.hri.co.kr/upload/board/2017915122439%5B1%5D.pdf

24) https://www.kiet.re.kr/common/file/userDownload?atch_no=FVOW1ZkZm6K7w
yHxyDuiSQ%3D%3D KIET보도자료_중국_한한령_피해_최대_15조원에_달해_(최종)

25) https://www.mk.co.kr/news/culture/7624826

26) 2015년 기준 일본(26%)과 중국(27%)의 수출 비중이 높았다. 한한령은 국내 콘텐츠 수
출 감소에 절대적인 영향을 미쳤다.

27) 김종학 프로덕션은 <태왕사신기>를 제작하면서 일본 자본을 유치해 제주도에 테마
파크 건립 계획을 수립하는 등 IP 활용 방안에 대해서 적극적으로 고민했다. 아쉽게도
<태왕사신기>의 시청률이 기대를 밑돌면서 국내 최초의 도전이 실패했다. 그러나 해
외시장을 염두에 둔 상상력이란 관점에서 의미 있는 도전이었다. (조영신, 2024)

28) https://www.joongang.co.kr/article/18537048 2012년을 기점으로 급격하게 한
일 관계가 악화되기 시작했다. 2014년 10월 일본 내각부의 조사에 따르면, 일본인의
66.4%가 한국에 친밀감을 느끼지 않는다고 대답했다. 1978년부터 시작된 조사 이래

최고였다. 2013년부터는 한국 콘텐츠의 수입 물량이 급감하기 시작했다. 2012년에 10~15만 달러에 달하던 드라마 편당 수출가는 2015년에 2~3만 달러로 떨어졌고, 한국 콘텐츠 최대 수입국의 지위도 중국에 넘겨주었다.

29) https://www.mk.co.kr/news/culture/7334991

30) 2017년 한국 정부는 한한령으로 힘들어하는 문화계를 위해서 뉴 콘텐츠펀드(200억 원), 콘텐츠 기업 육성 펀드(600억 원), 방송 드라마 펀드(500억 원), 소액 투자 전문 펀드(300억 원) 등 총 1,600억 원 규모의 펀드를 조성했고, 베이징에 한국 콘텐츠 비즈니스 센터를 개설하는 등의 노력을 했다.

31) https://www.munhwa.com/news/view.html?no=2017110101035812069001

32) https://www.joongang.co.kr/article/21368085#home

33) https://www.donga.com/news/article/all/20180123/88325348/1

34) http://hankyung.com/article/2018022880876

35) http://hankyung.com/article/2018082449381

36) 일반적으로 국내 재방송 판권 가격은 1천만~수천만 원에 불과하고, 해외판권의 경우 수천~수십만 달러 수준에서 결정된다. 글로벌 판권 가격이라고는 하지만 작품당 20~40억 달러면 통상적인 계약 조건보다 우호적이다.

37) https://www.khan.co.kr/culture/culture-general/article/201812060600065 2016년 콘텐츠 제작에 투입한 금액은 49억 7천만 달러(약 5조5,411억 원)로, 올해는 이 규모가 약 80억 달러(약 8조 9,192억 원)에 달한다. 이는 국내 지상파 3사 제작비 총합(2016년 기준)의 10배 가까이 된다.

38) https://www.munhwa.com/news/view.html?no=2018040501032312053001

39) https://www.etoday.co.kr/news/view/1586400

40) https://www.hankyung.com/article/2018012363696

41) 텐트를 받쳐주는 기둥이라는 뜻으로, 각 영화 스튜디오에서 지지대 역할을 해줄 대작 영화를 뜻한다.

42) 2022년 이후 보장 금액은 제작비의 약 10% 수준으로 낮아졌다.

43) https://www.etoday.co.kr/news/view/1677374

44) 방송사 연합인 '푹'도 93만 명에서 123만 명으로 사용자가 늘었다. 그러나 SK브로드밴드의 '옥수수'(267만 명→278만 명), LG유플러스의 '비디오포털'(250만 명→251만 명),

KT의 '올레tv모바일'(120만 명→118만 명) 등의 모바일 방송·영화 서비스는 지난 1년 동안 사용자 수가 정체됐다.

45) https://www.khan.co.kr/culture/culture-general/article/201811260 600035

46) 영화에 대한 소식, 비평, 정보 등을 제공하는 웹사이트로, 주로 비평가 위주의 평점을 매기는 곳이다.

47) https://www.mk.co.kr/news/hot-issues/8661467

48) https://www.donga.com/news/article/all/20190227/94308056/1

49) 넷플릭스는 서구식 비용 관리 체계를 국내 제작 사업자에게 적용하기 시작했다. 제작 총비용에 맞추어 10~20%의 이윤을 보장해 주는 방식이다 보니, 총비용을 통제하는 것은 무엇보다 필요한 작업이다. <킹덤> 제작사인 에이스토리에 대한 실사를 진행했다. 20억짜리 대작이고, tvN이 제작한 <미스터 션샤인>보다 회당 제작비를 뛰어넘었기 때문에 현 시점에서 가장 많은 제작비를 쓴 작품이었다. 결과적으로 큰 문제없이 끝났지만, 이 과정을 통해서 넷플릭스는 국내 사업자의 제작 관행을 이해할 수 있었고, 향후 이와 관련된 엄격한 프로토콜을 확립할 수 있게 되었다.

50) https://www.mk.co.kr/news/hot-issues/8646904

51) https://www.ajunews.com/view/20191023165909907 <박나래의 농염주의보>라는 이름으로 진행된 넷플릭스 프로젝트다. 이후 2020년 KBS에서 박나래를 내세운 <스탠드 업>이라는 프로그램을 총 10회 정규 편성한다. 넷플릭스 덕분에 박나래는 자신만의 장점을 내세운 정규 편성을 확보한 셈이다.

52) 넷플릭스 인기 오리지널 시리즈 <블랙 미러>의 특별판으로, 관객의 참여가 가능한 인터랙티브 영화다. 총 30여 개의 선택지가 주어지고, 선택지에 따라 다른 이야기 전개가 펼쳐진다. 선택을 되돌릴 수 있어 시청 시간이 최소 40분부터 최대 5시간까지 다양하다. 그동안 넷플릭스가 아동용 인터렉티브 프로그램에서 쌓은 노하우를 성인용에 적용한 것이다. 시청자들은 낯설지만 호기심을 자극하는 형식의 <밴더스내치>에 매료됐다. 기사가 쏟아져 나왔고, 인터넷 커뮤니티에는 5가지 모든 결말을 볼 수 있는 공략법이공유되기도 했다. 상업적인 성공과는 별개로 언론의 주목만큼은 확실히 붙잡은 셈이다.

53) 로마는 제91회 '아카데미 외국어영화상'을 수상했다. 알폰소는 <로마>에 가장 먼저 관심을 보이고 제작 방식부터 극장 개봉까지 신경 써준 플랫폼이 넷플릭스라서 선택했다

고 답한 바 있다.

54) https://www.mk.co.kr/news/society/8694444

55) https://biz.chosun.com/site/data/html_dir/2019/03/28/2019032800654.html

56) https://news.mt.co.kr/mtview.php?no=2019011121585715584&outlink=1&ref=%
3A%2F%2F

57) MBC는 드라마 편성 시간을 1시간 앞당겼고, SBS는 월화 10시 미니시리즈를 폐지하
고 예능으로 대체했다. 월화 밤 10시대에 5개 프로그램이, 수목 밤에는 4개의 프로그
램이 혈전을 벌이고 있는 상황에서 제작비를 회수할 정도의 수익을 확보하는 작품이
1~2개에 불과하든 냉엄한 현실에 순응한 것이다. 반면에 아직 시청률이 좀 낮더라도
제작비가 드라마의 20% 수준이고, 아직 넷플릭스 등 OTT가 완벽히 장악하지 못한
예능에 집중하겠다는 심사였다.

58) https://www.joongang.co.kr/article/23255545

59) 반대로 카카오페이지는 자사의 웹툰 IP를 가지고 넷플릭스 오리지널 콘텐츠를 제작했
다. <좋아하면 울리는>은 카카오가 첫 제작한 넷플릭스 오리지널 콘텐츠다.

60) https://www.mk.co.kr/news/culture/8948788

61) 넷플릭스는 <오피스> 방영 유지를 원했으나 거절당했다. 넷플릭스는 드라마 제작사
인 유니버설 텔레비전(NBC 유니버설의 자회사)에 매년 9,000만 달러(약 1,040억 원)의
저작권료를 제안했으나, NBC가 1억 달러(약 1,160억 원)를 제안하며 방영권은 NBC로
넘어갔다.

62) https://www.businessinsider.com/popular-tv-shows-on-netflix-that-could-
leave-2019-6

63) 세계 제일의 규모를 자랑하는 뉴욕 주식 거래소를 비롯하여 대증권회사와 대은행이
집중되어 있는 세계 금융 시장의 중심가이다. 이곳의 주가 동향은 전 세계 경제에 큰
영향을 미친다.

64) https://www.thestreet.com/investing/netflix-first-quarter-2018-what-wall-
street-is-saying-14557851

65) https://www.joongang.co.kr/article/23261227

66) https://news.mt.co.kr/mtview.php?no=2019031911210126949

67) https://www.mk.co.kr/news/hot-issues/8657410

68) https://www.comparitech.com/tv-streaming/netflix-subscribers/# :~:text=If%20we%20look%20at%20Netflix%E2%80%99s%20subscriber%20 figures

69) https://biz.chosun.com/site/data/html_dir/2019/11/21/2019112102422.html

70) https://www.joongang.co.kr/article/23640898

71) 두 회사의 연례보고서를 보면, 대략 스튜디오드래곤이 30편 내외, 제이콘텐트리가 20 편 내외의 작품을 제작하고 있다. 다만 최근 들어 드라마 시장의 침체로 인해서 두 회 사의 제작 편수는 소폭 감소했다.

72) https://news.mt.co.kr/mtview.php?no=2020060411061719250

73) <뮬란>의 경우 개봉을 연기했으나 결국 디즈니플러스와 극장 동시 개봉으로 전환했 다. 박스오피스 분석가 숀 로빈스(Shawn Robbins)는 "<뮬란> 같은 영화를 제작하려면 수억 달러가 필요하다. 극장 개봉을 해야 수익을 얻을 수 있다"라고 말했다.

74) https://www.donga.com/news/article/all/20201202/104255228/1

75) 업계에서는 대략 250~260억 원 수준이었을 것으로 짐작한다.

76) https://sports.chosun.com/news/2020-03-23/20200324010018 3990011589

77) https://www.hani.co.kr/arti/culture/movie/970458.html

78) https://www.hani.co.kr/arti/culture/culture_general/936276.html

79) 국내의 경우 롯데시네마 등 주요 멀티플렉스 극장이 동시 개봉에 반대하면서 극장 상 영을 거부했다. 또한 VOD의 경우에도 동시 개봉을 이유로 기존의 VOD 가격보다 높 은 22,000원을 책정했다. 총 제작비 9천만 달러(약1200억 원)가 투입되었던 트롤의 경우 3주 만에 북미 VOD 시장에서 1억달러의 매출을 올렸다. 다만 극장에서는 4천만 달러 내외의 수익만을 확보해, 결과적으로 동시 개봉으로 인해서 손익 구조를 맞출 수 있었다.

80) https://www.forbes.com/sites/scottmendelson/2021/08/10/box-office-black-widow-marvel-most-successful-disappointment-or-its-most-disappointing-success/ 블랙위도우는 코로나19의 여파로 2020년 5월 1일로 예정되어 있던 개봉 일이 7월 9일로 연기되었으며, 디즈니플러스에서 '프리미어 엑세스'로 동시에 개봉되 었다. 결과적으로 판데믹 이후 최대 흥행을 기록했다. 총 제작비 2억 달러였고, 수익 은 3억 8천만 달러에 달했다.

81) https://www.joongang.co.kr/article/23780337

82) https://www.joongang.co.kr/article/24003687

83) https://www.kofic.or.kr/kofic/business/rsch/findPublishIndexInfoDetail.do?board Number=40&flag=1&pubSeqNo=2924&idxSeqNo=6879 원래 정상적인 상황이었다면 255억 원의 제작비가 투입되었던 <모가디슈>의 경우 500만 명 이상의 관객 수를 동원해야 손익 분기점에 도달할 수 있다. 제작비 보전 조치 때문에 360만 명 수준에서 손익 분기점을 맞출 수 있게되었다.

84) 지상파 3사에서 월화 드라마가 돌아왔고, 종합 편성 채널 사업자의 드라마 편성 역시 늘어났다.

85) https://www.donga.com/news/article/all/20200329/100404154/1

86) 카카오페이지와 카카오M이 합병,'카카오엔터테인먼트'로 공식 출범했다. 카카오엔터테인먼트는 연매출 1조 원 규모(2020년 기준 카카오M 매출 4,647억 원, 카카오페이지 매출 3,592억 원), 약 8500개 원천 스토리 IP를 보유한 콘텐츠 전문 엔터테인먼트 플랫폼 기업이 되었다.

87) https://www.joongang.co.kr/article/23964333

88) https://www.etoday.co.kr/news/view/2008561

89) https://news.mt.co.kr/mtview.php?no=2021101408381238613

90) 웨이브의 오리지널은 넷플릭스 오리지널과 성격이 다르다. 웨이브의 태생자체가 지상파 3사와 통신 사업자의 결합이다 보니, 지상파의 콘텐츠 제작 지분이 높다. <녹두꽃>은 SBS와 웨이브에서 동시 방영된 프로그램이다. 따라서 엄밀하게 보면 방영 시점 당시 웨이브가 OTT 독점권을 가지고 있는 콘텐츠라고 보는 것이 정확하다. 2024년 6월 현재 <녹두꽃>은 넷플릭스에도 제공되고 있다.

91) 시리즈A 투자는 시장의 검증을 거친 뒤 시제품을 가진 2~5년 차의 기업들이 대상이다. 시리즈B 투자는 규모도 어느 정도 있고 시장 성공성도 갖춘 3~7년 차의 기업들이 대상이다. 시리즈C 투자부터는 시장 내에서 확실한 존재감이 있고 글로벌시장을 대상으로 다양하게 진출할 수 있는 7년 차 이상의 기업이 대상이 된다.

92) https://www.munhwa.com/news/view.html?no=20201221MW1537502402

93) 화이트 스페이스는 기존에는 다루지 않았던 장르와 주제로 그동안 만들지않았던 작품을 제작한다는 넷플릭스의 현지화 전략이다.

94) https://www.donga.com/news/article/all/20201218/104501152/1

95) https://news.mt.co.kr/mtview.php?no=2021022513055278848&outlink=1&ref=
%3A%2F%2F

96) https://news.mt.co.kr/mtview.php?no=2021010408475859138&outlink=1&ref=
%3A%2F%2F

97) https://www.donga.com/news/article/all/20210107/104824829/1

98) https://www.munhwa.com/news/view.html?no=20201223MW082637860173

99) https://news.mt.co.kr/mtview.php?no=2021090209482043522&outlink=1&ref=
%3A%2F%2F

100) 국내 OTT 중에는 쿠팡플레이에 라이선스 판매를 했다.

101) 웨이브는 SK텔레콤과 지상파 3사의 합작 법인이었다. SK텔레콤이 SK텔레콤과 SK스
퀘어로 분리되면서 현재는 SK스퀘어와 지상파 3사의 합작 법인이 되었다. 反 넷플릭
스를 지향하면서 설립된 웨이브는 '우수한' 지상파방송의 콘텐츠를 독점적으로 제공
하되, 5년 동안 제한적인 경우를 제외하고는 넷플릭스에 제공하지 않기로 했었다.

102) https://news.mt.co.kr/mtview.php?no=2021120321282784419&outlink=1&ref=
%3A%2F%2F

103) https://news.mt.co.kr/mtview.php?no=2021092914542459159&outlink=1&ref=
%3A%2F%2F

104) https://news.mt.co.kr/mtview.php?no=2020060308264919289

105) https://news.mt.co.kr/mtview.php?no=2021120321282784419&outlink=1&ref=
%3A%2F%2F

106) https://www.hankyung.com/article/2021111000391

107) https://jeremyletter.com/dijeunipeulreoseu-hangug-jinculgwa-5gaji-
gwanjeonpointeu/

108) https://www.yna.co.kr/view/AKR20211014087351005

109) 2022년 제이콘텐트리에서 콘텐트리 중앙으로 사명을 변경했다. SLL과 메가박스를
자회사로 두고 있다.

110) https://www.ajunews.com/view/20221122143213377

111) https://www.news1.kr/it-science/cc-newmedia/4545650

112) https://www.ajunews.com/view/20220511103813972

113) 2024년 들어 맥스(구 HBO Max)의 국내시장 진입을 다시 타진하고 있는건 아닌가 하는 움직임이 포착되고 있다. SBS에 방문해 콘텐츠 제작 등 여러 논의를 한 것으로 알려지기도 했다.

114) 그 와중에 HBO는 디스커버리플러스와 합병, 맥스(Max)로 rebranding중이다.

115) https://www.ajunews.com/view/20220607152849694

116) 미국의 3대 미디어 거물로 칭해지기도 했던 섬너 레드스톤(1923~2020)의후계 싸움으로 인해 분할, 합병 등이 반복되었다. 2016년 경영권에서 물러난 이후 지금은 딸인 샤리 레드스톤이 이끌고 있다. 이 과정에서 파라마운트는 시장 지배력을 잃었다.

117) 현재 티빙의 지분 구조는 CJ ENM(48.9%), KT스튜디오지니(13.54%), SLL중앙(12.75%), 네이버(10.66%) 등이 주주다. 2022년 2,500억 원 규모투자에 나선 FI 젠파트너스(구 JCGI)도 13.54% 지분을 보유 중이다.

118) https://www.hankyung.com/it/article/202206165707H

119) 브랜드 모델을 뜻한다.

120) OTT의 시청률 측정 방법에 대해서는 유건식(2023),《OTT 콘텐츠의 시청률 조사 방식 분석》, 한국콘텐츠 진흥원(2023),《글로벌 OT 동향 분석》vol. 2를 참고하면 도움이 된다.

121) 통계를 근거로 한 엄밀한 학술 논문이 아니기에 경향성 정도만을 파악한다는 점을 먼저 밝혀둔다.

122) https://help.max.com/us/Answer/Detail/000002518

123) https://www.donga.com/news/Economy/article/all/20240516/124954737/1

124) https://www.newstof.com/news/articleView.html?idxno=22188

125) 글로벌 시청자들에게 한국, 중국, 일본 등의 드라마와 영화 등 아시아 콘텐츠를 주로 제공하는 미국 소재의 OTT 서비스이다.

126) 일본어로 '검은 배'라는 뜻이다. 이 함대의 도착은 일본의 개항과 근대화의 시작을 알리는 중요한 사건이었다.

127) 일본의 근대화와 혁신을 위한 철학적 개념을 말한다. '와콘(和魂)'은 일본의 전통적인 정신과 문화를 의미하며, '요사이(洋才)'는 서구의 기술과 지식을 의미한다. 이 철학은 막말 시대(1868~1912년) 동안 일본이 서구 제국주의에 맞서며 국가의 근대화를 추진

하는 데 중요한 역할을 했다.

128) 역에서 파는 도시락이라는 뜻인 '에키우리벤토(駅売り弁当)'의 준말이다. 일본의 에키벤은 매우 다양하게 발달되어 있는데, 로컬 푸드로 만들어진 도시락 중에는 전국 적으로 유명한 것도 있다.

129) 도요타는 이 철학을 통해 고객의 요구를 충족시키고 더 나은 제품을 만들기 위해 끊임없이 노력하고 있다. 지속 가능한 성장과 혁신을 추구하는 도요타의 기업 문화를 반영하고 있다.

130) 주로 시계, 가죽제품, 전자제품 등을 제조하고 있는 세계적인 일본 기업이다.

131) 일본의 메이지 유신 이후 산업을 육성하고 농업 생산을 촉진하여 경제 발전을 목표로 한 국가 정책이다. 이를 통해 일본은 급격한 근대화를 이루었으며, 서구의 산업화 모델을 받아들여 경제 성장을 도모하였다.

132) 《포브스 매거진》은 세계적으로 인정받는 미국의 출판 및 미디어 기업인 '포브스'에서 2주마다 발간한다. 금융, 경제, 기업, 투자, 리더십 등 다양한 분야의 뉴스와 분석, 인터뷰 등을 제공한다.

133) 《버라이어티 매거진》은 미국에서 발행되는 엔터테인먼트 계의 대표적인 주간지이다. 할리우드를 비롯하여 전 세계의 영화, TV, 음악, 연극 등과 관련된 주요 소식을 제공한다.

134) 생산량의 증가에 따라 단위당 생산비가 감소하는 현상을 말한다. 할리우드가 대자본을 투입해 대중적 인기를 모을 수 있는 블록버스터를 제작하면 제작 원가만큼 흥행 수익을 확보한 이후의 흥행 수입은 거의 다 순이익이 된다.

135) 대대로 집안에 전해지는 보검이라는 뜻으로, 대단한 자랑거리 또는 어떤어려운 문제를 해결하는 결정적인 방법이나 수단을 가리키는 말로 쓰인다.

136) 1984년 미국에서 사업을 시작한 텔레문도는 2001년 NBC에 인수되었다. 텔레문도는 오리지널 콘텐츠에 주력하고 있는 반면에, 유니비젼은 멕시코의 텔레비사와의 파트너십을 통해 콘텐츠를 수급하여 제공하고 있다는 차이가 있다.

137) 멕시코 미디어 기업인 텔레비사는 1979년 갈라비전을 설립했다. 텔레비사는 2021년 유니비젼을 합병했고, 45% 지분을 차지하고 있다. 이 때문에 현재 갈라비전은 유니비젼의 케이블 사업 영역을 담당하고 있다.

138) 라틴 아메리카에서 발원한 독특한 TV 드라마 형식을 말한다. 주로 매일 방영되며, 기

간은 몇 개월에서 1년 정도 지속된다. 로맨스, 가족 갈등, 사회적 이슈 등을 극적이고 감정적으로 다루는 스토리 라인을 가지고 있어 한국식 일일 막장 드라마에 비유될 수 있다.

139) 일본에서 유래한 만화로, 스토리와 그림을 통해 이야기를 전달하는 예술 형식이다. 장르가 다양하며, 어린이부터 성인까지 널리 읽히는데 일본 외에도 전 세계적으로 큰 인기를 얻고 있다.

140) https://flixpatrol.com/preferences/netflix/company/netflix/2024-2/

141) 일본의 제작위원회(せいさくいいんかい)는 애니메이션, 게임, 영화, 드라마등을 제작할 때 필요한 자금을 모으기 위해 여러 기업이 공동으로 출자하는 방식을 말한다. 보통 방송사, 출판사, 음반사, 광고 대행사 등이 참여한다.

142) 일본 영화 제작사 연맹의 2021년 통계에 따르면, 상업 영화의 약 70%, TV 애니메이션의 약 90%, 그리고 드라마의 약 80%가 제작위원회 방식을 통해서 제작되었다.

143) <The Anime Industry> by Christopher Macdonald(Anime NewsNetwork, 2019)

144) 《Media and Communication in Japan》 by Koichi Iwabuchi (2020)

145) 동일 업종의 기업이 경쟁의 제한 또는 완화를 목적으로 가격, 생산량, 판로 등에 대해 협정을 맺어 제한하는 것이다.

146) 요시모토 역시 쟈니스에 버금가는 연예 기획사이다. 1912년 창업한 일본연예 기획사 중에서 가장 오래된 기업으로, TV와 라디오 프로그램을 제작 해 왔다. 도쿄증권거래소에서 1부에 상장될 정도의 규모가 큰 회사지만, 2010년 경영권 방어를 목적으로 비상장회사로 전환했다. 소속 연예인 수만 6,000명이 넘는다.

147) 《Johnny's Jr. and the Japanese Entertainment Industry》 by Patrick W. Galbraith and Jason G. Karlin (2012)

148) https://www.dailian.co.kr/news/view/1340066

149) 일본의 경제신문이다.

150) 태국 정부가 창의성과 경제 성장을 동시에 촉진하기 위해 발표한 정책이다. 창의적인 산업과 기술 혁신을 지원하고, 새로운 일자리를 창출하여 경제를 발전시키는 것이 목표이다.

151) 유료 방송 케이블 시청자가 가입을 해지하고 새로운 플랫폼으로 이동하는 현상

152) 유료 방송 가입자가 OTT 서비스를 함께 이용하며 낮은 요금 상품으로 바꾸는 현상

153) 영화 촬영을 할 때, 동일한 연기 동작을 여러 각도에서 촬영하는 일

154) https://www.chosun.com/opinion/column/2024/07/02/PCJBYBQFUFE57
KEX43OJWKGBPI/

After Netflix

1판 1쇄 인쇄 2024년 12월 23일
1판 1쇄 발행 2025년 1월 2일

지은이 조영신
펴낸이 김영곤
펴낸곳 ㈜북이십일 21세기북스

편집팀장 정지은 **편집팀** 김지혜 박지석 이영애 김경애 양수안
디자인 한성미 윤수경
출판마케팅팀 한충희 남정한 나은경 최명렬 한경화
영업팀 변유경 김영남 강경남 황성진 김도연 권채영 전연우 최유성
제작팀 이영민 권경민

출판등록 2000년 5월 6일 제1406-2003-061호
주소 (10881) 경기도 파주시 회동길 201(문발동)
대표전화 031-955-2100 **팩스** 031-955-2151 **이메일** book21@book21.co.kr

(주)북이십일 경계를 허무는 콘텐츠 리더

21세기북스 채널에서 도서 정보와 다양한 영상자료, 이벤트를 만나세요!
페이스북 facebook.com/jiinpill21   포스트 post.naver.com/21c_editors
인스타그램 instagram.com/jiinpill21   홈페이지 www.book21.com
유튜브 youtube.com/book21pub

ⓒ 조영신, 2025
ISBN 979-11-7117-967-1 (13320)